Herwig Buntz

Migration
in der Geschichte

Ein Arbeitsbuch für den Unterricht

WOCHEN SCHAU VERLAG

Bibliografische Information der Deutschen Bibliothek

Die Deutsche Bibliothek verzeichnet diese Publikation in der Deutschen Nationalbibliografie; detaillierte bibliografische Daten sind im Internet über http://dnb.d-nb.de abrufbar.

Herausgegeben von Michele Barricelli, Peter Gautschi, Ulrich Mayer, Hans-Jürgen Pandel, Gerhard Schneider und Bernd Schönemann

© WOCHENSCHAU Verlag, Dr. Kurt Debus GmbH
Schwalbach/Ts. 2014

www.wochenschau-verlag.de
Alle Rechte vorbehalten. Kein Teil dieses Buches darf in irgendeiner Form (Druck, Fotokopie oder einem anderen Verfahren) ohne schriftliche Genehmigung des Verlages reproduziert oder unter Verwendung elektronischer Systeme verarbeitet werden.

Umschlag: Ohl Design
Gesamtherstellung: Wochenschau Verlag
Titelbild (v.l.n.r.): Einwanderer bei der Ankunft in New York 1892 (unbekannt); jüdische Einwanderer vor dem Hafen von Haifa 1949 (unbekannt); afrikanische Einwanderer im Hafen von Arona (dpa)

Gedruckt auf chlorfreiem Papier
ISBN 978-3-89974925-0

Inhalt

Einleitung 5
1. Das Thema „Migration" im Unterricht 7
   1.1 Lernziele 10
   1.2 Schwierigkeiten bei der Behandlung des Themas 11
   1.3 Didaktische Zugriffe und methodische Anregungen 12
2. Ursachen und Formen der Migration 25
   2.1 Migration in der Geschichte 25
   2.2 Moderne Migration 27
   2.3 Die Integration von Migranten 28
3. Migrationen in der Geschichte 31
   3.1 Die frühgeschichtlichen Wanderungen 31
   3.2 „Völkerwanderungen" – kontinentale Migrationen 35
   3.3 Kolonien im Altertum 46
   3.4 Zwangsmigrationen: Deportation – Austreibung – Verbannung 52
   3.5 Sklavenhandel 57
   3.7 Sinti und Roma 71
   3.8 Deutsche Ostsiedlung im Mittelalter und in der Neuzeit 78
   3.9 Migration aus religiösen Gründen 90
   3.10 Die europäische Auswanderung nach Nordamerika 101
   3.11 Ausländische Arbeiter 114
   3.12 Multiethnische Städte 121
4. Migrationen seit dem 20. Jahrhundert 135
   4.1 Umsiedlung, Deportation, Vertreibung 136
   4.2 Rückwanderung und Aussiedlung 155
   4.3 Menschen auf der Flucht 162
   4.4 Ausländische Arbeiter und „Verbesserungsmigration" 173
5. Literatur, Internetadressen, Museen 183

Einleitung

Das vorliegende Buches entstand im Rahmen des Projektes „Learning and Teaching the History of Europe in the 20th Century", das vom Council of Europe in den Jahren 1999/2000 durchgeführt wurde. Die bisher nicht veröffentlichte „Draft Version" wurde für diese Publikation grundlegend überarbeitet und wesentlich erweitert. Mein Dank gilt Oberstudiendirektor Ralf Kaulfuß, der als Referent am Staatsinstitut für Schulpädagogik und Bildungsforschung (ISB) in München die Anfänge der Arbeit engagiert und mit konstruktiver Kritik begleitet hat. Danken möchte ich auch Herrn Professor Friedrich Heckmann und den Mitarbeitern am Europäischen Forum für Migrationsstudien (EFMS) an der Universität Bamberg für ihre Hilfe.

Eine erschöpfende Darstellung des Themas „Migration" ist nicht möglich und für einen Lehrer, der es im Unterricht behandeln will, auch nicht hilfreich. Das Buch kann deshalb einem so komplexen, schwierigen und sensiblen Problemfeld nicht völlig gerecht werden. Ein unmittelbarer Beitrag zu den intensiven und lebhaft geführten Diskussionen in Wissenschaft und Politik ist ebenfalls nicht möglich. Das Ziel der Arbeit ist vielmehr, anhand von ausgewählten Beispielen die historische Tiefendimension des Themas aufzuzeigen und die Einsicht zu vermitteln, dass Migration kein aktuelles Problem ist, sondern eine grundlegende Erscheinung in der menschlichen Geschichte. Diese Erkenntnis ermöglicht Vergleiche und eine sachgerechtere Beurteilung der modernen Migrationsprobleme.

Das Buch ist in vier Kapitel mit unterschiedlichen Schwerpunkten gegliedert. Kapitel 1 ist für den Lehrer bestimmt und skizziert die Bedeutung des Themas für den Unterricht im Fach Geschichte, in anderen Fächern und für fächerübergreifende Ziele. Außerdem enthält dieser Teil didaktische Zugriffe und methodische Anregungen, die zum Methodentraining verwendet werden können. Kapitel 2 gibt einen Überblick über Formen und Ursachen der Migration. Der Text ist so abgefasst, dass Schüler der Mittel- und Oberstufe mit ihm Grundbegriffe erarbeiten können.

Kapitel 3 bringt 11 Einzelthemen zu Formen von Migration in der Geschichte und drei Beispiele von multikulturellen Städten. Dabei sind vor allem grenzüberschreitende Wanderungen, bzw. großräumige Migrationen berücksichtigt. Die Themen reichen von den Anfängen der Menschheit bis zum Ende des 1. Weltkrieges. Einzelaspekte (z.B. Kolonisation, Sklaverei, religiös bedingte Flucht und Vertreibung) sind nicht einzelnen Epochen zugeordnet, sondern zusammengefasst. Jeder Abschnitt enthält eine kurze Sachinformation mit didaktischen Hinweisen als Einführung und Arbeitsmaterialien für Schüler (Text- und Bildquellen, Karten, Statistiken) mit Arbeitsaufträgen.

Die unterschiedlichen Materialien sind als Angebot ein für exemplarisches Arbeiten gedacht. Sie lassen sich für einen Längsschnitt oder als Einzelthemen innerhalb einer chronologischen Behandlung der Geschichte verwenden. Einige Themen eignen sich auch für Schülerreferate. Längere Texte erlauben eine intensive Quellenarbeit, können aber bei Bedarf gekürzt werden. Die Arbeitsaufträge verstehen sich als Anregungen und bieten deshalb keine erschöpfende Auswertung.

Seit dem 1. Weltkrieg hat eine neue Epoche der Migration begonnen, die sich quantitativ und qualitativ von der Zeit davor unterscheidet. Deshalb ist ihr ein eigenes Kapitel (4) gewidmet. Es entspricht im Aufbau Kapitel 3, doch gibt es hier mehr Auszüge aus der Sekundärliteratur und Aufträge, die Schüler zu eigenständigem Arbeiten anregen (z.B. Archivarbeit, Recherche im Internet, Zeitzeugenbefragung).

Der Anhang bietet eine knapp gehaltene Bibliografie, die eine erweiterte oder vertiefte Beschäftigung mit dem Thema ermöglicht, Adressen von Institutionen und Museen sowie eine Auswahl von Jugendbüchern zum Thema „Migration".

Auch wenn bei den einzelnen Kapiteln die quantitative Dimension wichtig ist und viele Zahlen angeführt werden, sollte bei der Behandlung im Unterricht berücksichtigt werden, dass es sich immer um einzelne Menschen handelt, ihre Hoffnungen und Ängste, ihre Schwierigkeiten und deren Überwindung.

1. Das Thema „Migration" im Unterricht

Migrationen gehören zu den wichtigsten geschichtlichen Entwicklungen seit der Frühzeit des Menschen. Im 20. Jahrhundert haben sie an Bedeutung erheblich zugenommen durch neue Formen von Wanderungen, durch die große Zahl von Migranten und durch die unterschiedlichen Ursachen und Folgen für die beteiligten Herkunfts- und Zielländer. Sie verursachen eine Vielzahl von politischen, sozialen, ökonomischen und juristischen Problemen, die immer seltener von einzelnen Staaten gelöst werden können.

Bedenkt man die geschichtliche und politische Bedeutung des Themas Migration, so sollte man erwarten, dass es im Geschichtsunterricht gebührend berücksichtigt ist und ausführlich behandelt wird. Doch lassen Lehrpläne und Lehrbücher erkennen, dass Migrationen dort höchstens als Einzelerscheinungen aufgeführt sind. Deshalb soll das Thema hier in einem größeren Zusammenhang gesehen werden, bei dessen Behandlung mehrere Fächer mitwirken können.

Die historische Dimension – das Fach Geschichte

Migrationen sind ein wesentlicher Bestandteil der Menschheitsgeschichte ebenso wie der europäischen und der nationalen Geschichte, sodass sie im Geschichtsunterricht ausführlich behandelt werden sollten. Die aktuelle Situation gehört zu den großen Problemen unserer Zeit und ist deshalb ein zentrales Thema der Zeitgeschichte. Dabei ist es sinnvoll, wenn das Fach Geschichte von Anfang an die Zusammenarbeit mit anderen Fächern sucht. Denn Migration berührt viele verschiedene Bereiche.

Für eine historische Betrachtung gibt es unterschiedliche Ansätze und Schwerpunkte. Sie bietet die Möglichkeit des historischen Vergleichs, der sich als Längsschnitt oder an vergleichenden Fallbeispielen durchführen lässt. Dabei kann der Lehrer vom historischen Beispiel ausgehend (Völkerwanderung, Auswanderungswellen in der Neuzeit) auf moderne Entwicklungen verweisen oder das aktuelle Beispiel durch die historische Dimension ergänzen. Das Ziel ist nicht eine gewaltsame Aktualisierung von Geschichte oder eine vereinfachende Gleichsetzung unterschiedlicher Vorgänge. Stattdessen sollen Kontinuitäten und Diskontinuitäten, Gemeinsamkeiten und Unterschiede bei Ursachen, Formen und Auswirkungen herausgearbeitet und deutlich gemacht werden. Gerade auch die veränderte Bewertung von Migrationen im Lauf der Geschichte – eine anfängliche Ablehnung von Migranten entwickelt sich später zu einer positiven Sichtweise – kann ein Beitrag des Geschichtsunterrichts sein.

Wichtige Ursachen für Migrationen – Bevölkerungsdruck, ökonomisches Ungleichgewicht, politische Unterdrückung, Kriege und ökologische Katastrophen – sind auch in Zukunft zu erwarten. Deshalb wird man in den nächsten Jahrzehnten ebenfalls mit Migrationen rechnen müssen. Hier bietet die Geschichte eine Möglichkeit, von der Vergangenheit und Gegenwart aus eine Brücke in die Zukunft zu schlagen.

Die räumliche Dimension – das Fach Erdkunde

Das Fach Erdkunde beschäftigt sich vor allem mit der Migration des 20. Jahrhunderts. Aber auch hier ist ein Rückgriff auf ältere Formen denkbar. Schüler begegnen den Auswirkungen von Migrationen zuerst in ihrer unmittelbaren Umgebung, in ihrer Klasse oder Nachbarschaft. Hier kann der Unterricht in Erdkunde einsetzen und nach der Raumwirksamkeit von Ein- oder Auswanderung fragen. Ausgehend vom Heimatort lassen sich konzentrische Kreise ziehen, die Migration auf regionaler, nationaler oder europäischer Ebene untersuchen. Für die Heimatstadt oder die Region ist ein Vergleich mit anderen europäischen Städten und Regionen denkbar. Eine Klasse, die sich mit diesem Thema beschäftigt, kann mithilfe des Internets Kontakt zu Schülern eines anderen Landes aufnehmen und Fragestellungen oder Ergebnisse austauschen. Aber der Blick sollte sich nicht auf Europa beschränken, sondern auch die globale Dimension berücksichtigen. Denn die weltweit größten Migrationen spielen sich innerhalb anderer Kontinente ab, ohne dass Europa davon unmittelbar berührt ist.

Im Fach Erdkunde können auch wirtschaftliche Aspekte behandelt werden. Dazu gehört die Frage nach dem Gewinn und Verlust, den Migration für einen Raum bedeutet. Hier ist eine genaue und differenzierte Betrachtung notwendig. Häufig sind die Migranten junge Menschen mit Initiative, Entschlossenheit und Zielstrebigkeit. Deshalb bedeutet die Abwanderung für ihr Heimatland einen ökonomischen, politischen und sozialen Verlust. Sie kann zu einer „Kettenmigration" führen und weitere Abwanderungen auslösen. Umgekehrt ist aber auch möglich, dass Auswanderung aus einem Krisengebiet eine Entspannung zur Folge hat, weil Wohnungs- und der Arbeitsmarkt entlastet werden und ethnische oder politische Konflikte abnehmen. Mit Geldüberweisungen an die zurückgebliebenen Familien, durch neue Erfahrungen und durch Investitionen nach der Rückwanderung tragen Emigranten zum wirtschaftlichen Aufschwung ihrer Heimat bei.

Für das Gastland sind ebenfalls unterschiedliche Folgen denkbar. Der Zuzug bringt oft dringend benötigte Arbeitskräfte und kann zu einer Bereicherung der Gesellschaft und Kultur führen. Das gilt vor allem in Zeiten der wirtschaftlichen und politischen Stabilität. Wirtschaftliche Rezession, wachsende Arbeitslosigkeit und persönliche Unsicherheit im Gastland können aber auch zu Spannungen zwischen der Bevölkerung und den Zuwanderern oder zwischen verschiedenen Gruppen von Migranten führen.

Die politische Dimension – die Fächer Politik, Sozialkunde, Gesellschaftslehre, politische Bildung

Migration ist in den meisten europäischen Staaten ein Thema, das im privaten Kreis, in der Öffentlichkeit, in den Medien und in den politischen Institutionen lebhaft und kontrovers diskutiert wird. Dabei treten oft Emotionen oder Vorurteile („Das Boot ist voll!", „Die Ausländer nehmen uns die Arbeitsplätze weg!", „Asylbetrüger") an die Stelle einer sachlichen Behandlung, die sich auf Fakten, Zahlen und historische Erfahrungen stützt.

Deshalb ist die Beschäftigung mit Migration ein wichtiger Beitrag zur politischen Bildung, der den Schülern sachliche Informationen vermittelt und ihnen erlaubt, sich frei zu äußern, auch über Emotionen und Vorurteile. Im Unterricht haben sie ein Forum, in dem sie sich eine eigene Meinung bilden und ein ausgewogenes politisches Urteil entwickeln, sodass sie an der öffentlichen Diskussion teilnehmen und letztlich bei politischen Entscheidungen mitwirken können.

Zur politischen Diskussion gehört auch die Frage nach den Zusammenhang zwischen Nation und Migration. Ein starkes Nationalgefühl im Herkunftsland stärkt die Bindung an die Heimat, erschwert die Auswanderung und hält den Wunsch nach Rückwanderung lebendig. Gleichzeitig kann ein Nationalgefühl zur Ausgrenzung von Minderheiten führen und damit ihre Bereitschaft zur Migration fördern. In den Zielländern spielt das Verständnis von Nation eine wichtige Rolle, was die Integration der Zuwanderer erleichtert oder erschwert.

Die rechtliche Dimension – die Fächer Rechtslehre oder Rechtskunde

Migration ist ein Thema, das zahlreiche juristische Fragen berührt. Betroffen sind verschiedene Menschenrechte, die in gleichem Maß für das Herkunfts- wie für das Zielland gelten: das Recht auf Menschenwürde, auf Freizügigkeit und auf politisches Asyl ebenso wie das Verbot von Diskriminierung und Vertreibung wegen der Rasse oder Religion. Ein wichtiger Aspekt ist dabei, dass in vielen Fällen Migrationen erst durch die Verletzung von Menschenrechten ausgelöst werden.

Grenzüberschreitende Migration betrifft Fragen des Völkerrechts und Rechte in den einzelnen betroffenen Staaten. Schließlich gibt es in den Zielländern gesetzliche Bestimmungen, die für den Aufenthalt von Migranten gelten, Fragen der Aufenthaltsberechtigung und Arbeitserlaubnis oder der Staatsbürgerschaft. In den Bereich des Rechts gehört auch die aktuelle Debatte über die „Ausländerkriminalität". Wenn es in einer Schule kein Fach gibt, das Fragen des Rechts vermittelt, können juristische Aspekte der Migration auch in Fächern wie Geschichte oder Politik behandelt werden.

Die ethische Dimension – die Fächer Religion, Ethik, Philosophie

In fast allen europäischen Ländern gibt es als Ergebnis von Migrationen bereits eine multiethnische Gesellschaft. Auch in der Bundesrepublik, die sich nicht als „Einwanderungsland" verstanden hat, leben etwa zehn Prozent der Bevölkerung mit einem aktuellen Migrationshintergrund. Manche Schüler sind selbst Migranten, weil sie mit ihren Eltern eingewandert sind, oder sie gehören zur 2. und 3. Generation von Einwanderern, die zwar das Gastland als ihre Heimat ansehen, aber immer noch einen ausländischen Pass besitzen. Auch Schüler, die nicht unmittelbar betroffen sind, kennen Zuwanderer in ihrer persönlichen Umgebung. Der Unterricht bietet die Möglichkeit über Migration und Integration zu sprechen und auch Gefühle wie Unbehagen oder Angst im Umgang mit Fremden zu äußern. Ziele solcher Gespräche sollten es sein, dass die Schüler Selbstbewusstsein und kulturelle Identität erwerben, um daraus die Fähigkeit zu Offenheit, Fremdverstehen und Toleranz zu entwickeln. Gerade Fächer wie Religion oder Ethik können in besonderer Weise daran erinnern, dass Migration immer das Schicksal einzelner Menschen spiegelt – ein Aspekt, der auch in den anderen Fächern nicht vergessen werden sollte.

Migration als Thema eines Unterrichtsprojektes

Das Thema Migration beschränkt sich nicht auf die bisher genannten Unterrichtsfächer. Es besitzt auch Bezüge zu Kunst, Literatur und Musik, die in besonderem Maß Beispiele für Kulturaustausch sind und Möglichkeiten zum interkulturellen Lernen bieten. Deshalb eignet sich das Thema für ein Unterrichtsprojekt, bei dem vor allem handlungsorientiertes und außerschulisches Lernen stattfinden sollte. Ein solches Projekt, das in verschiedenen Klassen über einen längeren Zeitraum durchgeführt werden kann, lässt sich abschließend in der Schule auf einem Studientag, in einer Ausstellung, als Stadtführung oder in einem multikulturellen Fest präsentieren.

1.1 Lernziele

Die Behandlung des Themas Migration kann sich an Lernzielen aus unterschiedlichen Bereichen orientieren.

Kognitive Lernziele

Ein sachgerechter Umgang mit dem Thema setzt als Grundlage fundiertes und detailliertes Wissen voraus. Dazu gehört ein Überblick über Ursachen, Verlauf und Bedeutung von Migrationen in der Geschichte. Außerdem sollte ein genauer Gebrauch von Begriffen eingeübt werden, der mit Verharmlosungen und Euphemismen kritisch umgeht und Diskriminierungen wie „Zigeuner" oder „Asylanten" vermeidet. Zur Erweiterung der Sachkompetenz gehört auch die Beschaffung und kritische Bewertung von Informationen. Dabei sollten die Möglichkeiten von Fachliteratur und Internet herangezogen und verglichen werden. Wichtig ist auch, dass die Schüler die Entstehung und Wirkung von Emotionen und Vorurteilen kennen.

Instrumentelle Lernziele

Bei der Besprechung von Migrationen sind verschiedene Fertigkeiten gefordert, die auch sonst im Geschichtsunterricht stattfinden. Sie lassen sich bei diesem Thema einüben und vertiefen: der Umgang mit schriftlichen Quellen einschließlich literarischer Texte, die Analyse und Interpretation von Bildquellen wie Fotografien oder Karikaturen und die Arbeit mit thematischen Karten, Statistiken und Diagrammen. Ein kritischer Umgang mit den Quellen und Medien lässt sich vor allem durch die Gegenüberstellung von unterschiedlichen Materialien erzielen. Dabei können tendenzielle, suggestive, propagandistische oder manipulierte Informationen herausgearbeitet werden. Schließlich bietet sich das Thema für offene und handlungsorientierte Lern- und Arbeitsformen an. Dazu gehören zum Beispiel Rollenspiele, Zeitzeugenbefragung, Exkursionen im Nahraum oder Recherchen im Archiv.

Werterziehung

Das Thema Migration eignet sich in besonderem Maße zur Werterziehung. In einer pluralistischen Gesellschaft müssen die Menschenrechte als verpflichtende Grundlage für das Zusammenleben in Staat und Gesellschaft gelten. Sie basieren auf Proklamationen von internationalen Organisationen (UNO, Europarat) und sind durch zwischenstaatliche Verträge und als Teil der Verfassung in vielen Staaten geltendes Recht. Die Beschäftigung mit dem Thema sollte auch die Auseinandersetzung mit den eigenen Vorurteilen einschließen und zum interkulturellen Lernen beitragen.

Ein wünschenswertes weiteres Ziel ist das politische und soziale Engagement von Schülern. Dies kann in der Bereitschaft bestehen, bei der Integration von Ausländern mitzuwirken oder in einer Organisation mitzuarbeiten, die sich für Entwicklungshilfe oder Menschenrechte einsetzt.

1.2 Schwierigkeiten bei der Behandlung des Themas

Den vielfachen Chancen und Möglichkeiten bei der Behandlung von Migrationen stehen einige Schwierigkeiten gegenüber, die der Lehrer von Anfang an bedenken muss. Auch wenn er selbst von der Wichtigkeit des Themas überzeugt ist, bedeutet das noch nicht, dass er bei den Schülern auf spontanes Interesse stößt. Er wird also die Relevanz des Themas vermitteln und Interesse wecken müssen. Außerdem sollte er berücksichtigen, dass jeder Schüler mit Migration unterschiedliche Erfahrungen gemacht hat. Oft sitzen in einer Klasse Schüler mit Migrationshintergrund aus unterschiedlichen Herkunftsländern, während andere, deren Familien seit Generationen am selben Ort wohnen, den Zuwanderern vielleicht reserviert oder ablehnend gegenübertreten.

Durch die gültigen Lehrpläne und die Lehrbücher wird die Behandlung des Themas nicht erleichtert. Viele Lehrpläne fordern in der Unter- und Mittelstufe einen chronologischen Durchgang von der Urgeschichte bis zur Gegenwart, bei dem die Geschichte des eigenen Landes im Mittelpunkt steht. Das Thema Migration wird dabei zwar mehrfach berührt, ohne dass eine Gesamtdarstellung oder eine vertiefte Beschäftigung erfolgen.

Auch in den Lehrbüchern, dem wichtigsten Medium des Geschichtsunterrichts, ist Migration oft nur punktuell berücksichtigt, wobei die Darstellungen oft große Defizite aufweisen. Hier muss der Lehrer eigene Wege gehen, thematische Schwerpunkte setzen und Materialien für den Unterricht bereitstellen. Aber diese Schwierigkeiten sollten niemand entmutigen, sondern als Herausforderung verstanden werden.

1.3 Didaktische Zugriffe und methodische Anregungen

Grundsätzlich können bei der Behandlung des Themas alle Methoden verwendet werden, die auch sonst im Geschichtsunterricht üblich sind. Im Folgenden sind lediglich einige Beispiele angeführt, die sich besonders für die Migration im 20. Jahrhundert eignen.

Persönliche Erfahrungen von Schülern

Als Einstieg eignen sich die Erfahrungen, die Schüler bisher mit Migration gemacht haben. Das können Erlebnisse bei Urlaubsreisen oder aus einem längeren Auslandsaufenthalt (zum Beispiel als Gastschüler) sein. Eine weitere Möglichkeit ist der Hinweis auf ausländische Gerichte (z.B. Pizza, Lasagne, Döner, Frühlingsrolle, Bagel) oder auf ausländische Restaurants in der Stadt. Der Lehrer kann auch fragen, woher Eltern und Großeltern stammen und welche kleineren oder größeren Wanderungen in den letzten Generationen stattgefunden haben, wobei oft auch Familiennamen ein Indiz für die Herkunft sind. Die Ergebnisse lassen sich von den Schülern durch einen Stammbaum oder eine Karte dokumentieren. In vielen Fällen sind Interviews, zum Beispiel mit einem ausländischen Restaurantbesitzer oder mit den Eltern/Großeltern möglich. Schließlich ist es denkbar, mit den Schülern über ihre zukünftigen Studien- oder Berufspläne zu sprechen und dabei die Frage zu stellen, ob sie sich einen längeren Auslandsaufenthalt oder das Leben in einem anderen Land vorstellen können. Dadurch sollte ihnen bewusst werden, dass vielleicht auch sie Migranten werden.

Wenn Schüler mit Migrationshintergrund in einer Klasse sind, wird man ihnen die Möglichkeit geben, über die Gründe für die Ausreise der Familie zu sprechen, über die Erlebnisse und Erfahrungen und über die besonderen Schwierigkeiten, die zu bewältigen waren. Durch diese Erfahrungen kann deutlich werden, dass Migrationen und ihre Auswirkungen für sehr viele Menschen heute schon eine alltägliche und selbstverständliche Erscheinung sind.

Didaktische Zugriffe und methodische Anregungen 13

Die Beschaffung und Bewertung von Informationen

Ein wichtiger Schritt bei der Behandlung des Themas ist die Beschaffung von Informationen. Dabei sollte der Lehrer die Schüler zu einer zunehmenden Selbständigkeit und Kritikfähigkeit gegenüber seinen Quellen anleiten. Dies kann in folgenden Arbeitsschritten erfolgen:

- Um welche Art von Information handelt es sich und woher stammt sie?
- Wie lässt sie sich überprüfen? -
- Was sagen die Daten oder Zahlen im Einzelfall aus?

Die wichtigsten Informationsquellen, die für Lehrer und Schüler zur Verfügung stehen dürften, sind Lehrbücher, Lexika bzw. Enzyklopädien, wissenschaftliche Publikationen, Fachzeitschriften und das Internet.

Lehrbücher sind das Medium, mit dem Schüler und Lehrer täglich umgehen. Deshalb sollten sie zur Informationsbeschaffung verwendet und kritisch überprüft werden. Eine Analyse der Lehrbücher für das Fach Geschichte kann ergeben, dass Migrationen ein wesentlicher Bestandteil der Geschichte sind. Gleichzeitig wird man feststellen, dass selten der Begriff „Migration" verwendet wird, Ursachen und Folgen kaum genauer beschrieben werden und eine vergleichende Gesamtdarstellung fehlt. Außerdem reduzieren viele Lehrbücher das Thema auf die nationalen Aspekte, ohne die europäischen oder globalen Zusammenhänge ausreichend zu berücksichtigen. Die Analyse lässt sich erweitern durch den Vergleich mit Lehrbüchern anderer Fächer (vor allem Erdkunde), mit älteren Lehrbüchern oder – falls sie zur Verfügung stehen — mit Lehrbüchern anderer europäischer Staaten.

Mögliche Fragen/Arbeitsaufträge:

- Findet sich der Begriff „Migration" im Register oder bei den Worterklärungen?
- Welche historischen und aktuellen Wanderungsbewegungen werden behandelt?
- Wie ausführlich ist die jeweilige Darstellung (Autorentext, Quellen, Bilder)?
- Erfährt man etwas über Ursachen und Folgen der jeweiligen Migration?
- Ist eine bestimmte Perspektive des Lehrbuchs oder seiner Autoren zu erkennen (z.B. durch den unterschiedlichen Umfang der Darstellung oder durch eine einseitige Auswahl der Ereignisse und ihre Bewertung)?

Die Attraktivität der neuen Technologien lässt gelegentlich eine sehr leicht zugängliche Informationsquelle übersehen: *Lexika und Enzyklopädien* bieten sichere Grundinformationen, die sich oft mithilfe der Querverweise und Literaturangaben erweitern lassen. Neubearbeitungen berücksichtigen in der Regel den gegenwärtigen Stand der wissenschaftlichen Forschung und bringen aktuelle Zahlen. Aber auch der Vergleich von älteren

Ausgaben kann sehr reizvoll sein, denn diese spiegeln die geschichtliche Entwicklung eines Vorgangs und die sich verändernde Bewertung wieder – oft schon im Umfang der Artikel.

Auch bei der Benutzung von *Fachliteratur* sollten Schüler einen kritischen Umgang lernen. Gerade bei einem sensiblen Thema wie Migration kommt es auf die Aktualität des verwendeten Materials, auf die Einstellung des Autors und auf die Zielgruppe des Werkes an. Periodisch erscheinende wissenschaftliche Zeitschriften sind oft leichter zugänglich als Monografien und bieten einen aktuelleren Forschungsstand. Durch die Mitarbeit verschiedener Autoren ist ein höherer Grad an Objektivität und ein breiteres Angebot an Themen zu erwarten. Einige wichtige Fachzeitschriften werden im Anhang aufgeführt.

Mögliche Fragen/Arbeitsaufträge:
- Aus welchem Land stammt der Autor des Buches oder Zeitschriftenartikels?
- Was lässt sich über seinen beruflichen Hintergrund ermitteln (z.B. Soziologie, Geschichte, Politik, Journalismus)?
- Wann ist das Buch/die Zeitschrift erschienen?
- Bis zu welchem Jahr reichen die ausgewerteten Fakten und Zahlen?
- Gibt es ein bestimmtes Ziel des Buches/der Zeitschrift oder eine spezielle Zielgruppe (oft zu erschließen aus Untertitel, Vorwort, Einleitung, Verlag)?
- Lassen sich die Ergebnisse eines Buches/einer Zeitschrift durch andere Publikationen bestätigen oder korrigieren?

Vorteile des *Internets* sind der internationale Zugang, der hohe Grad an Aktualität und die Möglichkeit, sehr schnell die unterschiedlichsten Informationen (Adressen, Literatur, Dokumente) bekommen. Das Internet ist aber nicht systematisch aufgebaut, sodass Erfolge manchmal vom Zufall abhängen, auch beim Gebrauch von Suchmaschinen, oder nur durch Ausdauer und Geschick erreicht werden. Außerdem gibt es bei vielen Informationen keine Garantie für die Richtigkeit, sodass sie nicht ohne Überprüfung verwendet werden sollten. *(Eine Liste mit zuverlässigen Internetadressen befindet sich im Anhang).*

Thematische Karten zum Thema Migration finden sich in Lehrbüchern für die Fächer Geschichte und Erdkunde, in Atlanten und in fachwissenschaftlichen Publikationen, etwa in dem Spezialatlas von Aaron Segal (An Atlas of Migration, London 1993). Die Karten informieren über Herkunfts- und Zielländer, über den zeitlichen Ablauf und Umfang und oft über die Ursachen von Migrationen. Doch auch mit Informationen, die aus Karten entnommen werden, ist kritischer Umgang notwendig. Durch die Wahl des Themas und den räumlichen oder zeitlichen Ausschnitt können Informationen einseitig und unvollständig sein, sodass sie ergänzt werden müssen. Durch die grafische Gestaltung (Farbgebung, verwendete Symbole) wird gelegentlich ein bestimmter Eindruck vermittelt und damit eine Bewertung vorweggenommen.

Statistiken sind unerlässlich für die quantitative Erfassung von Migrationen, aber wenig motivierend für die Schüler und oft schwierig auszuwerten. Ihre Umsetzung in *Diagramme* erleichtert zwar die Arbeit, doch für deren Erstellung ist eine Vereinfachung des Zahlenmaterials notwendig. Statistiken wie Diagramme können durch die Art der Darstellung und die Auswahl der erfassten Merkmale manipuliert werden. Es gibt wenig Statistiken und Diagramme, die über die aktuelle Entwicklung der europäischen Migrationen knapp, zuverlässig und verständlich informieren. Viele statistische Veröffentlichungen bringen nur Angaben für ein bestimmtes Land oder eine Ländergruppe. Um exakte Informationen zu erhalten, müssen deshalb mehrere verschiedene Statistiken ausgewertet und verglichen werden. Dabei ist auf ihre Zuverlässigkeit (Herkunft der Daten, Quellennachweis) zu achten.

Die Arbeit mit Statistik und Diagramm kann von Schülern auch dadurch eingeübt werden, dass sie selbst eine Statistik oder ein Diagramm zu dem Ausländeranteil in ihrer Klasse, ihrer Schule oder ihrem Heimatort erstellen. Dabei lernen sie, wie man Zahlen ermittelt, welche Probleme sich dabei ergeben können (z.b. wenn nur ein Elternteil Ausländer ist oder ein Schüler bereits in der 2. oder 3. Generation in Deutschland lebt), in welcher Form man sie zusammenstellen und in einem Diagramm wirkungsvoll grafisch veranschaulichen kann.

Das Erkennen von Suggestion und Manipulation

Bilder dienen oft nicht der Information, sondern nutzen ihre suggestive Wirkung zur Manipulation. Diese ist oft beabsichtigt, wird aber vom Betrachter nicht immer bewusst wahrgenommen. Deshalb ist es wichtig, gerade bei Bildern über die Eindrücke und Gefühle zu sprechen, die durch sie ausgelöst werden. Bei Diagrammen werden Entwicklungen nicht nur durch Zahlen und Kurven veranschaulicht, sondern sie bieten oft durch Piktogramme eine unterschwellige Botschaft und können so zu „Schreck-Bildern" (Bade, 1992, S. 415) werden.

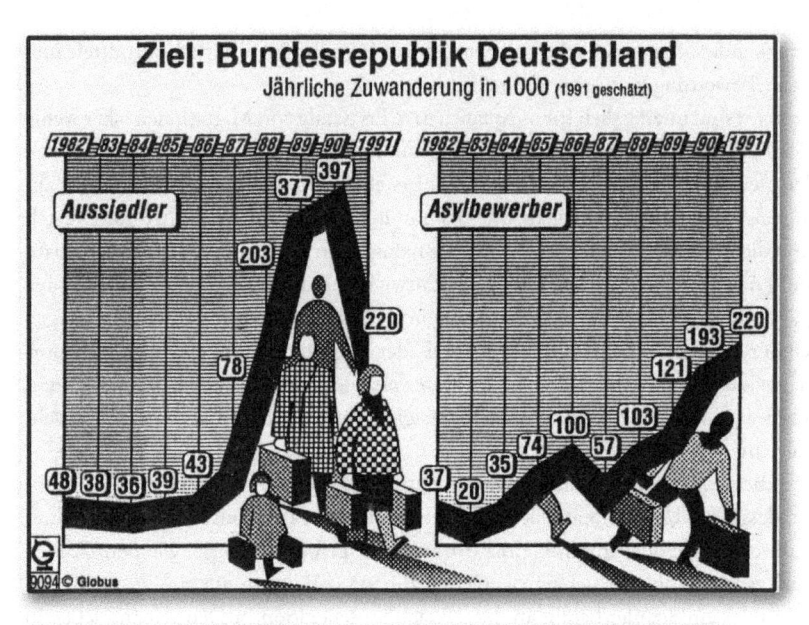

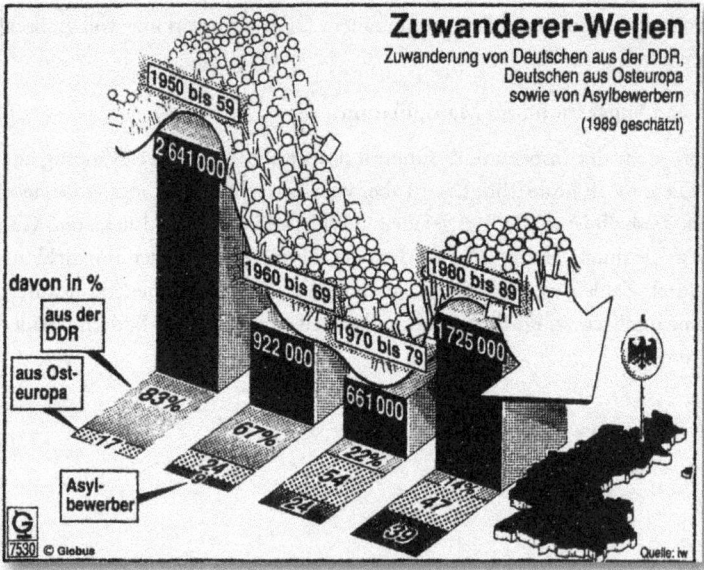

Globus-Verlag Nr. 9084 (1990) und Nr. 7530 (1988/89).

Zwei Beispiele dafür sind Diagramme, die die Zuwanderung in die Bundesrepublik Deutschland veranschaulichen sollen. Das erste Schaubild zeigt in zwei Kurven die Zuwanderung von Aussiedlern (vor allem aus der ehemaligen Sowjetunion) und von Asylbewerbern. Beide Diagramme sind durch Piktogramme illustriert. Bei den Aussiedlern sieht man eine gut gekleidete Familie, die in ruhiger, aufrechter Haltung wie durch ein Tor eintritt. Der dunkelhäutige Asylbewerber dagegen trägt ein T-Shirt und schlüpft eilig herein. Von einer zweiten Person, die sich ebenfalls rasch nähert, ist nur ein Bein sichtbar. Durch diese unterschiedliche Darstellung wird die Zuwanderung von Aussiedlern positiv bewertet, die von Asylbewerbern dagegen negativ.

Das zweite Diagramm zeigt die Zuwanderer in die Bundesrepublik seit 1950. Durch die Säulen, aber noch mehr durch das Bildzeichen „Zuwanderer-Wellen" wird der Eindruck erweckt, dass sie die klein gezeichnete Bundesrepublik völlig „überfluten", ein Begriff, der oft auch in der aktuellen Diskussion verwendet wird.

Lernen mit politischen Karikaturen

Politische Karikaturen sind gezeichnete Kommentare, in denen ein Künstler seine Meinung zu einem aktuellen Ereignis äußert. Da Karikaturen parteiisch sind, verlangen sie vom Betrachter einen kritischen Umgang. Außerdem verwendet die Darstellung Mittel der Satire (Ironie, Übertreibung, Verkleidung) und arbeitet häufig mit Symbolen, was eine intensive Erschließung notwendig macht. Dies kann im Unterrichtsgespräch oder bei einiger Übung in Partner- oder Gruppenarbeit erfolgen. Methodisch ergiebig ist der Vergleich von Karikaturen zum selben Thema, zum Beispiel zu ausländischen Arbeitern. Durch Karikaturen von Künstlern verschiedener Länder ist eine multiperspektivische Betrachtung möglich.

Rollenspiel

Rollenspiele, in der Schüler eine fiktive Situation nachspielen, sind in besonderer Weise geeignet, Wissen zu erwerben, die Entscheidung der Betroffenen nachzuvollziehen und sich mit ihnen zu identifizieren. Das erfordert eine genaue Kenntnis über die Ursachen von Migrationen, die Probleme von Migranten und das Verhalten der Bevölkerung im Zielland. Die Schüler sollten dafür nach Möglichkeit authentisches Material erhalten (konkretes Land, Namen der beteiligten Personen), wozu Mitschüler ausländischer Herkunft beitragen können.

Das hier skizzierte Beispiel einer Familie entspricht der Erfahrung von Jugendlichen und berücksichtigt unterschiedliche Ansichten und Interessen (Erwachsene – Kinder, Männer – Frauen). Das Rollenspiel ist von verschiedenen Gruppen und über mehrere „Stationen" (Herkunftsland – Zielland) mit einem Wechsel der Perspektive (Migranten

– einheimische Bevölkerung) denkbar und kann zu einem kleinen Theaterstück erweitert werden.

Station 1: „Ausharren oder Wegziehen?"

Eine Familie (Vater, Mutter, zwei bis drei Kinder verschiedenen Geschlechts) trägt sich mit dem Gedanken, die Heimat aus politischen und/oder wirtschaftlichen Gründen zu verlassen. Die Schüler erhalten Rollenzuschreibungen, in denen die jeweiligen Personen kurz charakterisiert sind und die Grunde für eine Auswanderung und die möglichen Folgen einer solchen Entscheidung genannt werden. Sie sollen sich mit einer Rolle auseinandersetzen und dann ein Gespräch führen, das mit einer Entscheidung endet. Diese kann auch darin bestehen, dass die Familie auf die Ausreise verzichtet oder dass vorerst nur der Vater in ein anderes Land geht, während die Angehörigen zurückbleiben.

Station 2: „Das Zielland: Heimat oder Fremde?"

Eine zweite Szene kann nach der Situation einer Familie fragen, die ausgewandert ist und sich in einem anderen Land niedergelassen hat. Zur Sprache kommen bei den Eltern der Beruf, die wirtschaftliche Lage oder das Verhältnis zu den Nachbarn und Landsleuten, bei den Kindern die Situation in der Schule, ihre Erfahrungen mit Mitschülern oder in einem Verein. Auch die Erinnerung an die frühere Heimat, die Beziehung zu den Verwandten und die Frage einer Rückkehr können diskutiert werden.

Station 3. „Fremde oder neue Nachbarn?"

Diese Szene ist parallel zu der vorhergehenden gedacht und zeigt das Problem aus einer veränderten Perspektive. Hier ist es eine einheimische Familie, die über ihre Erfahrungen mit den ausländischen Nachbarn spricht. Als Abschluss ist eine (offene) Schlussszene denkbar, bei der die beiden Familien sich treffen und ins Gespräch kommen.

Lernen am Gegenstand

Eine sehr konkrete Form des Lernens kann an Gegenständen erfolgen, die für einen Menschen Heimat bedeuten und damit einen symbolischen Wert besitzen. So beschreibt Nicholas Gage in seiner Autobiografie „Elenis Kinder" (München 1984), wie er als junger Grieche bei seiner Emigration in die USA 1949 vier Gegenstände mitnimmt, die ihn an Personen oder Ereignisse seines Herkunftslandes erinnern: ein kreuzförmiges Kästchen

Didaktische Zugriffe und methodische Anregungen

seiner Mutter mit einer Reliquie, ein Taschentuch, das ihm eine Patin vor ihrer Abreise nach Amerika schenkte, die Rohrpfeife, die ein Onkel für ihn schnitzte, und ein Stein, den er aufgehoben hatte, als die Familie während des Bürgerkrieges aus ihrem Ort fliehen musste.

Der Text eignet sich als Einstieg in ein Gespräch über Gegenstände, die für Schüler Heimat bedeuten und die sie im Falle einer Auswanderung auf jeden Fall mitnehmen würden. Daraus lässt sich eine kleine Ausstellung gestalten, in der die Gegenstände präsentiert und erklärt werden. Besonders ergiebig ist dabei die Beteiligung von Schülern mit Migrationshintergrund.

Eine weitere Möglichkeit bietet die Idee des „Schulmuseums", wie sie zum Beispiel in Polen seit vielen Jahren verwirklicht ist. Hier werden von Schülern, Eltern und Lehrern Objekte und Dokumente zu bestimmten Themen gesammelt, beschrieben, inventarisiert und in der Schule ausgestellt. Ein solches „Schulmuseum" könnte auch eine Sammlung zum Thema Migration enthalten.

Außerschulischer Lernort – die eigene Stadt

„Unser Ort – Eine Heimat von Aus- und Einwanderern" ist als Projekt denkbar, bei dem die Schüler in ihrer unmittelbaren Umgebung das Thema Migration erforschen und Auswirkungen von Wanderungen untersuchen. Zu den Sachzeugnissen, die dabei in Frage kommen, gehören Gebäude wie Synagogen und Moscheen, ausländische Geschäfte und Restaurants, Denkmäler, Gedenktafeln und Grabsteine, Exponate des Heimatmuseums und Dokumente im Archiv. Außerdem ist die eigene Stadt auch ein sinnvoller Rahmen für Zeitzeugen- und Expertenbefragungen.

Gedenkstätten

Neben Gedenkstätten im Heimatort können – zum Beispiel durch eine Internetrecherche – Denkmäler in anderen Städten herangezogen werden. Denkmäler für Auswanderer gibt es zum Beispiel in Krefeld (Auswanderung nach Philadelphia 1683), Ulm (Donauschwaben) oder Bremerhaven (Auswandererfamilie am Seebäderkaje und Denkmal „The last Stepp"). An die Einwanderung erinnern Denkmäler in Nürnberg („Flucht und Vertreibung") oder Wolfsburg („L'Emigrante" für italienische Einwanderer). In Ravensburg wurde ein Denkmal errichtet für die „Schwabenkinder" (Peter Lenk, 2002): ein Kind, auf dessen Schultern zwei Erwachsene sitzen, ein Bauer und ein Geistlicher. Ein besonderes Denkmal steht auf der italienischen Insel Lampedusa, einer Anlaufstelle für viele Flüchtlinge aus Afrika. Das fünf Meter hohe „Tor zu Europa" („La Porta") soll an die Migranten erinnern, die bei der Überfahrt umgekommen sind. Ausgehend von diesen Beobachtungen können die Schüler in Zusammenarbeit mit dem Kunstunterricht selbst ein Denkmal für die Aus- oder Einwanderer in ihrer Heimat entwerfen.

Heimatmuseum

In manchen Orten werden Sachzeugnisse zur Auswanderung, gelegentlich auch zur Einwanderung im örtlichen Museum gesammelt. Vor dem Museumsbesuch empfiehlt sich ein Gespräch mit dem verantwortlichen Leiter, weil oft nur ein kleiner Teil der Sammlungen ausgestellt ist, während viele Exponate im Depot verwahrt werden. Gegenstände im Museum zeigen oft die Selbstverständlichkeit von Ein- und Auswanderung in einem längeren geschichtlichen Verlauf. Neben Exponaten in Heimatmuseen gibt es Spezialmuseen zur Migration. Auch die Migrationsmuseen anderer Erdteile (z.B. USA, Australien), deren Adressen und Bestände im Internet ermittelt werden können, geben Aufschluss über europäische Emigration. *(Liste mit Museen im Anhang).*

Mögliche Fragen/Arbeitsanweisungen für einen Besuch im Heimatmuseum:

- Welche Exponate im Museum sind Zeugnisse für Aus-, bzw. Einwanderung von einzelnen Personen oder Personengruppen aus dem Heimatort, bzw. in den Heimatort?
- Aus welcher Zeit stammen diese Zeugnisse?
- In welchem geschichtlichen oder sonstigen Zusammenhang sind sie im Museum ausgestellt?
- Lassen die Exponate Einzelschicksale erkennen und erzählen sie über die Probleme, die mit Aus- und Einwanderung verbunden waren?
- Sind die örtlichen Migrationen deiner Stadt im Museum ausreichend dargestellt? Welche Beispiele vermisst du?

Archiv

Ein wichtiger Lernort für die Erkundung der Geschichte ist das örtliche Archiv. Hier werden historische Dokumente gesammelt, die teilweise bis zur unmittelbaren Gegenwart reichen. In den Archiven finden Schüler vor allem Akten über die Aus-, bzw. Einwanderung einzelner Personen, aber oft auch persönliche Dokumente (Briefe, Tagebücher). Den Umfang der Ein- und Auswanderung kann man durch amtliche Statistiken zur Bevölkerungsentwicklung ermitteln, die Auswirkungen lassen sich manchmal aus Daten zum wirtschaftlichen Wachstum oder Niedergang eines Ortes erschließen. Für die Arbeit im Archiv ist es notwendig, dass der Lehrer über die Bestände Bescheid weiß und ein Archivar bereit ist, Archivalien für Schüler zur Verfügung zu stellen und sie bei der Arbeit zu beraten. Für aktuelle Entwicklungen sind die Unterlagen oft noch nicht im Archiv, sondern bei den entsprechenden Behörden, die eine Bevölkerungsstatistik führen (z.B. den Meldeämtern). In allen Fällen ist bei neueren personenbezogenen Daten der Datenschutz zu beachten.

> **Mögliche Fragen/Arbeitsanweisungen zur Auswanderung:**
> - Gibt es Dokumente über Auswanderer?
> - Aus welchen Epochen stammen sie?
> - Lassen diese Dokumente erkennen, wie umfangreich diese Wanderung war und ob bestimmte Alters- oder Berufsgruppen besonders häufig vertreten waren?
> - Bieten die Quellen Gründe für die Auswanderung?
> - Ist etwas über das Ziel und das weitere Schicksal dieser Menschen bekannt (z.B. durch Briefe)?
> - Sind Auswanderer wieder zurückgekommen (Rückwanderer)?
>
> **Mögliche Fragen/Arbeitsaufgaben zur Einwanderung:**
> - Welche Personengruppen sind in den letzten Jahrzehnten zugewandert?
> - Aus welchen Ländern stammen sie?
> - Gibt es Länder, aus denen besonders viele Menschen zugewandert sind?
> - Lassen sich dabei Fälle von „Kettenmigration" erkennen?
> - Gibt es unter den Einwanderern auffallende Anteile bestimmter Alters- und Berufsgruppen?
> - Geben die Unterlagen Auskunft über Probleme mit der Unterbringung, mit dem Arbeitsplatz oder mit der Integration?
> - Sind Zuwanderer wieder in ihre Heimat zurückgekehrt oder weitergewandert?

Zeitzeugenbefragung

Die Methode des biografischen Interviews kann sich unmittelbar an die Archivarbeit anschließen und sie ergänzen. Hier ist es zuerst notwendig, Namen und Adressen von Aus- und Einwanderern zu bekommen. Bei Einwanderern dürfte es kaum Probleme geben, denn es bieten sich die Eltern von ausländischen Mitschülern, Geschäftsleute oder Nachbarn an. Oft sind auch ausländische Kulturvereine bereit, Interviewpartner zu vermitteln. Schwieriger ist es, die Adressen von Auswanderern zu erfahren. Hier kann neben persönlichen Kontakten (Verwandte) eventuell auch das Stadtarchiv oder die Suche per Internet weiterhelfen. Entsprechend den Methoden der Oral History können die Interviews schriftlich durchgeführt werden (Fragebögen), anschaulicher ist jedoch die Arbeit mit einem Kassettenrekorder oder mit einer Videokamera. Auch wenn jedes Interview anders verlaufen wird, gibt es einige allgemeine Einstiegsfragen.

Mögliche Fragen für ein Zeitzeugengespräch:

- In welchem Jahr sind Sie eingewandert/ausgewandert?
- Was war Ihr Herkunftsland/Zielland?
- In welchem Beruf waren Sie vor Ihrer Einwanderung/Auswanderung tätig?
- Was waren die Gründe für Ihre Ein-/Auswanderung?
- Fiel es Ihnen schwer, Ihre Heimat zu verlassen? Haben Sie noch Angehörige dort?
- Gab es Probleme bei der Aus- oder Einreise mit den Behörden?
- Wie war die Aufnahme in Ihrem Zielland?
- Welche positiven oder negativen Erfahrungen haben Sie gemacht?
- Entsprachen die Verhältnisse im Zielland Ihren Wünschen und Erwartungen?
- Wie kamen Sie mit der Sprache und mit den Gewohnheiten der Menschen zurecht?
- Was vermissen Sie in Ihrer neuen Heimat am meisten?
- In welchem Beruf sind Sie seit Ihrer Einwanderung/Auswanderung tätig?
- In welchem Land fühlen Sie sich zu Hause?
- Welche Kontakte haben Sie noch zu Ihrem Herkunftsland?
- Mit welchen Menschen in Ihrem Zielland haben Sie privat Kontakt?

Expertenbefragung

In den meisten Städten gibt es Einrichtungen, die sich von Amts wegen mit Fragen der Einwanderung beschäftigen. Dazu gehören die Verwaltung (zum Beispiel für Fragen der Anmeldung, Aufenthaltsberechtigung oder Arbeitserlaubnis), aber auch politische, soziale oder kirchliche Institutionen (z.B. Ausländerbeauftragte, Ausländerbeirat). Die Befragung von Experten ist eine wichtige Ergänzung zu den biografischen Interviews von Einwanderern.

Mögliche Fragen an einen Experten:

- Worin besteht Ihre berufliche Tätigkeit?
- In welchen Bereichen haben Sie mit Einwanderern zu tun?
- Können Sie einen Fall schildern, der für Ihre Arbeit besonders charakteristisch ist?
- Welche gesetzlichen Regelungen gibt es für Ihre Arbeit mit Ausländern?
- Welche Erfahrungen haben Sie bei Ihrer Arbeit gemacht?
- Welche Probleme gab es mit den betroffenen Personen, welche mit anderen Behörden?
- Wie sehen Sie die zukünftige Entwicklung für Ihre Aufgaben?

Die Behandlung des Themas Migration ist aber keineswegs auf die bisher genannten Möglichkeiten beschränkt. Deshalb sollen am Ende noch weitere Ideen stichwortartig aufgelistet werden, wobei der Fantasie und Kreativität von Lehrern und Schülern keine Grenze gesetzt sind.

Weitere methodische Möglichkeiten

Bei der Behandlung des Themas Migration wird die *Elitemigration* oft übersehen. Aber gerade an diesem Beispiel lässt sich zeigen, dass die Wahrnehmung von Ausländern oft inkonsequent ist. Denn auch Wissenschaftler, Opernsänger oder Fußballspieler gehören zu den ausländischen Arbeitnehmern, werden aber meistens anders aufgenommen und sind wesentlich angesehener als Fabrikarbeiter oder Flüchtlinge. Diese Inkonsequenz kann Thema einer Diskussion sein. Elitemigration lässt sich anhand eines Theaterspielplans, der Aufstellung einer Fußballmannschaft oder einem Vorlesungsverzeichnis untersuchen.

Sprichwörter, Redensarten und Etymologien zeigen sehr viel von der Mentalität eines Volkes. Das lässt sich auch bei Themen wie Heimat und Fremde zeigen. Die Aufgabe der Schüler kann darin bestehen, selbst Beispiele zu sammeln und die jeweilige Bewertung festzustellen.

Sprichwörter, Redensarten, Zitate, Etymologien:

Once you cross the ocean you are always at the wrong side. (USA)
Bleibe im Lande und nähre dich redlich. (Deutschland)
Jeder ist Ausländer – fast überall auf der Welt. (Deutschland)
Heimat ist da, wo es mir gut geht.
Erst die Fremde lehrt uns, was wir an der Heimat besitzen. (Theodor Fontane)
Nicht da ist man daheim, wo man seinen Wohnsitz hat, sondern da, wo man verstanden wird.
Der Fremde hat keine Freunde.
Wer aus der Fremde kommt, bringt Neues mit.
Wo dir die Heimat zur Fremde wird, da wird dir die Fremde zur Heimat. (Thomas Mann)
Besser ist's im eigenen Lande Wasser aus dem Schuh zu trinken, als in fernen Landen Honigtrunk aus goldner Schale. (Finnland)
Fremd ist der Fremde nur in der Fremde. (Karl Valentin)
In der Fremde ist auch gut Brot essen. (Dänemark)
In der Fremde leben ist besser als zu Hause sterben.
Xenos (griechisch): Fremder, Gastfreund
Elend (deutsch): entstanden aus eli-lenti: Ausland, Verbannung, Not
Fremdenverkehr: deutscher Begriff für Tourismus

Das Thema Heimat und Fremde wird in vielen *Liedern* behandelt, vom Volkslied bis zum Schlager oder Song. Die Schüler können dazu Beispiele sammeln und sie in einer Revue vorstellen. Auch die eigene Vertonung von Gedichten oder eine musikalische Unterlegung (Text-Musik-Collage) ist denkbar.

Ein- und Auswanderung oder das Leben in einem fremden Land ist das Thema vieler europäischer *Spielfilme*. Dabei werden sehr unterschiedliche Schicksale gezeigt. Die Auswertung eines solchen Films eignet sich als Einstieg in die Thematik, ein Vergleich mehrerer Filme ist innerhalb eines Projektes denkbar.

Wir suchen Verwandte in anderen Ländern (Internet)

Bei einigen Suchprogrammen im Internet ist es möglich, den eigenen Namen als Begriff einzugeben und weltweit Vertreter desselben Namens zu suchen. Bei seltenen Namen sind eine verwandtschaftliche Beziehung und damit die Emigration eines Familienangehörigen denkbar. Gelegentlich stößt man sogar auf den Stammbaum oder eine Homepage, die ein entferntes Familienmitglied ins Internet gestellt hat.

2. Ursachen und Formen der Migration

2.1 Migration in der Geschichte

Für die Migrationen in früheren Epochen prägte man im 19. Jahrhundert den Begriff „Wanderungen" oder „Völkerwanderungen". Diese Bezeichnung ist missverständlich, denn seit der Jahrhundertwende ist Wandern eine Freizeitbeschäftigung und wird mit reizvollen Landschaften, Wanderausrüstung, markierten Wegen und gemütlicher Einkehr assoziiert. Wird der Begriff trotzdem verwendet, muss man deutlich machen, dass frühere Wanderungen große Bevölkerungsbewegungen waren, die zu neuen Siedlungsgebieten führten und selten friedlich verliefen.

Ältere Migrationen weisen Gemeinsamkeiten auf, die sie von modernen Bevölkerungsbewegungen unterscheiden. Bis zur Jungsteinzeit lebten alle Menschen als *Nomaden*, und in manchen Regionen gibt es auch heute noch nomadische Lebensformen. Sammler und Jäger haben keine festen Wohnsitze und sind daran gewöhnt, immer wieder in neue Gebiete zu ziehen und diese wirtschaftlich zu nutzen. Abgegrenzte Siedlungsgebiete gab es erst seit den Anfängen des Ackerbaus und der damit verbundenen Sesshaftigkeit. Sehr viel jünger sind feste Staatsgrenzen, die meist erst mit der Ausbildung der Territorialstaaten in der Frühen Neuzeit gezogen wurden. Außerdem waren große Teile der Erde jahrtausendelang nicht oder nur dünn besiedelt, sodass dort Wanderungen nicht zu Konflikten mit anderen Bewohnern führen mussten.

Eine wichtige Gemeinsamkeit in früheren Epochen war auch, dass der Entschluss zur Migration selten individuell erfolgte. Der Einzelne war Teil eines Sozialverbandes wie Sippe, Horde oder Stamm. Entscheidungen wie das Aufsuchen neuer Siedlungsgebiete wurden im Kollektiv gefällt oder durch einen monarchischen Führer für alle entschieden.

Während man früher die Begriffe *Emigration/Auswanderung* bzw. *Immigration/Einwanderung* verwendete, wird heute das Wort *Migration* bevorzugt. Es stammt aus der Biologie und wurde ursprünglich für die Wanderungen von Tieren (z.B. von Zugvögeln oder Insekten) gebraucht. Mit diesem Wort bezeichnet man alle Arten von Bevölkerungsbewegungen, die zu einer Verlagerung des Wohnortes oder Lebensmittelpunktes führen. Damit lässt sich Migration gegenüber *Reisen* und *Pendeln* abgrenzen.

Die Verwendung eines so weit gefassten Sammelbegriffs ist aber problematisch. Denn er vereint sehr unterschiedliche Formen von Zu- und Abwanderung, die kaum vergleichbar sind. Zu ihren besonderen Formen gehört die zirkuläre Migration, bei der Menschen regelmäßig für einen kürzeren Zeitraum an einen anderen Ort ziehen (zum Beispiel Wander- oder Saisonarbeiter), und die Kettenmigration, bei der Migranten andere Menschen aus ihrer ursprünglichen Heimat ebenfalls zur Auswanderung veranlassen und Neuankömmlingen mithilfe eines Netzwerkes Einreise und Aufenthalt erleichtern. Schließlich kann nach einem Aufenthalt im Ausland auch mehr oder weniger freiwillig eine Rückwanderung erfolgen.

Der übergeordnete Begriff „Migration" kann die Realität verharmlosen und verschleiern, denn er beschränkt sich auf den räumlichen Vorgang und blendet damit die Ursachen, die Motive und die Folgen aus. Es ist deshalb im Unterricht notwendig, die Vielschichtigkeit des Begriffes aufzuzeigen und ihm immer wieder die unterschiedlichen Formen von Migration (z.b. Elitemigration, Arbeitsmigration, Flucht, Vertreibung) gegenüberzustellen. Dies leistet gleichzeitig einen Beitrag zum kritischen und bewussten Umgang mit politischen Begriffen.

Für die Ursachen der Migrationen gibt es verschiedene Klassifikationen. Früher wurde häufig zwischen freiwilliger und erzwungener Migration unterschieden. Diese Unterscheidung ist aber zu wenig differenziert, da eine völlig freiwillige Auswanderung eigentlich nur bei Elitemigration stattfindet. Dagegen ist das Spektrum unfreiwilliger Migration sehr breit. Es gibt die Entscheidung von Einzelnen, die mit ihrer Situation nicht zufrieden sind und sich in einem anderen Land ein besseres Leben erhoffen. Der Grad der Freiwilligkeit hängt dabei von dem Druck ab, dem sie ausgesetzt sind, und von den Bindungen, die ihnen das Verlassen ihres Landes erschweren. Aber es gibt auch Fälle, in denen Menschen keine Wahl haben, sondern durch Drohung oder mit Gewalt gezwungen werden, ihre Heimat zu verlassen. Formen dieser Migration werden als Flucht, Vertreibung oder Deportation, gelegentlich auch verharmlosend als Aussiedlung und Umsiedlung oder euphemistisch als Bevölkerungsaustausch, bzw. Bevölkerungstransfer und „ethnische Säuberung" – oft ein Synonym für den Massenmord an einer Volksgruppe – bezeichnet.

Undifferenziert ist auch eine Klassifizierung, die Migrationen nach *arbeitsmarktbezogenen* und *autonomen* Ursachen unterscheidet. Denn unter den Begriff „autonome" Ursachen fallen so heterogene Gründe wie Bevölkerungsdruck, politische oder religiöse Verfolgung und ökologische Katastrophen.

Sinnvoller erscheint die Beschreibung der Migration als eine Verbindung von *Push-* und *Pull-Faktoren* vor allem dann, wenn für einen Einzelnen oder eine Personengruppe eine eigene Entscheidung möglich ist. Push-Faktoren können alle wirtschaftlichen, politischen oder sonstigen Umstände sein, die das Leben von Menschen in ihrem Heimatland erschweren. Sie korrespondieren mit Pull-Faktoren, d.h. mit den realen oder erhofften Vorzügen des Ziellandes: politische oder religiöse Freiheit, die Tatsache, dass dort Frieden herrscht, dass es Arbeitsplätze und höhere Löhne gibt, dass dort bereits Verwandte oder Freunde leben. Auch Einwanderungsgesetze oder das Recht auf Asyl sind dabei von Bedeutung.

2.2 Moderne Migration

„Ein großes Thema unserer Zeit ist die Migration." (Kilian Trolier in: Die Zeit vom 14. Juli 2011). Denn in den letzten Jahrzehnten ist die Zahl der Migranten in einem kaum vorstellbaren Tempo gewachsen. Gleichzeitig haben die Wanderungen eine globale Dimension entwickelt oder werden zumindest so wahrgenommen. Deshalb ist die moderne Migration in einem eigenen Kapitel behandelt. Für sie ist eine präzisere Begrifflichkeit erforderlich, nicht zuletzt wegen der politischen Aktualität des Themas.

Die Analyse der Push- und Pullfaktoren reicht als Begründung für die modernen Wanderungen nicht mehr aus. Zu den Rahmenbedingungen, die berücksichtigt werden müssen, gehört vor allem die globale Werteintegration. Die Expansion der westlichen Zivilisation hat dazu geführt, dass sich die Erwartungen an Lebensstandard und Lebensqualität in den letzten Jahrzehnten weltweit angeglichen haben. Dies wurde vor allem durch die moderne Kommunikation von Fernsehen und Internet ermöglicht. Ein zweiter Faktor ist die neue Mobilität durch bessere und preiswertere Transportmittel, die zu einer „schrumpfenden Welt" (Müller-Schneider, S. 21) geführt hat. Sie ist bestimmt durch Eisenbahn- und Busverkehr innerhalb eines Landes und durch Flugreisen zwischen einzelnen Staaten und Kontinenten. Schließlich hatten militärische Konflikte, Diktaturen oder ökologische Katastrophen ein Millionenheer von Flüchtlingen zur Folge.

Schwerpunkt der grenzüberschreitenden Migration ist eine *Süd-Nord-Wanderung*, bei der Menschen aus Ländern der Dritten Welt vor allem nach Europa oder Nordamerika auswandern. In der Mitte der 80er Jahre des letzten Jahrhunderts wurde sie zeitweilig überlagert von einer verstärkten *Ost-West-Wanderung* aus der ehemaligen Sowjetunion und Ländern des Ostblocks nach Westeuropa oder Nordamerika.

Die gewählte Gliederung für Kapitel 4 zielt auf eine Zusammenfassung von verwandten Formen moderner Migration, auch wenn eine genaue Abgrenzung nicht immer möglich ist. Unter dem Aspekt „Deportation, Umsiedlung und Vertreibung" geht es um staatliche Maßnahmen, durch die Migrationen erzwungen werden. Hier sind auch die *Zwangs-* oder *Fremdarbeiter* berücksichtigt, die während des 2. Weltkrieges zur Arbeit in das Deutsche Reich verschleppt wurden. Aussiedlung und Rückwanderung bezieht sich auf Personengruppen, die in ihre ursprüngliche Heimat zurückkehren wollen oder müssen. Zu ihnen gehören die *Displaced Persons* am Ende des 2. Weltkriegs, zurückkehrende Siedler aus ehemaligen Kolonien und die deutschstämmigen *Aussiedler* aus Osteuropa.

Eine eigene Gruppe bilden die *Flüchtlinge*, die auf Grund von Krieg oder politischer Verfolgung ihr Land verlassen. Hier lässt sich keine scharfe Grenze zur Vertreibung ziehen, denn oft kommt die Flucht einer drohenden Vertreibung zuvor.

Der Begriff *„Verbesserungsmigration"* fasst Menschen zusammen, die sich in einem anderen Land eine Verbesserung ihres Lebens erhoffen. Damit werden nicht nur *auslän-*

dische Arbeitnehmer erfasst, sondern auch Menschen, die vor Armut oder Hunger fliehen.

2.3 Die Integration von Migranten

Die Integration der Migranten im Zielland ist ein so umfangreiches und komplexes Thema, dass es in dieser Darstellung weitgehend ausgespart bleibt. Bei der Frage geht es auch selten um historische Vorbilder, sondern fast immer um die aktuelle politische Situation. Dafür ist vor allem das Fach Sozialkunde zuständig, aber Integration wird auch das Fach Geschichte und vor allem eine fächerübergreifende Behandlung berücksichtigen müssen. Dafür sollen nur einige Aspekte angesprochen werden.

Der Prozess der *Integration* verläuft in verschiedenen Stufen und dauert meistens länger als eine Generation. Die *strukturelle Integration* beinhaltet den gleichberechtigten Zugang zu den Kerninstitutionen des Gastlandes, zum Arbeits- und Wohnungsmarkt und zu den Bildungseinrichtungen. Die *kulturelle Integration (Akkulturation)* bedeutet die Übernahme von Einstellungen, Normen und Werten der neuen Umgebung. Dies ist ein interaktiver Prozess, weil sich die aufnehmende Gesellschaft durch das Zusammenleben mit Zuwanderern ebenfalls verändert. Die *soziale Integration* besteht in der Entwicklung persönlicher Beziehungen und Bindungen wie Freundschaft oder Heirat und in der Mitgliedschaft bei Gruppen und Vereinen. Am Ende des Prozesses steht die *identifikatorische Integration*, das Gefühl der Zugehörigkeit zur aufnehmenden Gesellschaft, Nation oder Ethnie.

Dauer und Erfolg der Integration hängen von verschiedenen Faktoren ab. Wichtig ist die Einstellung der Zuwanderer, die geplante Dauer ihres Aufenthaltes, die Aufgeschlossenheit gegenüber dem Gastland und ihre Lernfähigkeit, vor allem beim Erwerb der neuen Sprache. In einigen Fällen wird es nur zu einer strukturellen Integration kommen, wenn es im Zielland von Anfang an intensive Kontakte mit Landsleuten gibt. Sucht man deren Nähe aus Unsicherheit oder aus praktischen Gründen, kann es zu einer *Gettobildung* kommen.

Einen wesentlichen Beitrag zur Integration leistet auch die einheimische Bevölkerung, wenn sie positiv auf die Bemühungen der Migranten reagiert. Das Verhalten der Bevölkerung wird von vielen Faktoren bestimmt: von der wirtschaftlichen und politischen Stabilität im eigenen Land und von der Zahl der Zuwanderer, die bewusst wahrgenommen werden oder deren Anwesenheit die Medien vermitteln. Erscheint die Zahl der Ausländer als zu groß, kann es leicht zu dem Gefühl von *Überfremdung* und *Fremdenangst* kommen, das sich zu *Fremdenhass* und *Ausländerfeindlichkeit* steigert und in Aggressionen äußert.

Eine gelungene Integration setzt bei Migranten wie bei Einheimischen die Bereitschaft zu *interkulturellem Lernen* voraus. Dieser Begriff bedeutet nicht den Verzicht auf die eigene kulturelle Identität, sondern das Bemühen, mit Menschen anderer Kulturen offen und tolerant umzugehen. Dazu gehört eine Basis gemeinsamer Werte und Normen, zum Beispiel auf der Grundlage der Menschenrechte, und die Offenheit für eine andere Kultur. Interkulturelles Lernen ist eine Aufgabe, die im Zeitalter zunehmender Globalisierung immer wichtiger wird und zu der die Migration einen entscheidenden Beitrag leisten kann. Die Lernprozesse, die dabei ablaufen, führen zu Erfahrungen, die heute unverzichtbar sind: bei Geschäfts- oder Urlaubsreisen ins Ausland, bei weltweiten persönlichen Kontakten und nicht zuletzt beim Abbau nationaler Grenzen.

1. Das 19. Jahrhundert prägte den Begriff „Völkerwanderung". Erklärt, warum dieser Begriff missverständlich ist!
2. Nennt wesentliche Unterschiede zwischen früheren Migrationen und denen seit Beginn des 20. Jahrhundert!
3. Man verwendet heute statt „Auswanderung", bzw. „Einwanderung" den Begriff „Migration". Überlegt, welche Vorzüge und Probleme eine solche Sammelbezeichnung beinhaltet!
4. Erläutert an einem Beispiel Push- und Pullfaktoren für eine Migration!
5. Verfolgt die Berichterstattung zum Thema „Migration" in einer Zeitung über einen Zeitraum von einigen Wochen und fasst die Ergebnisse zusammen (zum Beispiel in einer Wandzeitung)! Berücksichtigt dabei auch die politische Diskussion zur Einwanderung und Integration in Deutschland!

3. Migrationen in der Geschichte

3.1 Die frühgeschichtlichen Wanderungen

Die Anfänge der Menschheitsgeschichte mussten in den letzten Jahrzehnten ständig neu geschrieben werden. Nach den ersten spektakulären Funden in den Olduvaischlucht im heutigen Tansania gab es zahlreiche weitere Entdeckungen von Überresten der frühesten Menschen, auch in Südafrika und in der Tschadsee-Region. Viele Wissenschaftler haben es inzwischen aufgegeben, einen „Stammbaum" zu rekonstruieren. Sie bevorzugen einen „Stammbusch", bei dem die Verwandtschaft der einzelnen Funde nicht genau bestimmt wird. Deshalb sind Aussagen zur Evolution und zu den frühen Wanderungen nur vorläufig.

Als gesichert gilt, dass die Evolution des Menschen in Afrika begann, wo vor etwa zwei Millionen Jahren mit dem „Homo ergaster" (außerhalb Europas auch „Homo erectus" genannt) ein entscheidender Entwicklungsschritt erfolgte. Auf Grund sehr alter Funde in Georgien kann man davon ausgehen, dass schon bald eine erste Wanderung über Vorderasien nach Süd- und Ostasien und später nach Europa stattfand. Die Gründe dafür lassen sich nur vermuten: „Warum Homo schon bald nach seinem ersten Auftreten in Afrika auswanderte und sowohl in Kontinental- und Südostasien als auch vor den Toren Europas […] erschien, ist noch weitgehend spekulativ. Waren es Neugier und Wanderlust, Klimaveränderungen, Ressourcenmangel, Raum- und Fressfeinddruck, Nischenkonkurrenz oder epidemiologische Ursachen?" (Henke, S. 120). Die Wanderungen dürften nicht sehr dramatisch verlaufen sein. Als Jäger und Sammler folgte der Homo erectus den Tierherden und erschloss sich so weitere Räume zur Nutzung. Ob er schon in der Lage war, kürzere Strecken auf dem Meer zurückzulegen (zwischen Ostafrika und der arabischen Halbinsel oder zwischen Nordafrika und Südeuropa), ist umstritten. Die Gebiete, in die er kam, waren unbesiedelt, sodass er keine Konkurrenten bekämpfen oder beseitigen musste.

Weitere Wanderungen aus Afrika (z.B. das Auftreten des „Neandertalers"), von Asien nach Europa oder mögliche Rückwanderungen werden hier vernachlässigt. Von entscheidender Bedeutung war die letzte große Wanderung des Homo sapiens aus Afrika, die vor etwa 100.000 Jahren erfolgte und auf die wahrscheinlich die gesamte heute lebende Menschheit zurückgeht. Im Unterschied zu früheren Wanderungen beschränkte sie sich nicht auf die Alte Welt, sondern gelangte über die (damals wahrscheinlich trockene) Beringstraße nach Amerika und über das Meer nach Australien. Ob es bei diesen Wanderungen in Asien und Europa Konflikte mit älteren Bewohnern gegeben hat, die zum

Beispiel zum Aussterben des Neandertalers führten, wird ebenfalls sehr unterschiedlich diskutiert.

Das Thema im Unterricht

Die Evolution des Menschen und seine frühen Wanderungen sind faszinierende Kapitel der Geschichte. Da die Forschung durch aktuelle Fossilienfunde ständig zu neuen Ergebnissen kommt und ältere Theorien widerlegt, erfährt sie auch in den Medien sehr viel Aufmerksamkeit. Die modernsten biologischen Methoden, mit denen gearbeitet wird (z.B. DNS-Analyse), bieten eine Zusammenarbeit mit dem Fach Biologie an.

Wird das Thema in Geschichte in der Unterstufe behandelt, kann die Karte (M 1) ausgewertet und über mögliche Ursachen der Wanderungen diskutiert werden. Ein altersgemäßer Einblick in die Forschung der letzten Jahre ist eine motivierende Ergänzung.

In der Oberstufe sollte die Forschung im Mittelpunkt stehen, deren frühere Entwicklung die beiden Lexikontexte zeigen (M 2/M 3). Der rasante Fortschritt in den letzten Jahren und die angewandten wissenschaftlichen Methoden lassen sich durch Schülerreferate ergänzen.

Materialien

M 1: Frühgeschichtliche Wanderungen

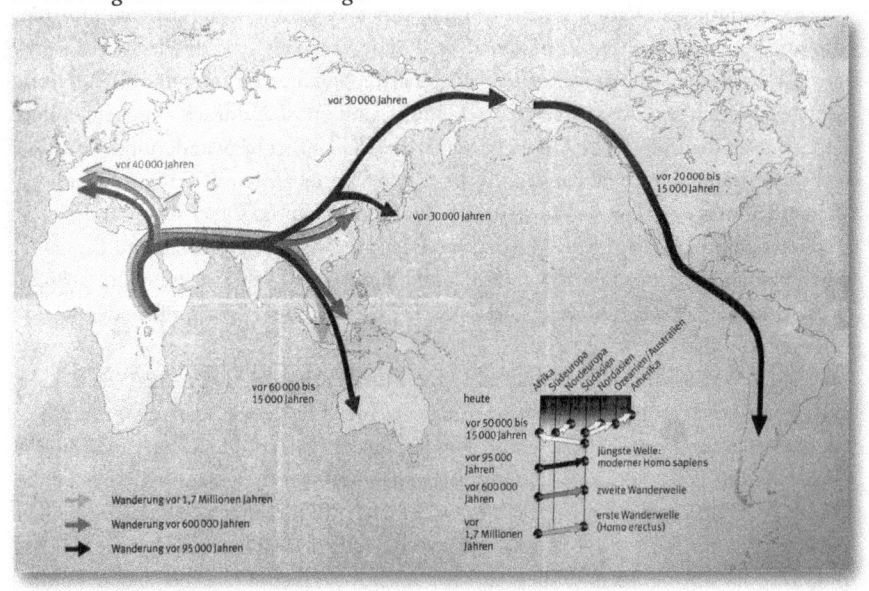

Matthias Glaubrecht: Alle Menschen sind Mischlinge, in: Bild der Wissenschaft 7/2002, S. 32.

Die frühgeschichtlichen Wanderungen 33

M 2: Der Stand der Wissenschaft um 1880
Großen Schwierigkeiten unterliegt die historische A. [*Anthropologie*]. Infolge der wiederholten, zum Teil in die graue Vorzeit fallenden, durch histor. Dokumente oftmals nur unsicher oder gar nicht verbürgte Wanderungen der Völker, durch ihr abwechselndes Verschwinden und späteres Wiederauftauchen an entfernten Orten und unter veränderter Gestalt, findet sich hier ein so kompliziertes Durcheinanderwirken der Erscheinungen, es gilt so versteckte und oft verwischte Beziehungen aufzudecken, dass die Ergebnisse der Untersuchung nicht selten mehr als unsicher sind. So werden die Fragen: Gehören die schmalen Schädel der sog. Reihengräber den Franken der merovingischen Zeit oder irgendeinem andern, vielleicht weit ältern Volke an? Was ist keltisch? Wie weit in Europa reichen die Spuren der Abstammung? sehr verschieden beantwortet. Die Hilfsmittel sind hier neben der naturhistorischen Kenntnis der lebenden Völker die Geschichtsforschung, die Archäologie. Von großer Wichtigkeit ist die genaue Kenntnis der Bestattungsweisen der verschiedenen Zeitalter und Völker, der Grabesbeilagen. Die Beschaffenheit dieser Beilagen, namentlich der Waffen und Schmucksachen, das Material derselben (Stein, Bronze, Eisen), die Manier oder der Stil, in welchem sie gefertigt sind, bilden die wesentlichsten Anhaltspunkte über Alter und Herkunft des Volks, von welchem die Überreste stammen. Ein ebenso wichtiges als oftmals trügerisches Zeichen für die Abstammung und den Zusammenhang der verschiedenen Völker ist die Sprache.
Brockhaus, Konversations-Lexikon, 13. Aufl., Leipzig 1882, Bd. 1, S. 707 (Stichwort „Anthropologie").

M 3: Der Stand der Wissenschaft um 1930
Zeit und Ort der Menschwerdung sind noch keineswegs eindeutig bestimmt. Die Entstehung des M. [*Menschen*] wird jetzt im allgemeinen nicht mehr in die Tertiärzeit verlegt, sondern in den Anfang des Diluviums, und der Ort der Entstehung ist wohl im damaligen Verbreitungsgebiet schimpansenhafter Menschenaffen zu suchen. O. Abel [*Othenio Abel (1875-1946), Paläontologe und Evolutionsbiologe*] vermutet ihn in Zentralasien. Weinert [*Hans Weinert (1886-1967), Anthropologe*] nimmt an, dass nicht die Tropen, sondern der eisfrei gebliebene Raum zwischen den jungtertiären Gebirgszügen der Alten Welt und den polaren Eisfeldern der Ort der Menschwerdung gewesen sei. Andere Forscher halten an der Annahme einer Heimat des M. in warmen Gebieten fest. Die Funde von Urmenschen geben darüber keine eindeutige Auskunft, weil sie im Raum zwischen Piltown (England), Mauer bei Heidelberg, Trinil auf Java und Peking liegen. Die Menschwerdung dürfte ferner in baumlosen Steppen erfolgt sein, in denen der M. gezwungen war, sich vom Baumleben abzuwenden, was zur Erwerbung des aufrechten Ganges führte.
Der große Brockhaus, 15. Aufl., Leipzig 1932, Bd. 12, S. 399 (Stichwort „Mensch").

Aufgaben

1. Die Karte verzeichnet die früheste Wanderung des Homo erectus und die Wanderung des Homo sapiens aus Afrika.
2. Beschreibt den jeweiligen Verlauf der Verbreitung! (M 1)
3. Nennt die wichtigsten Unterschiede zwischen den beiden Wanderungen und überlegt Gründe für die jeweils gewählten Wege?
4. Fasst den Stand der Anthropologie um 1880 und um 1930 zur Frage der Herkunft des Menschen zusammen! (M 2/M 3)
5. Beschreibt den wissenschaftlichen Fortschritt seit den letzten 50 Jahren anhand von neueren Lexikonartikeln!

3.2 „Völkerwanderungen" – kontinentale Migrationen

Der Begriff „Völkerwanderung" ist eine Übersetzung des mittellateinischen „migratio gentium". Sie beschreibt lang andauernde und großräumige Bevölkerungsbewegungen, sodass man besser von kontinentalen Migrationen sprechen sollte.

Kontinentale Migrationen gab es in allen Kontinenten und in fast allen Epochen der Geschichte. Besonders bekannt sind die Wanderungen, die in den letzten 5000 Jahren in Eurasien und Afrika stattfanden.

Die früheste dieser Wanderungen wird als „indogermanische Völkerwanderung" bezeichnet. Sie umfasst Migrationen von Völkern, die einer gemeinsamen Sprachfamilie angehören. Daraus hat man eine Urheimat zu rekonstruieren versucht, die zwischen Mitteleuropa und Südrussland lag. Genauere archäologische Erkenntnisse, die zum Beispiel die Gleichsetzung der „Indogermanen" mit den „Schnurkeramikern" erlauben, gibt es bisher nicht. Gesichert ist nur, dass seit dem Ende des 3. Jahrtausends zahlreiche Eroberungszüge stattfanden, in denen kriegerische Stämme mit verwandten Sprachen die alteingesessene Bevölkerung in Indien, Persien, Kleinasien, Griechenland und Italien unterwarfen. Gemeinsam waren eine feudale Gesellschaftsstruktur auf vaterrechtlicher Grundlage und wahrscheinlich auch der Gebrauch des Streitwagens. Die „Indogermanen" gründeten Staaten, aus denen in Indien und Vorderasien Großreiche entstanden. In Europa schufen die Eroberer die Grundlage für die dortigen Völker und Sprachen.

Sehr viel besser belegt durch Quellen und Ausgrabungen ist die zweite große Migration in Europa: die Wanderung der Kelten. Die Entwicklung der Kelten, die sich über einen längeren Zeitraum vollzog, dürfte mit der Urnenfelderkultur in der späten Bronzezeit (ca. 1200-750 v. Chr.) begonnen haben. Ihr Kerngebiet lag an der mittleren Donau und wurde bald nach Ostfrankreich, Süddeutschland und Böhmen erweitert. In der darauf folgenden Hallstattkultur (ca. 750-450 v. Chr.) fanden wahrscheinlich bereits die ersten Wanderungen statt (Süd- und Westfrankreich, iberische Halbinsel). Eine wichtige Grundlage der keltischen Wirtschaft und ihrer militärischen Stärke war die Gewinnung und Bearbeitung des Eisens. Der kulturelle und politische Höhepunkt der keltischen Geschichte erfolgte zur Zeit der La-Tènekultur (ca. 450-15 v. Chr.). In dieser Zeit kam es zu einer kriegerischen Expansion vieler Stämme in andere Teile Europas (britische Inseln, Oberitalien, Balkan) und nach Kleinasien (Galater in Inneranatolien). Einzelne Vorstöße erfolgten nach Rom und Delphi. Am Anfang des 3. Jahrhunderts vor Chr. erstreckte sich das von Kelten beherrschte Gebiet von Irland bis Kleinasien. Seit dem 1. Jh. v. Chr. gerieten die Kelten zunehmend zwischen zwei Fronten. Die römischen Armeen eroberten Norditalien, Spanien, Gallien und schließlich das Alpen- und Voralpengebiet. Gleichzeitig drangen Germanenstämme von Nordosten her in ihr Gebiet vor. Die Kelten, die nie einen einheitlichen Staat gebildet hatten, verschmolzen mit den eroberten Völkern und später mit

Römern und Germanen. In abgelegenen Gebieten Europas ist ihre Sprache und Kultur bis heute lebendig (Rätoromanen, Bretagne, Wales, Irland).

Die bekannteste „Völkerwanderung" war die der Germanen. Sie begann im 2. Jh. v. Chr., als die Kimbern und Teutonen neue Siedlungsplätze suchten, dabei in römische Interessensgebiete eindrangen und schließlich vernichtet wurden. Ihnen folgten im Westen Markomannen und Alemannen, im Osten Goten, Vandalen und Burgunder. Die Migration der Goten ist durch die Quellen besonders gut dokumentiert. Sie kamen aus Skandinavien, siedelten zuerst an der Oder- und Weichselmündung und schließlich am Schwarzen Meer, von wo aus sie zahlreiche Raubzüge in das Römische Reich unternahmen. Die Hunnen, die 375 n. Chr. in Europa einfielen, unterwarfen die Ostgoten, während die Westgoten sich als Föderaten im Oströmischen Reich ansiedelten. Der Tod Attilas (453 n. Chr.) löste weitere Bewegungen aus, die im 5. und 6. Jahrhundert mit der Gründung von Germanenreichen auf römischem Gebiet endeten. Während Ostgoten-, Westgoten- und Vandalenreich nur von kurzer Dauer waren, leisteten Angelsachsen, Franken, Burgunder, Langobarden, Alemannen und Bajuwaren einen wichtigen Beitrag zur Entwicklung Europas im frühen Mittelalter.

Unabhängig von der Migration der Germanenstämme in Mittel- und Osteuropa und zeitlich später war die Expansion der Wikinger. Sie begann mit Raubzügen und führte zur Beherrschung wichtiger Handelswege, zu Entdeckungsfahrten (Island, Grönland, Nordamerika) und zur Gründung von Staaten (Normandie, England, Sizilien).

Auf die Abwanderung der Germanen in Osteuropa folgte die Expansion der Slawen. Sie lebten ursprünglich zwischen Dnjepr und Weichsel, wo sich seit dem 3. Jahrhundert n. Chr. einzelne Stämme herausbildeten. Diese breiteten sich im Laufe der nächsten Jahrhunderte nach Osten bis zum Ural, nach Westen bis zur Elbe und zum Obermain, nach Süden bis Istrien und zum Balkan aus. Aus ihren neuen Siedlungsgebieten entstanden die meisten der modernen slawisch sprechenden Staaten (z.B. Polen, Tschechien, Slowakei, Slowenien, Kroatien, Serbien, Belorus, Ukraine, Russland).

Auf die Hunnen folgten im Mittelalter weitere Migrationen aus Asien. Während die Einfälle der Avaren und Mongolen nur vorübergehende Bedeutung für die europäische Geschichte hatten, ließen sich die Protobulgaren und die Magyaren dauerhaft in Europa nieder. Die Magyaren lebten als halbnomadischer Stammesverband ursprünglich zwischen Wolga und Ural, bevor sie in mehreren Etappen nach Westen wanderten. Als Ursachen nimmt man Landnot oder Klimawechsel an, auch die Verdrängung durch andere Völker ist denkbar Am Ende des 9. Jahrhunderts ließen sie sich an Donau und Theiß nieder, wo in den Jahrhunderten davor Hunnen, Gepiden, Langobarden und Vandalen ansässig gewesen waren. Von hier aus unternahmen sie mehr als fünfzig Jahre lang Raubzüge durch ganz Europa. Erst nach der Niederlage auf dem Lechfeld und ihrer Christianisierung erfolgte die endgültige Sesshaftigkeit.

Auch in den anderen Kontinenten hat es zahlreiche große Migrationen gegeben. Als Beispiel soll hier Afrika dienen, deren Migrationen die Verteilung der Bevölkerung bis heute prägen. Als vor etwa 5000 Jahren die Sahara langsam austrocknete, zog ein Teil der dort lebenden Menschen in den Süden, wo während des Mittelalters eine Reihe von größeren und kulturell bedeutenden Königreichen entstanden (z.b. Songhai, Mali, Kanem, Mossi). Die Bantus, deren Heimat wahrscheinlich das heutige Nigeria war, lebten von Fischerei und später von Ackerbau und Rinderzucht. Schon sehr früh konnten sie Eisen bearbeiten und daraus Werkzeuge und Waffen herstellen. Von 500 v. Chr. an breiteten sich Bantustämme in zwei Gruppen westlich und östlich des Regenwaldes nach Süden aus. Dabei ließen sie sich in unbewohnten Gebieten nieder oder siedelten in ökologisch günstigen Räumen, deren bisherige Bewohner in den Regenwald oder in die Steppe abgedrängt wurden. Um 1500 umfasste das Siedlungsgebiet der Bantu etwa ein Drittel des Kontinentes und reichte bis Südafrika. Eine weitere größere Wanderung erfolgte im 17. Jahrhundert durch die Massai in Ostafrika.

Das Thema im Unterricht

Bei der Behandlung kontinentaler Migrationen sollte der immer noch gebräuchliche Begriff „Völkerwanderung" kritisch verwendet werden. Denn es waren keine Völker im modernen Sinn daran beteiligt, die Wanderungen erfolgten aus unterschiedlichen Gründen und vollzogen sich von der friedlichen Landnahme bis zum kriegerischen Einfall. Gemeinsam ist den Migrationen, dass sie sich in langen Zeiträumen abspielten und in vielen Fällen die Grundlage für die heutigen Völker und Sprachen bildeten. Oft war mit den Migrationen ein Kulturtransfer verbunden. De Indogermanen brachten wahrscheinlich den Streitwagen in die von ihnen eroberten Gebiete, die Kelten die Eisenverarbeitung und die Bantus die Landwirtschaft.

Die verschiedenen Migrationen lassen sich im Überblick (M 1/M 2) oder exemplarisch darstellen. Ursachen und Verlauf von Migrationen können aus dem Text von Seneca erarbeitet werden (M 4). Für einen Vergleich bieten sich Kelten (M 2/M 3), Goten (M 5/M 6), Wikinger (M 7) und Magyaren (M 8) an. Außerdem können Gemeinsamkeiten und Unterschiede zwischen den europäischen und afrikanischen Migrationen (M 9) aufgezeigt werden.

Materialien

M 1: Die Ausbreitung der Indogermanen

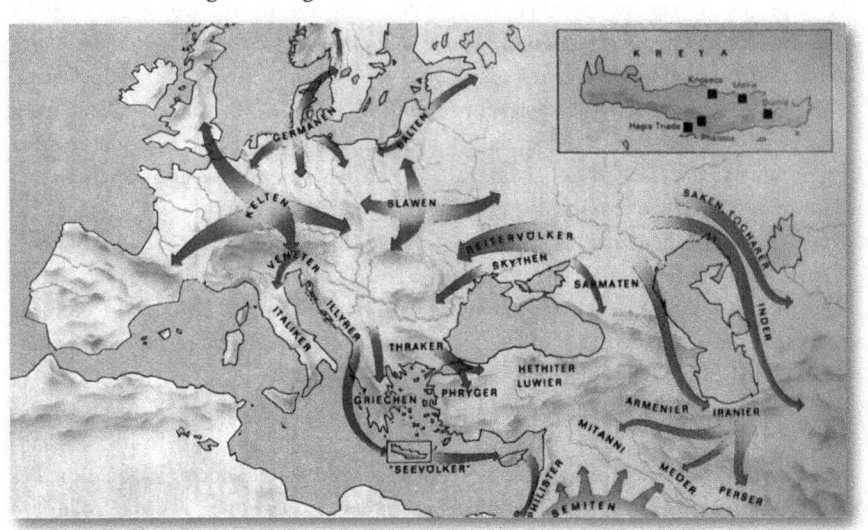

dtv-Geschichtsatlas, Bd. 1, München 1964, S. 32.

M 2: Die Siedlungsgebiete und Wanderungen der Kelten (1 Keltisches Siedlungsgebiet um 400 v. Chr., 2 Keltische Expansion)

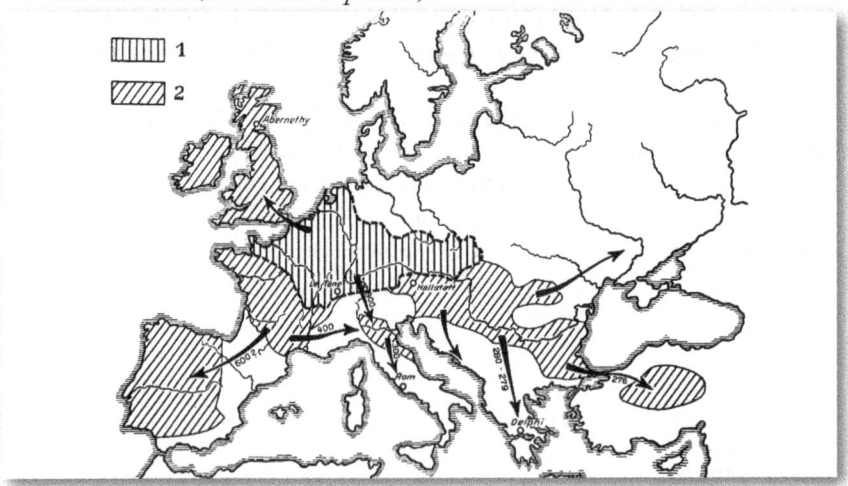

Jacques Moreau: Die Welt der Kelten, Berlin, Darmstadt, Wien 1957, S. 270.

M 3: Der Einfall der Kelten in Italien

Vom Übergang der Gallier nach Italien haben wir folgendes erfahren: Als Tarquinius Priscus [616-578] in Rom herrschte, hatten bei den Kelten, die den dritten Teil Galliens ausmachen, die Biturigen die höchste Macht. Sie stellten dem Bevölkerungsteil der Kelten den König. Das war damals Ambigatus, ein überaus mächtiger Mann durch seine Tüchtigkeit und weil das Glück ihm und vor allem auch seinem Volk hold war; denn unter seiner Herrschaft war Gallien so reich an Früchten und Menschen, daß es schien, als könne die übergroße Menge kaum noch regiert werden. Weil er das Königreich von der drückenden Übervölkerung zu entlasten wünschte, selbst aber schon hoch an Jahren war, erklärte er, er werde Bellovesus und Segovesus, die Söhne seiner Schwester, energische junge Männer, zu den Wohnsitzen schicken, die die Götter ihnen durch ihre Zeichen geben würden. Sie sollten eine Anzahl Leute aufbieten, so viele, wie sie selbst wollten, damit keine Völkerschaft die Ankommenden abwehren könne. Darauf erhielt Segovesus durch die Lose die Hercynischen Wälder [*Mittelgebirge nördlich der Donau*]; dem Bellovesus gaben die Götter den weit erfreulicheren Weg nach Italien. Der bot auf, was seine Völker an Überzahl hatten, Biturigen, Arverner, Senonen, Haeduer, Ambarrer, Carnuten und Aulercer, machte sich mit ungeheuren Truppenmassen an Fußsoldaten und Reitern auf den Weg und kam in das Gebiet der Tricastiner.

Hier lagen die Alpen vor ihnen. [...] Sie selbst kamen über die Tauriner Pässe [*Mont Genèvre*] und das Tal der Duria [*Dora Riparia*] über die Alpen, schlugen die Etrusker in einer Schlacht nicht weit vom Ticinus [*Ticino*], und als sie hörten, daß das Gebiet, in dem sie lagerten, als das Land der Insubrer bezeichnet wurde, mit demselben Namen wie die Insubrer, ein Gau der Haeduer, gründeten sie dort, dem guten Vorzeichen folgend, eine Stadt; sie nannten sie Mediolanium [*Mailand*].

Eine andere Gruppe, Cenomanen unter Führung des Elitovius, folgte den Spuren des ersten Zuges, kam über denselben Paß mit Einwilligung des Bellovesus über die Alpen und gelangte in das Gebiet, in dem jetzt die Städte Brixia [*Brixen*] und Verona liegen. Die Libuer siedelten sich hinter ihnen an und die Salluvier in der Nähe der alten ligurischen Völkerschaft der Laever, die am Ticinus wohnen. Über den Poeninus [*Großer St. Bernhard*] kamen dann die Bojer und Lingonen herüber, als schon alles Land zwischen Po und Alpen besetzt war; sie überquerten den Po auf Flößen und vertrieben nicht nur die Etrusker, sondern auch die Umbrer aus ihrem Land; sie hielten sich jedoch innerhalb des Apennin. Die Senonen schließlich, die letzten der Ankömmlinge, bewohnten das Gebiet vom Utens bis zum Aesis [*zwei Flüsse in Umbrien, bzw. in den Marken*]. Das ist, wie ich sicher weiß, die Völkerschaft, die nach Clusium [*Stadt in Etrurien*] und dann nach Rom gekommen ist; es steht jedoch nicht ganz fest, ob allein oder von allen gallischen Völkern diesseits der Alpen unterstützt.

Titus Livius: Römische Geschichte, übers. und hrsg. von Hans Jürgen Hillen, München und Zürich 1991, Buch V, 34-35 (S. 233-237).

M 4: Die Ursachen und der Verlauf von Migrationen

Als der Philosoph Seneca im Jahre 41 n. Chr. auf die Insel Korsika verbannt wurde, schrieb er einen Trostbrief an seine Mutter Helvia. Darin verglich er seine Verbannung mit Migrationen, in denen er Beispiele für die Unbeständigkeit des Lebens sah.
Es gibt meiner Erfahrung nach Leute, die behaupten, es wohne der Seele ein gewisser natürlicher Reiz inne, den Wohnsitz zu verändern und sich anderwärts anzusiedeln; denn dem Menschen ist ein beweglicher und unruhiger Geist gegeben, er bindet sich nirgends, breitet sich aus und läßt seine Gedanken nach allem Bekannten und Unbekannten schweifen, unstät, der Ruhe abhold und hocherfreut durch ungewöhnliche Eindrücke. Darüber wirst du dich nicht wundern, wenn du seinen ersten Ursprung betrachtest: er, der Geist, ist nicht erwachsen aus irdischer und schwerer Körpermasse, er ist hernieder gekommen aus jenem himmlischen Geist. Das Himmlische aber ist seiner Natur nach immer in Bewegung; es ist flüchtig und enteilt in schnellstem Lauf. [...] Von den himmlischen Erscheinungen wende den Blick auf die der Menschenwelt! Da wirst du finden, daß ganze Stämme und Völkerschaften ihren Wohnsitz geändert haben. Was bedeutet für uns das Vorhandensein griechischer Städte inmitten barbarischer Landschaft? Was die mazedonische Sprache unter Indern und Persern? Das Scythenland und jener ganze Landstrich von wilden und ungebändigten Völkern zeigt uns achäische Gemeinden, die an den Küsten des Pontus sich angesiedelt haben. Weder des ewigen Winters Grimm noch die Sinnesart der Bewohner, abschreckend wie ihr Himmel, haben der Übersiedelung Einhalt getan. In Asien gibt es Athener in Menge. Milet hat einen Bevölkerungsstrom von fünfundsiebzig Städten in die verschiedensten Gegenden von sich ausgehen lassen. Die ganze Küste Italiens, die von dem unteren Meere bespült wird, war Großgriechenland. Die Etrusker gehören nach Asien. In Afrika wohnen Tyrier [*Phönizier aus Tyros*], in Spanien Punier; Griechen haben sich in Gallien angesiedelt, Gallier in Griechenland; die Pyrenäen haben den Übergang der Germanen [*Verwechslung mit den Kelten*] nicht unmöglich gemacht: durch unwegsame und unbekannte Länderstrecken hat die Menschen ihre bewegliche Leichtfertigkeit glücklich hindurchkommen lassen. Kinder, Weiber und greise Eltern schleppten sie mit sich. Erschöpft von dem ewigen Umherirren wählten die einen ihren Wohnplatz nicht nach wohlüberlegtem Entschluß, sondern legten, wie die Müdigkeit es ihnen eingab, Beschlag auf den ersten besten Landstrich; die anderen machten sich durch Waffenrecht zu Herren des fremden Landes; manche wurden auf der Fahrt nach unbekannten Ländern von den Meereswogen verschlungen; wieder andere setzten sich da fest, wo der völlige Mangel an weiteren Hilfsmitteln sie zum Stillstand zwang. Auch zwang nicht alle der nämliche Grund dazu, ihr Vaterland zu verlassen und ein neues aufzusuchen: einige trieb die Zerstörung ihrer Städte durch Feindeswaffen, denen sie unter Verlust ihrer Habe entkommen waren, in ferne Länder; andere brachte heimischer Aufruhr auf die Beine; noch anderen ward unerträglich wachsende Übervölkerung Anlaß zum Verlassen der Heimat,

um diese zu entlasten; wieder andere trieben Pest oder häufige Erdbeben oder irgendwelche unerträgliche Übelstände des unergiebigen Bodens zur Auswanderung; einige ließen sich auch durch die unsichere Kunde von fruchtbaren und maßlos gepriesenen Landstrichen dazu verführen. Bei den einen war es dieser, bei den anderen jener Grund, der sie der Heimat entfremdete. So viel ist jedenfalls klar: nichts ist an seinem Ursprungsort stehen geblieben. Unaufhörlich zerstreut sich die Menschheit nach allen Richtungen; täglich spielen sich auf dem weiten Erdkreis Veränderungen ab: neue Städte werden gegründet, Völker mit neuen Namen tauchen auf nach Vertilgung der früheren oder nach ihrer Einverleibung in das Gemeinwesen eines stärkeren Volkes. Alle jene Umsiedelungen und Wanderungen der Völker, was sind sie anders als Massenverbannungen?

Seneca: Trostschrift an seine Mutter Helvia, in: Lucius Aennaeus Seneca: Philosophische Schriften, Bd. 2, übers. von Otto Apelt, Hamburg 1993, S. 196-198.

M 5: Die ersten Wanderungen der Goten

Nach alten Berichten sind von der Insel Skandinavien wie aus einer Werkstätte oder noch besser wie aus einem Mutterschoße der Völker einst die Goten unter ihrem König Berig ausgewandert. Sie gaben sofort dem Lande, das sie nach Verlassen ihrer Schiffe betreten hatten, ihren Namen; denn noch heute heißt, wie man erzählt, dort ein Land Gotiskandza [*Gebiet zwischen Oder- und Weichselmündung*]. Von da drangen sie bald zu den Sitzen der Ulmeruge [*Rugier*] vor, die damals an den Ufern des Ozeans wohnten, schlugen ihre Lager auf und vertrieben sie nach einem Kampf aus ihrer Heimat. Auch deren Nachbarn, die Vandalen, unterwarfen sie schon damals und reihten sie den von ihnen besiegten Völkern ein. Als die Zahl des Volkes immer mehr wuchs und ungefähr der fünfte König nach Berig, Filimer, der Sohn des Cadarig, herrschte, faßte dieser den Entschluß, mit allen Kriegern und ihren ganzen Familien auszuwandern. Auf der Suche nach geeigneten Wohnsitzen kam er zu den Landschaften Skythiens, die in ihrer Sprache Oium heißen. Das reiche, fruchtbare Land gefiel ihnen gar wohl. [...] Bald stießen sie auf das Volk der Spaler, kämpften mit ihm, besiegten es und konnten nun als Sieger bis an die äußersten Grenzen von Skythien, die an das Schwarze Meer anstoßen, vordringen. In ihren alten Gesängen halten die Goten das alles beinahe in der Art eines Geschichtsbuches fest.

Jordanes: Gotengeschichte 4, 25f., zit. nach: Walter Arend: Geschichte in Quellen, Bd. 1: Altertum: Alter Orient, Hellas, Rom, München 2. Aufl. 1975, S. 785.

M 6: Bevölkerungsbewegungen beim Einfall der Hunnen

Doch verbreitete sich das Gerücht [*vom Einfall der Hunnen*] bei den übrigen Gotenstämmen, daß dieses vorher noch nie gesehene Menschengeschlecht, das sich wie ein Sturmwind von hohen Bergen aus einem abgelegenen Winkel aufgemacht hatte, jeden Widerstand zerbricht und in Trümmer legt. Darum suchte der größte Teil des Volks, der Athanarich [*Führer der Westgoten*] im Stich gelassen hatte und infolge des Mangels an Lebensmitteln bereits stark vermindert war, nach Wohnsitzen, die den Barbaren völlig unbekannt waren. Lange beriet man, welche Sitze man auswählen sollte, und dachte dann an Thrakien als Schlupfwinkel, das aus doppeltem Grund geeignet war: Erstens hat es sehr fruchtbaren Boden, und zweitens wird es durch die Weite der Donauströmung von den Gebieten getrennt, die für die Schrecken eines ausländischen Kriegsgottes offen daliegen. Als ob sie gemeinsam überlegt hätten, faßten auch die übrigen denselben Plan.

Unter Alavivs Führung besetzten sie daher die Donauufer, schickten Unterhändler zu Valens [*römischer Kaiser, 364-378*] und ersuchten mit demütiger Bitte um Aufnahme. Sie versprachen, ein friedfertiges Leben zu führen und Hilfstruppen zu stellen, wenn es die Umstände erforderten. Während dies in fernen Gegenden vor sich ging, verbreiteten schreckliche Gerüchte die Nachricht, die Völker des Nordens verursachten neue und ungewöhnlich große Bewegungen: Über das ganze Gebiet von den Markomannen und Quaden bis zum Schwarzen Meer sei eine Menge von unbekannten Barbarenvölkern mit unvorhergesehener Gewalt aus ihren Wohnsitzen verdrängt worden und ziehe im Donaugebiet in einzelnen Banden mit ihren Familien umher. Ganz zu Anfang wurde diese Nachricht von den Unsrigen kaum beachtet, und zwar aus dem Grund, weil man es in diesen Gebieten schon gewohnt ist, nichts anderes als Nachrichten über Kriege zu hören, die bei weit entfernten Völkern geführt oder beigelegt worden sind. Allmählich gingen jedoch zuverlässige Nachrichten über diese Vorgänge ein und wurden durch die Ankunft von Gesandten der Barbaren bestätigt. Sie baten unter Flehen und Beschwörungen darum, ihr landflüchtiges Volk diesseits des Stroms aufzunehmen. Diese Angelegenheit gab mehr zu Freude Veranlassung als zur Furcht. Hoben doch die erfahrenen Schmeichler das Glück des Kaisers hoch in den Himmel. Denn aus den entferntesten Ländern bringe es so viele Rekruten und biete sie ihm wider Erwarten an, daß er seine eigenen mit den fremdstämmigen Streitkräften vereinigen und sich ein unbesiegbares Heer schaffen könne. Anstelle des Mannschaftsersatzes, dessen Kosten jährlich nach Provinzen bezahlt würden, käme jetzt eine große Menge Goldes ein. In dieser Erwartung wurden mehrere Beamte ausgesandt, die die wilde Menge mit ihren Fahrzeugen herüberbringen sollten. Dabei verwandte man große Sorgfalt darauf, daß kein zukünftiger Zerstörer des Römischen Reichs zurückblieb, selbst wenn er von einer tödlichen Krankheit befallen war. So erhielten die Goten mit Genehmigung des Kaisers die Möglichkeit, die Donau zu überschreiten und Teile von Thrakien zu besiedeln, und setzten Tag und Nacht scharenweise auf Schiffen, Flößen und ausgehöhlten Baumstämmen über. Da der Fluß der bei weitem gefährlichste von allen ist und damals gerade infolge zahlreicher Regenfälle Hochwasser führte, kamen bei dem übermäßigen Gedränge manche in den Fluten um, die gegen die Sturzwellen ankämpften oder zu schwimmen versuchten. So wurde mit stürmischem Bemühen das Verderben der römischen Welt herbeigeführt. [...] Als erste fanden Alaviv und Fritigern

[*Führer der Westgoten*] Aufnahme. Ihnen sollten durch kaiserliche Entscheidung für den Augenblick Lebensmittel und Äcker zur Bearbeitung zugewiesen werden. In dieser Zeit waren die Riegel unserer Grenzverteidigung geöffnet.

Ammianus Marcellinus: Römische Geschichte, lat. und dt. von Wolfgang Seyfarth, Darmstadt 1971, S. 253 und 255.

M 7: Die Wanderungen der Wikinger

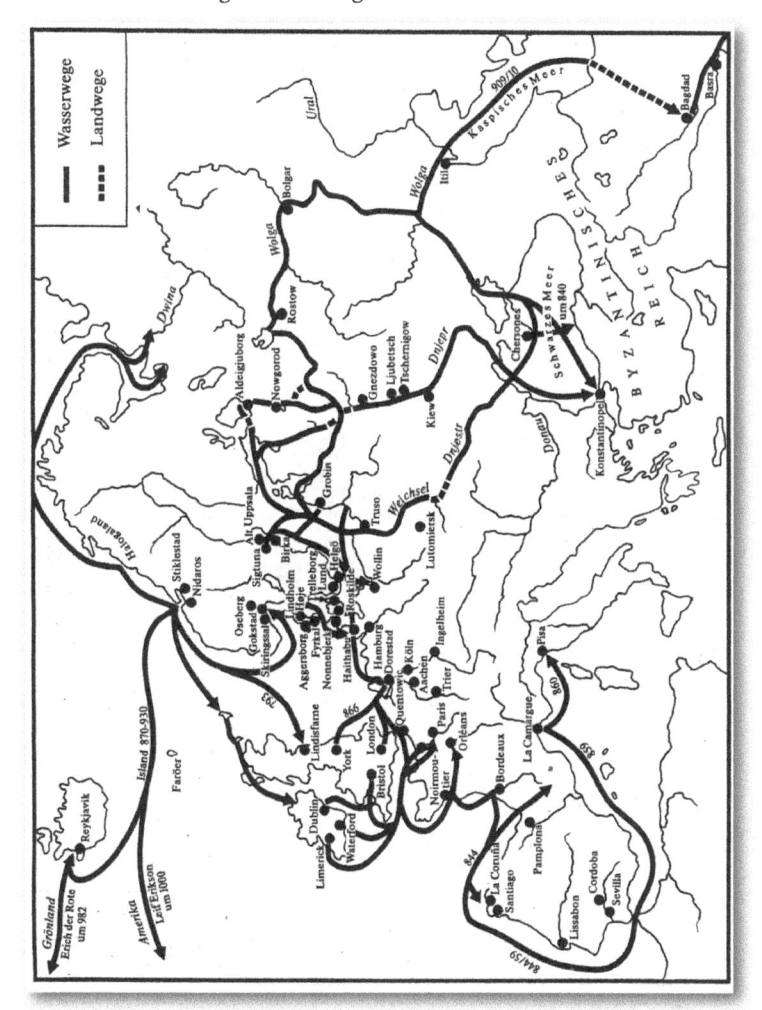

Hans Karl Schulze: Vom Reich der Franken zum Land der Deutschen. Merowinger und Karolinger, Berlin 1987, S. 364.

M 8: Wanderungen der Bantu und Massai in Afrika

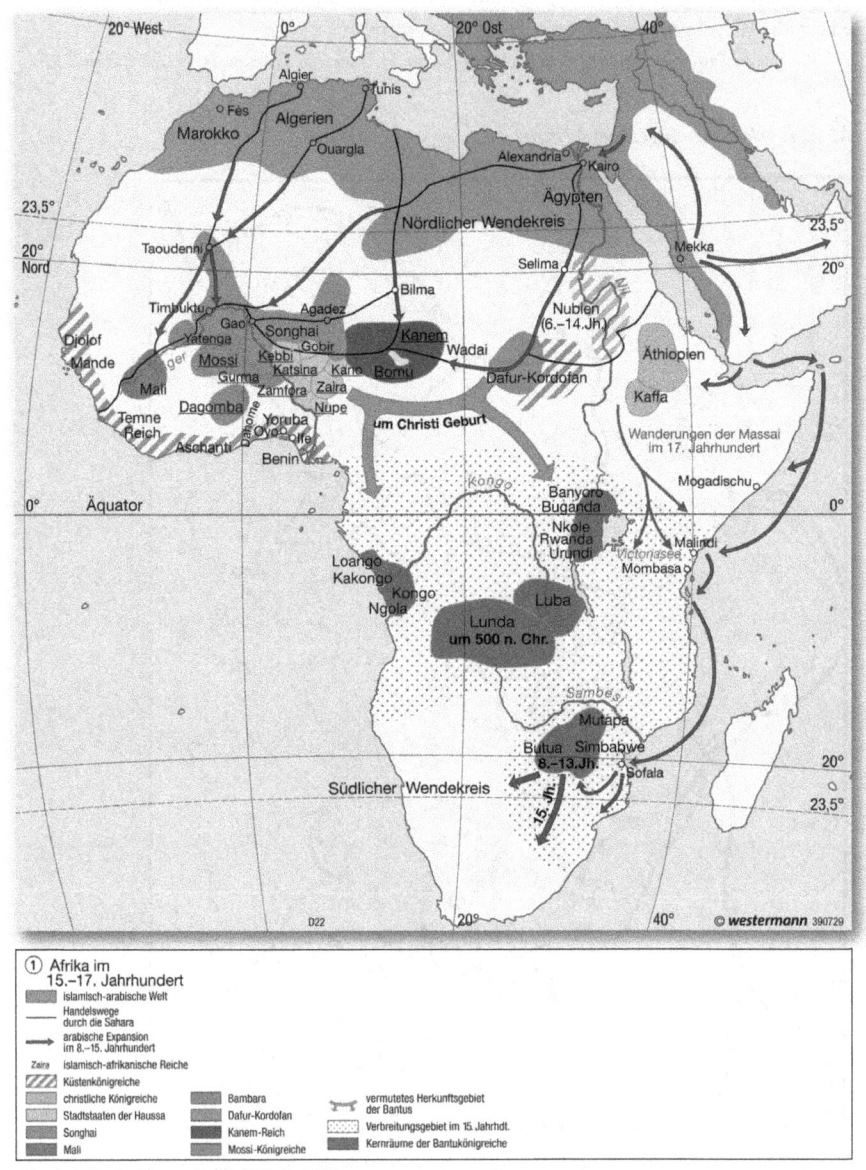

① Afrika im 15.–17. Jahrhundert
- islamisch-arabische Welt
- Handelswege durch die Sahara
- arabische Expansion im 8.–15. Jahrhundert
- Zaira islamisch-afrikanische Reiche
- Küstenkönigreiche
- christliche Königreiche
- Stadtstaaten der Haussa
- Songhai
- Mali
- Bambara
- Dafur-Kordofan
- Kanem-Reich
- Mossi-Königreiche
- vermutetes Herkunftsgebiet der Bantus
- Verbreitungsgebiet im 15. Jahrhdt.
- Kernräume der Bantukönigreiche

Diercke Weltatlas, Braunschweig 1988, S. 126/1.

Aufgaben

1. Beschreibt die Ausbreitung der Indogermanen und nennt die von ihnen eroberten Gebiete in Europa und Asien!
2. Welche Völker waren daran beteiligt? (M 1)
3. Gebt einen Überblick über das Siedlungsgebiet der Kelten zu Beginn und am Ende der La-Ténekultur (um 450 v. Chr. und um 15 v. Chr.)! (M 2)
4. Erarbeitet aus dem Bericht des Livius die Einwanderung der Kelten in Oberitalien! (M 3)
6. Informiert euch durch Fachliteratur oder im Internet über Reste keltischer Sprache und Kultur heute!
7. Stellt aus dem Brief des Seneca Ursachen und Verlauf von Migrationen zusammen! (M 4)
8. Erläutert die Migrationen der Goten bis zum Einfall der Hunnen! (M 5/M 6)
9. Beschreibt die Wege der Wikinger im 9. und 10. Jahrhundert! (M 7)
10. Erklärt die Ausbreitung der Bantus in Afrika! Berücksichtigt dabei die geografischen Besonderheiten des Kontinents! (M 8)

3.3 Kolonien im Altertum

Die Gründung von Kolonien in der Antike unterscheidet sich wesentlich von der Entwicklung seit den Entdeckungsreisen zu Beginn der Frühen Neuzeit. Aber auch innerhalb der antiken Kolonisierung gab es große Unterschiede.

Die griechische Kolonisation erfolgte hauptsächlich zwischen 750 und 550 v. Chr. In dieser Zeit gründeten die griechischen Städte zahlreiche Handels- und Siedlungskolonien, die fast ausschließlich an den Küsten des Mittelmeeres und des Schwarzen Meeres lagen. Die Initiative ging dabei von einer Stadt aus, mit der die Kolonie auch später verbunden blieb. Gemeinsam war den Unternehmungen, dass das Ziel bekannt und die Gruppe der Siedler meistens sehr klein war. Ursachen für die Gründung einer Kolonie konnten Handelsinteressen und Bevölkerungsdruck sein, aber auch der Wunsch nach politischer oder wirtschaftlicher Unabhängigkeit. Gelegentlich wurde ein innenpolitischer Konflikt dadurch gelöst, dass eine der Parteien eine Kolonie gründete.

Noch bedeutender war die Kolonisation der Phönizier. Sie begann bereits im 2. Jahrtausend und wurde später von der ehemaligen Kolonie Karthago fortgesetzt (punische Kolonisation). Anfänglich waren die Kolonien vor allem Stützpunkte für den Fernhandel und für die Sicherung von Rohstoffen wie Silber, Kupfer und Zinn. Aus ihnen entwickelten sich Niederlassungen, in denen auch Waren produziert wurden. Ziele der phönizischen und später punischen Kolonisation waren anfangs Zypern und Kreta, später Sardinien und Südspanien.

Trotz der gleichen Bezeichnung unterschieden sich die römischen Kolonien wesentlich von denen der Griechen und Phönizier. Sie wurden als Siedlungen innerhalb des Gebietes der Bundesgenossen und später in den Provinzen angelegt. Ihr Ziel war die Ansiedlung von Veteranen oder von Proletariern aus Rom. Die Bedeutung der Kolonien in den Provinzen lag darin, dass sie einen wichtigen Beitrag zur Romanisierung leisteten.

Das Thema im Unterricht

Die antike Kolonisation wird am Beispiel Griechenlands meistens in der Unterstufe behandelt. Dazu können eine Karte (M 1) und der ausführliche Bericht bei Herodot (M 2) ausgewertet werden. Mit ihnen lassen sich Fragen nach den Ursachen der Kolonisation, nach dem Ablauf (Bedeutung des delphischen Orakels) und nach friedlicher oder kriegerischer Auseinandersetzung mit den bisherigen Bewohnern erörtern. Die phönizisch-punische Expansion bietet sich als Vergleich an (M 3), wobei vor allem die Unterschiede herausgearbeitet werden können. Die Beschreibung der ehemaligen phönizischen Kolonie Toscanos (M 4) gibt zusätzlich einen Einblick in die Arbeit der Archäologen und die Erkenntnisse, die durch Ausgrabungen gewonnen werden.

Die mit der Kolonisation eng verbundene Seefahrt lässt sich in der Unterstufe besonders anschaulich darstellen (z. B. Bilder oder Modelle von Schiffen, Schülerreferate zur

Kolonien im Altertum

Unterwasserarchäologie). Zum Thema Kolonisation bieten sich auch Plan- und Rollenspiele an. Mögliche Themen: Eine griechische Kolonie/eine phönizische Faktorei wird geplant; Teilnehmer berichten über die Gründung von Kyrene; griechische und phönizische Siedler sprechen über ihre Kolonie.

Materialien

M 1: Die griechische Kolonisation

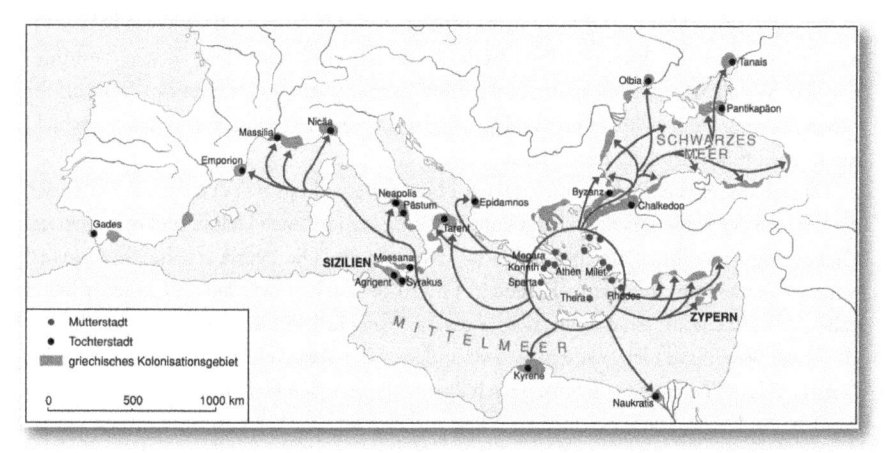

Geschichte und Gegenwart, Bd. 1, S. 129 © Bildungshaus Schulbuchverlage Westermann Schroedel Diesterweg Schöningh Winklers GmbH; Schöningh Verlag, Paderborn 2011.

M 2: Die Gründung der Kolonie Kyrene
Herodot berichtet ausführlich über die Entstehung der griechischen Kolonie Kyrene, wobei er mehrere unterschiedliche Darstellungen nebeneinander stellt.
Als sich Grinnos, der König von Thera [*Insel Santorin*], ein Orakel über ganz andere Dinge sagen ließ, gab ihm die Pythia die Antwort, er solle in Libyen eine Stadt gründen. Darauf antwortete Grinnos: „Herr, ich bin zu alt und schwerfällig, mich auf den Weg zu machen. Aber fordere doch einen von diesen Jüngeren dazu auf!" Während dieser Worte wies er auf Battos [*ein Bürger Theras, der den König nach Delphi begleitet hatte*]. Weiter geschah damals nichts. Nach ihrer Heimkehr ließen sie den Orakelspruch ganz unbeachtet; denn sie wußten nicht, wo in aller Welt Libyen liegt, und wollten es nicht gern wagen, Siedler ins Ungewisse auszusenden.

Nun blieb sieben Jahre lang der Regen in Thera aus. Während dieser Zeit verdorrten alle Bäume auf der Insel mit Ausnahme eines einzigen. Auf ihre Anfrage beim Orakel erinnerte die Pythia sie an die Kolonisation in Libyen. Als sie nun gegen diesen Notstand kein Mittel fanden, schickten sie Boten nach Kreta, die nachfragen sollten, ob vielleicht ein Kreter oder ein Fremder bereits einmal nach Libyen gekommen sei. Die Boten zogen auf der Insel umher und kamen schließlich auch in die Stadt Itanos. Dort kamen sie mit einem Purpurfischer namens Korobios zusammen. Der sagte, er sei einmal, von Stürmen verschlagen, nach Libyen gelangt, und zwar zu der Insel Platea. Diesem Mann gaben sie Geld und brachten ihn mit nach Thera. Von Thera segelten Kundschafter, anfangs nicht viele, aus. Als Korobios sie nach eben dieser Insel Platea geführt hatte, ließen sie Korobios mit Lebensmitteln für entsprechend viele Monate zurück und segelten eiligst heim nach Thera, um ihren Landsleuten über die Insel Bericht zu erstatten. [...]

Als die Theraier den Korobios in Platea zurückgelassen hatten und nach Thera heimkehrten, meldeten sie, sie hätten eine Insel an der Küste Libyens besetzt. Die Theraier bestimmten, daß aus allen sieben Gemeinden der Insel immer je einer von zwei Brüdern um die Auswanderung losen sollte. Führer und König der Auswanderer sollte Battos sein. So schickten sie zwei Fünfzigruderer nach Platea. [...]

Danach traf ihn [*Battos*] und die anderen Theraier neuerdings allerlei Unglück. Da sie sich die Ursache der Leiden nicht erklären konnten, schickten sie nach Delphi und befragten das Orakel, warum es ihnen augenblicklich so schlecht gehe. Die Pythia erteilte die Antwort: wenn sie gemeinsam mit Battos Kyrene in Libyen besiedelten, würden sie es wieder besser haben. Darauf entsandten die Theraier Battos mit zwei Fünfzigruderern. Als sie nach Libyen abgesegelt waren und nicht wußten, was sie anders tun sollten, kehrten sie wieder nach Thera zurück. Die Theraier aber schossen nach ihnen, als sie in den Hafen einfuhren, und ließen sie nicht landen; vielmehr befahlen sie ihnen zurückzusegeln. Notgedrungen fuhren sie also wieder ab und besiedelten jene Insel an der libyschen Küste, die, wie oben schon erwähnt, Platea heißt. Diese Insel soll ebenso groß sein wie die jetzige Stadt Kyrene.

Hier wohnten sie zwei Jahre; aber es ging ihnen dort nicht gut. So ließen sie denn einen einzigen aus ihrer Mitte zurück, und alle übrigen fuhren nach Delphi. Dort baten sie das Orakel um einen Spruch und erzählten, sie hätten sich in Libyen angesiedelt, aber es gehe ihnen trotzdem keineswegs besser, obwohl sie dort wohnten. Darauf verkündete ihnen die Pythia folgendes:

„Kennst du besser als ich, der ich dort war, Libyens Herden:
Dich, der du nicht dort warst, muß ich ob deiner Weisheit bewundern."
Als Battos und seine Leute dies hörten, segelten sie wieder zurück; denn offenbar ersparte ihnen der Gott die Ansiedlung nicht, bis sie nach Libyen selbst gekommen seien. Sie landeten auf der Insel, nahmen die Zurückgelassenen an Bord und siedelten sich auf dem libyschen Festland gegenüber der Insel an. Die Landschaft heißt Aziris. Diese umschließen nach zwei Seiten hin sehr schöne Täler, an der anderen Seite zieht sich ein Fluß hin. Hier wohnten sie sechs Jahre.

Im siebenten Jahr erboten sich die Libyer, sie an einen noch schöneren Platz zu führen. Sie entschlossen sich mitzugehen, und die Libyer brachten sie nun von dort weg, indem sie sie gegen Abend aufbrechen ließen. Um den Griechen die schönste Gegend beim

Durchzug vorzuenthalten, hatten sie die Tageszeit genau ausgerechnet und führten sie nachts dort vorbei. Dieses Gebiet heißt Irasa. Sie geleiteten sie dann an eine Quelle, die dem Apollon heilig sein soll, und sprachen: „Griechen, hier ist die rechte Stelle für die Gründung eurer Stadt; denn hier steht der Himmel offen."

Zu Lebzeiten des Gründers Battos, der gegen vierzig Jahre herrschte, und auch noch zur Zeit seines Sohnes Arkesilaos, der sechzehn Jahre regierte, blieben die Kyrenaier nur in derselben Zahl, wie sie anfangs in die Kolonie abgesandt worden waren. Aber zur Zeit des dritten Königs, der „Battos, der Glückliche", hieß, veranlaßte die Pythia alle Griechenstädte durch einen Orakelspruch, Mitsiedler der Kyrenaier nach Libyen zu schicken; denn diese hatten zur Aufteilung des Landes aufgerufen. Der Orakelspruch lautete:

„Wer zu spät nach dem vielgepriesenen Libyen hinkommt,
wenn die Felder verteilt sind, der wird es bitter bereuen."

Nun sammelte sich eine große Menschenmenge in Kyrene, und man nahm den benachbarten libyschen Stämmen und ihrem König Adikran einen großen Teil des Landes weg. Da schickten die von den Kyrenaiern beraubten und vergewaltigten Libyer nach Ägypten und stellten sich unter den Schutz des Königs Apries [*Pharao Hophra, 589-570 v. Chr.*]. Dieser stellte ein starkes Heer in Ägypten auf und entsandte es nach Kyrene. Die Kyrenaier zogen aus nach der Landschaft Irasa und zur Quelle Theste; dort kam es zum Kampf zwischen ihnen und den Ägyptern. Die Kyrenaier siegten. Da sich die Ägypter vorher nie mit den Griechen im Kampf gemessen hatten und sie falsch einschätzten, wurden sie so vernichtend geschlagen, daß nur ganz wenige Leute nach Ägypten zurückkehrten. Diese Niederlage machten die Ägypter dem Apries zum Vorwurf und fielen deswegen von ihm ab.

Herodot, Historien, Gr.-dt., hrsg. von Josef Feix, München 1963, Bd. 1, IV, 150-157 (S. 613-621).

M 3: Phönizisch-punische Handelswege und Siedlungen

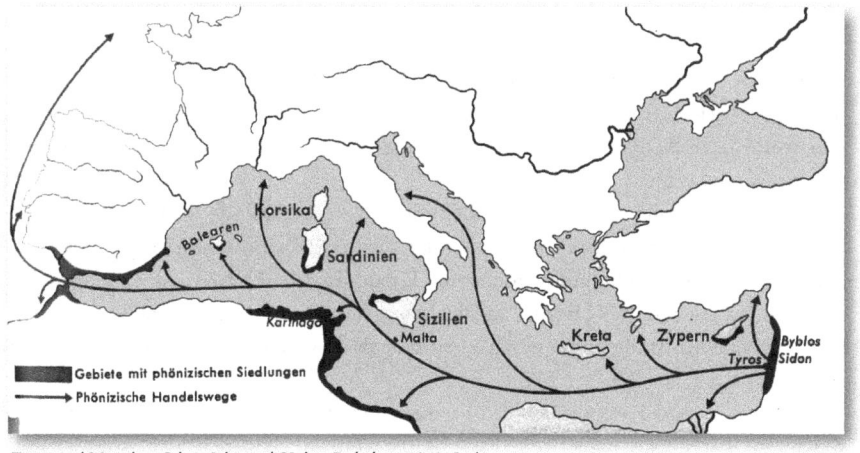

Zeiten und Menschen, Bd. 1, Schöningh Verlag, Paderborn 1978, S. 41.

M 4: Die phönikische Siedlung Toscanos in Spanien
An der Mündung des Rió de Vélez in der Nähe von Malaga bestand zwischen dem 8. und dem 6. Jh. v. Chr. die phönizische Siedlung Toscanos. Sie wurde zwischen 1964 und 1986 ausgegraben und ist eine der am besten erforschten phönizischen Kolonien. Hans-Georg Niemeyer (1933-2007), Professor für Archäologie in Köln und Hamburg, hat an der Ausgrabung mitgewirkt.

Die Fundanalyse erlaubt vielleicht noch, dieser knappsten Übersicht einige Vermutungen über die politisch-historische und ökonomische Stellung der Siedlung Toscanos anzufügen. Es kann kein Zweifel bestehen, daß Toscanos eine phönikische Faktorei ist, nicht ein Handelskontor in einer schon bestehenden einheimischen Siedlung. Dieser Charakter der Faktorei als einer Fremdensiedlung auf unberührtem Boden wird mehrfach bestätigt. Denn bereits die unterste Siedlungsschicht gehört nach dem keramischen Befund eindeutig und ausschließlich dem Faktoreihorizont an. Innerhalb der Faktorei selbst war der Kontakt mit der einheimischen Bevölkerung, die noch auf prähistorischer Kulturstufe verharrte, außerordentlich gering. [...] Eine vollkommene ethnische Homogenität der Faktoreibevölkerung ist kaum zu erwarten. Verhältnismäßig rasch dürfte die einheimische Bevölkerung der nächsten Umgebung für den Aufbau der Faktorei und ihrer wirtschaftlichen Blüte zu Dienstleistungen herangezogen und damit teilweise in ihre gesellschaftliche Struktur einbezogen worden sein. [...]

Die materiellen Grundlagen der Faktoreien im Mündungsgebiet des Rió de Vélez und des Rió Algarrobo sind fraglos im ökonomischen Bereich zu suchen. In jener Zeit muß das Meer bis unmittelbar an den Hügel von Toscanos herangereicht haben, und unter dem rezenten Schwemmland dürften sich zur Seeseite wie zum Flußbett hin ausgezeichnete Schiffsländen verbergen. Die beiden Plätze waren auch durch eine gute Verbindung zum Hinterland begünstigt. [...]

Das Magazingebäude – das sicherlich kaum das einzige war – sowie die überwältigenden Massen von Amphorenscherben sprechen für einen beträchtlichen Umfang des Handels. Es ist noch verfrüht, über das Handelsgut Mutmaßungen anzustellen. Fischmarinaden, wofür noch die Punier berühmt waren, und Garum, die klassische Gewürzsoße des Altertums, sind wahrscheinlich. [...]

So werden Metallhandel und -verarbeitung eine wichtige Rolle im Wirtschaftsleben der Faktorei Toscanos gespielt haben. Über den Zafarraya-Paß war insbesondere das oberandalusische Minengebiet um Córdoba und Linares in verkehrspolitisch ausreichendem Maße zu erschließen. [...] Die oberandalusischen Silber- und Kupfervorkommen waren im Übrigen in der Antike kaum weniger berühmt als die anderen der iberischen Halbinsel und wurden z. T. ebenfalls seit prähistorischer Zeit ausgebeutet.

Der Reichtum, der aus alledem den Faktoreien erwuchs, kann nicht unbedeutend gewesen sein. Die Quadermauer von Toscanos, die wohl am ehesten als Umfassungsmauer zu deuten ist, sowie die Grabkammern von Trayamar sind gewiß Bauwerke von hohem Rang. Sie sind jedoch für uns zugleich wichtige und eindrucksvolle Zeugen für die wirtschaftliche Bedeutung der beiden Faktoreien. [...]

Hans-Georg Niemeyer: Orient im Okzident – Die Phöniker in Spanien. Ergebnisse der Grabungen in der archäologischen Zone von Torre del Mar (Málaga), in: Mitteilungen der Deutschen Orient-Gesellschaft zu Berlin 104 (1972), S. 29f. und 34-36.

Aufgaben

1. Beschreibt die bevorzugten Ziele der griechischen und der phönizisch-punischen Kolonisation! (M 1, M 3)
2. Nennt die Staaten, zu denen die ehemaligen Kolonien heute gehören!
3. Erklärt die Gründe, die zur Gründung der Kolonie Kyrene führten, und nennt die einzelnen Schritte ihrer Entstehung! (M 2)
4. Charakterisiert die Lage der phönizischen Kolonie Toscanos anhand des Berichtes und mithilfe des Atlasses! (M 4)
5. Stellt die Ergebnisse der Ausgrabungen zusammen und bewertet daraus die Bedeutung der Siedlung! (M 4)
6. Informiert euch mithilfe von Fachliteratur oder im Internet über Seefahrt und Schiffsbau bei Phönikern und Griechen!

3.4 Zwangsmigrationen: Deportation – Austreibung – Verbannung

Deportation

Die Deportation (früher auch als „Verschleppung" bezeichnet), ist eine erzwungene Migration, von der eine größere Bevölkerungsgruppe betroffen ist. In den meisten bekannten Fällen war sie die Folge einer Niederlage im Krieg. Die Maßnahmen des Siegers bestanden darin, die Bevölkerung eines Gebietes in einem anderen Landesteil anzusiedeln. Häufig kam es zu Neuansiedlungen in einem entvölkerten Gebiet.

Deportationen gibt es seit den Staatsbildungen der frühen Hochkulturen. Mit dieser Form der Bestrafung verfolgte der Sieger mehrere Ziele. Die unterlegenen Stämme, Städte oder Staaten wurden politisch und wirtschaftlich geschwächt. Außerdem sollte ihre kulturelle Identität zerstört werden. Durch die Umsiedlung verfügte man über Arbeitskräfte, deren Status oft dem von Sklaven glichen, sodass die Grenze zur Sklaverei fließend ist. Schließlich konnten entleerte Gebiete neu besiedelt werden. Damit belohnten die Sieger gerne ihre Anhänger und Gefolgsleute.

In der Geschichte gibt es zahlreiche Fälle von Deportationen. Bekannte Opfer in der Antike und im Mittelalter waren die jüdischen Stämme, die Städte Milet und Eretria, die sich am Ionischen Aufstand beteiligt hatten, oder die Sachsen unter Karl dem Großen.

Umfangreiche Deportationen fanden auch in der Neuzeit statt. Im 15. Jahrhundert war Armenien von den Türken erobert worden. In den folgenden Jahrhunderten verbreiteten sich Armenier im gesamten Osmanischen Reich. Aufstände gegen die türkische Herrschaft wurden gewaltsam unterdrückt. Zu Beginn des 1. Weltkriegs galten die christlichen Armenier, die in der Vergangenheit oft von Russland unterstützt worden waren, als besonders unzuverlässig. In einer groß angelegten Deportation mussten sie ihre Städte und Dörfer verlassen und wurden in der syrischen Wüste zwischen Aleppo und dem Euphrat angesiedelt. Die Brutalität, mit der die Vertreibung durchgeführt wurde, lässt an einen geplanten Völkermord denken. Von den etwa zwei Millionen Armeniern überlebte etwa ein Drittel, 600.000 kamen bei den Deportationen ums Leben, eben so viele an den Zielorten.

Austreibung

Unter Austreibung versteht man ebenfalls eine erzwungene Migration. Im Unterschied zur Deportation betraf sie nur einzelne kleinere Teile Gruppen der Bevölkerung, die über ihren künftigen Aufenthaltsort selbst entscheiden konnten. Sie wurde im Altertum angewandt und zwang bestimmte Gruppen die Hauptstadt oder das Land zu verlassen. Die Gründe dafür konnten unterschiedlich sein. In Sparta wurden zum Beispiel Fremde ausgetrieben, in Rom Astrologen oder Juden. Im Mittelalter betraf die Austreibung vor allem die jüdische Bevölkerung in vielen europäischen Staaten.

Ausweisung (Verbannung)

Die Ausweisung oder Verbannung war ebenfalls eine repressive Form der Migration und häufig ein Mittel der Rechtsprechung. Bei einer Ausweisung auf Zeit, wie sie zum Beispiel das athenische Scherbengericht verhängte, behielt der Verbannte seine Bürgerrechte und sein Vermögen. Die lebenslange Ausweisung ersetzte oft die Todesstrafe. In vielen Fällen wurde der künftige Aufenthaltsort festgelegt. Die Strafe konnte gegenüber einzelnen ausgesprochen werden oder für eine ganze Familie gelten. Die Verbannung ist eine Maßnahme, die in Diktaturen bis heute angewendet wird.

Das Thema im Unterricht

Die Zwangsmigrationen eignen sich für die Behandlung als Längsschnitt. Dabei ist es sinnvoll, von der Neuzeit oder Gegenwart auszugehen und auf ältere Beispiele und Formen zurückzugreifen. Ein solcher Längsschnitt sollte die Kontinuitäten, aber auch die Unterschiede in den einzelnen Epochen herausarbeiten. Dazu gehört die Deportation von besiegten Gegnern (M 1/M 3) im Unterschied zur Umsiedlung politisch oder militärisch unzuverlässiger Völker (M 4). In der Oberstufe kann die aktuelle Diskussion über die Deportation der Armenier und die Frage, ob es ein „Völkermord" war, thematisiert werden. Bei der Verbannung ist der Hinweis sinnvoll, dass sie im Altertum eher eine humane Strafe war, weil sie an die Stelle des Todesurteils trat. Dagegen dient die Verbannung in modernen Diktaturen dazu, den Einfluss von politischen Gegnern zu beseitigen. Dies kann z. B. an dem italienischen Schriftsteller Carlo Levi (1902-75), an dem griechischen Komponisten Mikis Theodorakis (*1925) oder an dem russischen Dissidenten Andrei Sacharow (1921-83) gezeigt werden.

Materialien

M 1: Die zweimalige Deportation der Juden (722 und 587 v. Chr.)

So traf also die Hebräer zweimal das Unglück, über den Euphrat weggeschleppt zu werden. Denn die zehn Stämme kamen unter Oseas [*Hosea, König in Israel 733-725*] in die Gewalt der Assyrier, und was nach dem Falle Jerusalems von den zwei Stämmen noch übrig geblieben war, führte Nabuchodonosor [*Nebukadnezar*], der König der Babylonier und Chaldäer, in die Gefangenschaft. Salmanasar [*IV., assyrischer König 727-722*], der die Israeliten aus ihren Wohnsitzen vertrieb, siedelte dort das Volk der Chuthäer an, die früher das Innere von Persien und Medien bewohnt hatten und von dem Lande, in welches sie verpflanzt wurden, den Namen Samariter erhielten. Der König der Babylonier aber, der die beiden Stämme wegführte, siedelte in deren Land kein anderes Volk an, sodass ganz Judaea mit Jerusalem und dem Tempel siebzig Jahre lang verödet blieb. Zwischen der

Gefangennehmung der Israeliten und der Wegführung der beiden Stämme nach Babylon verflossen hundertdreißig Jahre, sechs Monate und zehn Tage.

Flavius Josephus: Jüdische Altertümer, übersetzt von Heinrich Clementz, Darmstadt o. J., S. 630.

M 2: Die Austreibung unnützer Berufe aus Sparta

Hierauf machte er [*Lykurg*] sich an die Austreibung der unnützen und überflüssigen Gewerbe. Die meisten von ihnen mußten wohl schon, auch ohne Verbot, zugleich mit der allgemeingültigen Währung aus dem Lande verschwinden, da es keinen Absatz mehr für ihre Erzeugnisse gab. Denn das Eisengeld ließ sich nicht zu den anderen Griechen bringen, sondern war dort wertlos und verachtet, so daß man auch keine Flitterwaren aus dem Ausland kaufen konnte, keine Handelsfracht in die Häfen gesegelt kam, kein Lehrer der Beredsamkeit, kein herumziehender Wahrsager, kein Bordellwirt, kein Hersteller goldener und silberner Schmuckstücke Lakoniens Boden betrat, da es ja kein Geld gab. So schwand der Luxus, entblößt von allem, was ihm Leben und Nahrung gab, allmählich ganz von selbst dahin, und wer viel besaß, hatte keinen Vorzug mehr, weil der Reichtum sich nicht öffentlich zeigen konnte, sondern ungenützt im Hause liegen mußte.

Plutarch: Große Griechen und Römer, Bd. 1, übersetzt von Konrat Ziegler, Zürich und Stuttgart 1954, S. 135f.

M 3: Deportation als Mittel der persischen Politik

Eroberung Milets (494 v. Chr.)

Von ihrer Heimat weg wurden die gefangenen Milesier nach Susa geführt. König Dareios tat ihnen weiter kein Leid; nur siedelte er sie am sogenannten Roten Meer [*persischer Golf*] an, in der Stadt Ampe an der Mündung des Tigris. Das Gebiet von Milet behielten die Perser selbst mit der Ebene um die Stadt. Die hochgelegenen Landesteile teilten sie den Karern aus der Stadt Pedason zu.

Eroberung von Eretria (490 v. Chr.)

Datis und Artaphrenes [*persische Feldherrn*] schafften die gefangenen Eretrier, als sie die Küste Asiens erreicht hatten, landeinwärts nach Susa. Bereits vor ihrer Gefangennahme hegte König Dareios einen gewaltigen Zorn gegen die Einwohner von Eretria; denn sie hatten als erste mit dem „Unrecht" gegen Persien begonnen. Als er aber sah, wie man sie gefangen vor ihn führte und wie sie in seine Gewalt gegeben waren, tat er ihnen nichts zuleide, sondern siedelte sie im Land Kissia auf seinem Besitztum namens Arderikka [*wahrscheinlich bei Susa*] an.

Herodot, Historien, Gr.-dt., hrsg. von Josef Feix, München 1963, Bd. 1, IV, 204 (S. 653); Bd. 2, VI, 20 (S. 769) und VI, 119 (S. 847).

M 4: Die Deportation der Armenier im Osmanischen Reich
Johannes Lepsius (1858-1926), Leiter der Armenienmission und Vorsitzender der Deutsch-Armenischen Gesellschaft, wurde Zeuge der Deportation während einer Reise im Osmanischen Reich 1915. Er schrieb einen Bericht, den er als Manuskript drucken ließ und vertraulich versandte. Der folgende Ausschnitt beschreibt die Deportation der Armenier aus der Stadt Zeytun im Süden der heutigen Türkei im April 1915.

Am nächsten Morgen gegen 9 Uhr [...] ließ der Kommandant 300 Notable der Stadt [*Angehörige der Oberschicht*] zu einer Besprechung in das Lager rufen. Da man bis dahin in gutem Einvernehmen mit den Behörden gelebt hatte, erschienen die Zusammengerufenen, ohne einen Verdacht zu hegen. Die meisten kamen in ihrem gewöhnlichen Arbeitsanzug, nur einige hatten etwas Geld bei sich und hatten sich besser gekleidet. Zum Teil kamen sie von ihren Herden in den Bergen herein. Als sie in das türkische Lager kamen, waren sie nicht wenig erstaunt, als sie hörten, daß sie nicht in die Stadt zurückkehren durften und ohne weiteres verschickt werden würden. Sie durften sich nicht einmal mit dem Notwendigen für die Reise versehen. Einigen wurde noch gestattet, sich Wagen kommen zu lassen, die meisten gingen zu Fuß. Wohin, wußten sie nicht.

Darauf erfolgte stoßweise die Deportation der gesamten armenischen Bevölkerung von Zeitun, etwa 20000 Seelen. Die Stadt hat vier Quartiere. Eins nach dem anderen wurde abgeführt, die Frauen und Kinder meist getrennt von den Männern. Nur 6 Armenier mußten zurückbleiben, von jedem Handwerk einer.

Die Deportation dauerte Wochen. In der zweiten Hälfte des Mai war Zeitun vollständig ausgeleert. Von den Einwohnern von Zeitun wurden 6 bis 8 Tausend in die Sumpfdistrikte von Karabunar und Suleimanie zwischen Konia und Eregli, im Wilajet [*Generalgouvernement*] Konia, 15 bis 16 Tausend nach Deir-es-Sor am Euphrat in die mesopotamische Steppe verschickt. Endlose Karawanen zogen durch Maresch, Adana und Aleppo. Die Ernährung war eine ungenügende. Für ihre Ansiedlung oder auch nur Unterbringung am Ziel ihrer Verschickung geschah nichts.

Über das Schicksal der Deportierten zitiert Lepsius einen Brief, der am 14. Mai in Karabundar geschrieben wurde.

Ein Brief, den ich aus Karabunar erhielt, und dessen Wahrheit nicht anzuzweifeln ist, da der Verfasser mir bekannt ist, versichert, daß von den Armeniern, die in der Zahl von 6 bis 8 Tausend von Zeitun nach Karabunar verschickt worden sind, einem der ungesundesten Orte des Wilajets, dort täglich 150 bis 200 Hungers sterben. Die Malaria richtet Verheerungen unter ihnen an, da es vollkommen an Nahrung und Unterkunft fehlt. Welche grausame Ironie, daß die Regierung vorgibt, sie zu verschicken, damit sie dort eine Kolonie gründen; sie besitzen weder Pflug noch Saat, weder Brot noch Unterkunft, denn sie sind mit völlig leeren Händen verschickt worden.

Im Mai 1915 erließ die Regierung einen Befehl über die Deportation. Darin heißt es:
Art. 2. Die Kommandeure der Armee von unabhängigen Armeekorps und von Divisionen dürfen im Fall militärischer Notwendigkeit und für den Fall, daß sie Spionage und Verrat vermuten (!), einzeln oder in Massen die Einwohner von Dörfern oder Städten fortschicken und sie an anderen Orten ansiedeln.

Johannes Lepsius: Bericht über die Lage des Armenischen Volkes in der Türkei, Potsdam 1918, S. 7, 10 und 13.

Aufgaben

1 Nennt die Ziele, die Assyrer, Babylonier und Perser mit den Deportationen verfolgen! (M 1/M 3)
2. Beschreibt am Beispiel der Milesier oder Eretrier ihren Weg von der Heimatstadt zu ihren neuen Wohngebieten! (M 3)
3. Erklärt, was Lykurg unter „unnützen Berufen" verstand und warum er sie aus Sparta vertreiben ließ! (M 2)
4. Vergleicht den Befehl der türkischen Regierung mit dem Vorgehen bei der Deportation der Armenier! (M 4)
5. Informiert euch im Internet über die aktuelle Diskussion über die Deportation der Armenier und die Berechtigung des Begriffes „Völkermord"!

3.5 Sklavenhandel

Sklaverei als völlige rechtliche und wirtschaftliche Abhängigkeit eines Menschen gab es in den meisten Kulturen und geschichtlichen Epochen. Sklaven galten nicht als Menschen, sondern als Ware und Eigentum. Die Sklaverei konnte von unfreier Geburt an bestehen oder im Laufe des Lebens erfolgen, z. B. durch Verschuldung oder als Bestrafung.

Eine Form der Migration ist die Versklavung besiegter Völker oder Kriegsgefangener. In den meisten Fällen wurden die Sklaven in Länder transportiert, in denen es einen Bedarf an Arbeitskräften gab. Die zunehmende Nachfrage nach Sklaven im Römischen Reich seit den punischen Kriegen war eine Ursache für den Sklavenhandel, der vor allem von Piraten in der Ägäis betrieben wurde und dessen Mittelpunkt die Insel Delos war.

In der Spätantike und im Mittelalter traten andere Formen von unfreier Arbeit in Europa an die Stelle der Sklaverei (Kolonat, Grundhörigkeit, Leibeigenschaft). Doch auch in dieser Epoche gab es einen kontinuierlichen Handel mit Sklaven, die vor allem aus Ost- und Südosteuropa stammten. Er war so bedeutsam, dass sich aus „Slawe" der Begriff „Sklave" (mittelgriech. „sklabos", lat. „sclavus") entwickelte. Der Handel wurde vor allem von den Wikingern betrieben, die Byzanz und die islamisch-arabischen Länder belieferten. Wichtige Sklavenmärkte waren Birka auf der Insel Björkö im Mälarsee, Haithabu südlich des heutigen Schleswig, Gotland und Prag. Auch in Nord- und Ostafrika wurden Menschen versklavt und in das Osmanische Reich oder nach Indien verkauft. Hier arbeiteten die arabischen Händler mit den einheimischen Herrschern zusammen.

Eine neue Dimension erfuhr der Sklavenhandel nach der Entdeckung der Neuen Welt. Die Versklavung der einheimischen Bevölkerung und ihre Arbeit auf den Plantagen führten zu einem Massensterben. Deshalb schlug der spanische Missionar Las Casas vor, Sklaven aus Afrika zu importieren, ein Rat, den er später bereute. Die Folge war ein transatlantischer Sklavenhandel, an dem vor allem Portugiesen, Spanier, Engländer und Niederländer beteiligt waren. Sie arbeiteten in Afrika eng mit ortsansässigen Mittelsmännern zusammen, die wiederum von den Fürsten aus dem Landesinneren beliefert wurden. Ein wichtiger Stützpunkt war Jahrhunderte lang die Insel Gorée vor der Küste Senegals. Im 17. und 18. Jahrhundert wanderte der Sklavenhandel von Westafrika über die Guineaküste nach Süden.

Die Zahl der vom 16. bis zum 19. Jh. nach Amerika gebrachten Sklaven werden auf etwa neun Millionen geschätzt, von denen etwa zwei Drittel Männer waren. Für die betroffenen Gebiete in Afrika hatte der Sklavenhandel weit reichende Folgen. Der Bevölkerungsverlust verlangsamte die wirtschaftliche und kulturelle Entwicklung, führte zu ständigen Kriegen und stabilisierte die Herrschaft von aggressiven Potentaten, die vom Sklavenhandel profitierten.

Während der Aufklärung wurden Sklaverei und Sklavenhandel kritisiert, was im 19. Jh. in den europäischen Staaten zum Verbot des Handels und schließlich zur Abschaffung der Sklaverei führte. 1807 wurde der Sklavenhandel auf britischen Schiffen verboten, 1815 erließ der Wiener Kongress eine Erklärung gegen den Sklavenhandel. Aber erst am Ende des 19. Jahrhunderts, als die Sklaverei in den amerikanischen Staaten abgeschafft wurde, hörte der Sklavenhandel auf. In Nord- und Ostafrika erlebte er in dieser Zeit dagegen einen kräftigen Aufschwung.

Die Abschaffung der Sklaverei führte in vielen Ländern zu erneuten Bevölkerungsbewegungen. Befreite Sklaven verließen ihre bisherige Heimat aus mentalen oder wirtschaftlichen Gründen. In den USA kam es zu einer Abwanderung der Afroamerikaner aus den Südstaaten in die Industriestädte des Nordens. Das Ende der Sklaverei führte auch zur Entstehung des afrikanischen Staates Liberia. Die 1816 von Weißen gegründete American Colonization Society (ACS) hatte sich zum Ziel gesetzt, frei gelassene Sklaven wieder in Afrika anzusiedeln. Damit glaubte man das „Negerproblem" lösen zu können. 1818 fanden die ersten Erkundungsfahrten nach Westafrika statt, zwei Jahre später entstand eine Kolonie an der Küste von Sierra Leone. Aber erst die 1822 gegründete Kolonie unter Führung des Methodistenpfarrers Jehudi Ashmun war von Dauer. Sie nannte sich programmatisch „Liberia". Weitere Kolonien von anderen amerikanischen Kolonisationsgesellschaften folgten. Nach ihrem Zusammenschluss erklärten sich die Kolonien 1847 zur unabhängigen Republik Liberia.

Durch die Menschenrechtsdeklaration der Vereinten Nationen (Art. 4) sind Sklaverei und Sklavenhandel verboten. Trotzdem gibt es immer noch Formen von Sklaverei, bei der Menschen zur Migration gezwungen werden. Dazu gehören Zwangsarbeit in ländlichen Gebieten, Kinderarbeit in Fabriken oder Zwangsprostitution.

Das Thema im Unterricht

Das Thema „Sklavenhandel" ergibt sich aus der Besprechung der antiken Sklaverei in der Unterstufe (M 1). Es kann zu einem Längsschnitt bis in die Neuzeit (M 2 – M 6) erweitert werden. Dabei sollten neben Gemeinsamkeiten auch Unterschiede (Tätigkeiten der Sklaven, Möglichkeit des Aufstiegs und der Freilassung, Entfernung von der Heimat und Möglichkeit einer Rückkehr) thematisiert werden. Auch weniger bekannte Epochen (Mittelalter) und Regionen (Nord-, Ostafrika) bieten sich an. Da die Sklaverei bei den meisten Völkern nicht im Widerspruch zu ihrer Religion oder Ethik stand, muss ein vorschnelles moralisches Urteil vermieden werden. Bei einer fächerübergreifenden Behandlung ist der Einsatz eines Jugendbuches (z.B. Urs M. Fiechtner und Sergio Vesely: Erwachen in der neuen Welt. Die Geschichte von Bartolomé de las Casas) oder des Romans „Onkel Toms Hütte" von Harriet Beecher-Stowe denkbar.

In der Oberstufe kann der Kampf gegen die Sklaverei seit der Aufklärung ein zusätzliches Thema sein. Neue Formen von Sklaverei und Sklavenhandel sind ebenfalls als Schwerpunkt denkbar.

Sklavenhandel 59

Materialien

M 1: Der Sklavenhandel in der Ägäis

Für die Kiliker jedoch ist Tryphon [*Diodotos Tryphon, König des Seleukidenreiches, 142-138 v. Chr.*] überhaupt der Anlass geworden, die Seeräuberei zu organisieren, und ferner die Wertlosigkeit der Könige, die damals nach der Erbfolge sowohl über Syrien als über Kilikien regierten: denn sein Umsturzversuch löste andere Umsturzversuche aus, und Zwiste zwischen Brüdern untereinander machten das Land zur Beute der Angreifer. Und der Export von Sklaven lockte besonders zu Übeltaten, da er überaus gewinnbringend geworden war; sie waren ja leicht zu fangen, und gar nicht weit gab es einen großen und geldreichen Handelsplatz: Delos, das imstande war, an ein und demselben Tag Zehntausende von Sklaven zu empfangen und zu verschicken, sodass deswegen auch das Sprichwort aufkam ‚Kaufmann, fahr ein, lad aus: alles ist verkauft'. Die Ursache war, dass die Römer, die nach der Zerstörung von Karthago und Korinth reich geworden waren, viel Sklavenpersonal hielten: als die Räuber diese günstige Konstellation sahen, traten sie auf einmal hervor, wobei sie selber die Menschen nicht nur raubten sondern auch verhandelten. Dazu wirkten auch die Könige von Zypern und die von Ägypten mit, die mit den Zyprern verfeindet waren; und auch die Rhodier [*Bewohner von Rhodos*] waren nicht mit ihnen befreundet, sodass sie in keiner Weise zu Hilfe kamen. Außerdem hatten die Räuber dadurch, dass sie sich für Sklavenhändler ausgaben, ihre üble Tätigkeit unangreifbar gemacht.

Strabons Geographika, mit Übersetzung und Kommentar hrsg. von Stefan Radt, Bd. 4, Göttingen 2005, S. 99.

M 2: Der Sklavenhandel in Süd- und Mittelamerika

Bartolomé de Las Casas (1484-1566) war als Priester und Dominikanerpater Missionar in der Neuen Welt. Als erster kritisierte er massiv die Behandlung der Eingeborenen durch die Spanier.

Da diese Leute [*auf der Isla de Margarita*] so ganz sicher waren, kam einst ein unseliger Barbar auf den Einfall, einen Sprung dahin zu machen. Er kam mit einem Schiffe daselbst an, und lud viel Volks zu sich ein, das der Gewohnheit nach sein Fahrzeug besuchte und ihm gleich andern traute. Als sich nun recht viele Männer, Weiber und Kinder darauf befanden, ließ er die Segel spannen, und fuhr geraden Weges nach San Juan [*auf Puerto Rico*], wo er sie sämtlich als Sklaven verkaufte. Ich befand mich damals gerade auf dieser Insel, sah den erwähnten Barbaren daselbst, und hörte, was er begangen hatte. Nach seiner Abreise war der Ort ganz menschenleer; dies verdroß die spanischen Räuber, welche an der dortigen Küste stahlen und plünderten, nicht wenig, und sie selbst verfluchten diese abscheuliche Tat, wodurch ihr allgemeiner Zufluchtsort, worin sie so sicher wie in ihren eigenen Wohnungen waren, verheert wurde.

Ich sage nochmals, daß ich eine Menge Verbrechen und Missetaten, die auf die nämliche Art in jenen Gegenden begangen wurden, und noch bis auf den heutigen Tag daselbst begangen werden, mit Stillschweigen übergehe. Auf dieser volkreichen Küste [*von Venezuela*] wurden mehr als zwei Millionen Menschen geraubt, und auf die Inseln Hispaniola [*Haiti*] und San Juan geschleppt. Dort kamen sie sämtlich ums Leben, weil man sie entweder in die Bergwerke steckte, oder zu andern schweren Arbeiten verdammte. Hierunter ist nicht einmal die Volksmenge mit begriffen, die es ehedem, wie wir weiter oben sagten, auf diesen Inseln gab. Es ist ein Jammer, und das Herz möchte einem zerspringen, wenn man wahrnimmt, daß dieser so große fruchtbare Strich Landes ganz öde liegt und entvölkert ist.

Es ist eine ausgemachte Wahrheit, daß die Spanier nie ein Schiff voll Indianern wegführten, die sie auf obbeschriebene Weise geraubt und gestohlen hatten, ohne daß dabei ein Drittel ihrer Ladung ins Meer geworfen wurde. Dies kommt davon her, daß sie viele Menschen nötig haben, wenn sie ihren Zweck erreichen, viel Sklaven holen, und viel Geld lösen wollen. Daher geizen sie mit Speise und Trank, damit es den Tyrannen, welche sich Armadores (Reeder) nennen, nicht zu viele Kosten mache. Beides ist oft für die Spanier selbst kaum zureichend, die auf Raub ausziehen; die unglücklichen Indianer bekommen dann gar nichts, sterben vor Hunger und Durst; also fort mit ihnen ins Meer! Ein Spanier selbst erzählte mir als Wahrheit, es sei einst ein Schiff von den Lucayischen Inseln [*Teil der Bahamas*], wo dergleichen Unmenschlichkeiten häufig begangen wurden, bis nach Hispaniola [*Insel, heute Haiti und Dominikanische Republik*], welches sechzig bis siebenzig Meilen davon liegt, ohne Kompaß und Seekarte gesegelt, weil ihm der Lauf, welchen es nehmen mußte, von den Leichnamen der Indianer vorgezeichnet worden sei, die man aus den Schiffen ins Meer gestürzt hatte.

Um die Ausrottung der Indios zu verhindern, hatte Las Casas 1516 den Einsatz von Sklaven aus Afrika empfohlen. Diesen Vorschlag kommentierte er später so:

Der Priester Las Casas hat als erster dazu geraten, daß man Afrikaner nach Westindien einführe. Er wußte nicht, was er tat. Als er vernahm, daß die Portugiesen wider alle Rechtlichkeit in Afrika Menschen fingen und sie zu Sklaven machten, bereute er bitter seine Worte [...] Das Recht der Schwarzen ist dem Recht der Indianer gleich.

<small>Bartolomé des Las Casas: Kurzgefasster Bericht von der Verwüstung der Westindischen Länder. Dt. von D. W. Andreä, hrsg. von Hans Magnus Enzensberger, Frankfurt/M. 1981, S. 81 f. und 144.</small>

Sklavenhandel   61

M 3: Sklavenhandel in Afrika

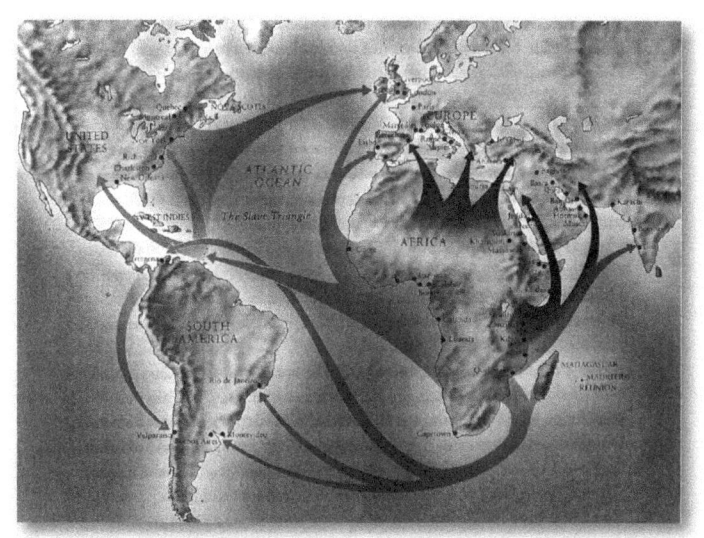

Norbert Finzsch, James O Horton, Lois E. Horton: Von Benin nach Baltimore. Die Geschichte der African Americans, Hamburg 1999, S. 50.

M 4: Arabische Sklavenkarawane

Eigel Wiese: Sklavenschiffe. Das schwärzeste Kapitel der chirstlichen Seefahrt, Hamburg 2000, S. 146/147.

M 5: Schätzungen zum Umfang des Transsahara-Sklavenhandels

Zeit	Jahresdurchschnitt	Total
650-800	1000	150000
800-900	3000	300000
900-1100	8700	1740000
1100-1400	5500	1650000
1400-1500	4300	430000
1500-1600	5500	550000
1600-1700	7100	710000
1700-1800	7100	715000
1800-1880	14500	1165000
1880-1900	2000	40000
Im Ganzen		7450000

Nach: Christian Delacampagne, S. 317.

M 6: Schätzung zum transatlantischen Sklavenhandel

Land	Zahl der Überfahrten	Anzahl der transportierten Sklaven
Portugal und Brasilien	30000	4650000
Spanien und Kuba	4000	1600000
Frankreich und die Französischen Antillen	4200	1250000
Niederlande	2000	500000
England	12000	2600000
Englische Kolonien in Nordamerika und USA	1500	300000
Dänemark	250	50000
Andere	250	50000
Insgesamt	54200	11000000

Nach: Christian Delacampagne, S. 318.

Aufgaben

1. Erarbeitet aus Strabons Text die Entstehung des antiken Sklavenhandels in der Ägäis! (M 1)
2. Erklärt die großen Verluste beim Sklavenhandel in der „Neuen Welt"! (M 2)
3. Beschreibt die Gebiete Afrikas, aus denen Sklaven „exportiert" wurden und bestimmt die jeweiligen Zielländer! (M 3)
4. Versetzt euch in eine der Personen auf dem Bild „Arabische Sklavenkarawane"! Beschreibt ihre Gedanken und Gefühle! (M 4)
5. Beschreibt die Entwicklung des Transsahara-Sklavenhandels vom 7. bis zum 19. Jahrhundert (M 5) und überlegt, warum er nach 1800 zunahm! (M 5)
6. Erschließt aus den beteiligten Nationen die Ziele beim transatlantischen Sklavenhandel! (M 6)

3.6 Die Wanderungen der Juden

„Die Geschichte des j.[*üdischen*] Volkes bildet seit ihren Anfängen eine fast ununterbrochene Kette von W.[*anderungen*]. Jahrhundertelanges Rasten in einzelnen Ländern, Ruhepausen von kürzerer oder längerer Dauer waren oftmals nur Etappen eines Wanderprozesses, der den Werdegang des Volkes wie das Schicksal des Einzelnen bestimmend gestaltete. Generationen hindurch waren Geschichte des j.[*üdischen*] Volkes und j.[*üdische*] Wandergeschichte identisch. Trotzdem blieb das Wandern zu allen Zeiten vor allen Dingen eine Zwangserscheinung im Leben des J.[*uden*]-tums. [...]" (Michael Traub, Sp. 1296). Diese Wanderungen haben sich in der Sagengestalt von Ahasver, dem „ewigen Juden", verdichtet.

In der Überlieferung des Altes Testamentes wandert Abraham, der Stammvater Israels, aus „Ur in Chaldäa" über Haran nach Kanaan. In diesem Bericht spiegelt sich wahrscheinlich die Einwanderung nomadischer Stämme nach Palästina in der Mitte des 2. Jahrtausends v. Chr. Ein Teil von ihnen ließ sich – vielleicht auf Grund einer Hungersnot – im Osten des ägyptischen Reiches nieder. Ihre Nachkommen wanderten um 1250 v Chr. nach Palästina zurück.

Die zwölf Stämme, die um 1200 v. Chr. einen Staat bildeten, wurden mehrfach von den benachbarten Großmächten besiegt und unterworfen. Im Jahre 722 v. Chr. wurde das Nordreich (Israel) assyrische Provinz, was zur Deportation von etwa 30000 Menschen führte. Ähnlich erging es dem Südreich (Juda) hundert Jahre später. Nach der Eroberung durch Nebukadnezar und der Zerstörung von Jerusalem wurden 50000 Juden deportiert („babylonische Gefangenschaft"). Nur ein Teil von ihnen kehrte im Laufe des 4. und 3. Jahrhunderts zurück, während die anderen in Babylonien blieben und selbstständige Gemeinden bildeten.

Die jüdische Diaspora setzte sich in hellenistischer und römischer Zeit fort. Im 1. Jahrhundert n. Chr. gab es etwa 300-400 jüdische Gemeinden im Mittelmeerraum. Die erfolglosen Aufstände gegen die römische Herrschaft (66-70 und 132-135 n. Chr.) verstärkten die Abwanderung und die Ansiedlung in der gesamten antiken Welt.

Im Mittelalter bildeten sich in Europa zwei unterschiedliche jüdische Kulturkreise heraus. Die sephardischen Juden in Spanien und Portugal wurden von den islamischen Herrschern als „beschütztes Volk" behandelt. Sie mussten Sondersteuern zahlen, genossen aber religiöse und wirtschaftliche Freiheiten. Als eigene Sprache entwickelten sie das „Ladino". Nach der erfolgreichen Reconquista wurden die Juden aus Spanien (1492) und Portugal (1496) vertrieben. Sie wanderten in die Niederlande, nach Italien, Nordafrika und ins Osmanische Reich aus.

Bei den aschkenasischen Juden, die sich vor allem in den Handelsstädten Mittel- und Osteuropas niedergelassen hatten, entwickelte sich das „Jiddische". Seit dem 1. Kreuzzug begannen die Pogrome, die im späten Mittelalter mit der Vertreibung aus den meisten europäischen Ländern endete. Die Juden wanderten nach Osteuropa, wo vor allem Polen und Litauen für Jahrhunderte ihre neue Heimat wurden. In Deutschland erfolgte die Vertreibung nicht in allen Territorien, sodass Juden in ländlichen Regionen, zum Beispiel in Franken und Schwaben, als „Landjuden" geduldet wurden.

Die Judenemanzipation in den meisten europäischen Staaten und die Verfolgungen in Russland führten im 19. Jahrhundert zur Rückwanderung nach Mittel- und Westeuropa, aber auch zu einer Auswanderung nach Nord- und Südamerika. Seit dem Ende des 19. Jahrhunderts kam es zu einer verstärkten Auswanderung nach Palästina.

Die Verfolgungen durch das NS-Regime lösten eine größere Emigrationswelle aus, doch blieben die meisten Juden in Deutschland und wurden Opfer von Deportation und Vernichtung. Von den Überlebenden des Holocaust wanderte der größte Teil aus. Bevorzugte Zielländer waren Nordamerika und Israel.

Die politischen Verhältnisse in der Sowjetunion und in den Nachfolgestaaten veranlassten ebenfalls viele Juden zur Migration. Viele von ihnen kamen nach Deutschland, wo heute etwa 70000 Juden leben. Die jüdischen Gemeinden sind kulturell heterogene „Einwanderergemeinden" mit einer starken Fluktuation.

Das Thema im Unterricht

Die Wanderungen der Juden eignen sich für einen fächerübergreifenden Unterricht mit Religion/Ethik und Deutsch. In Geschichte können die Wanderungen anhand von Karten und Diagrammen rekonstruiert und die jeweiligen Ursachen und Folgen erläutert werden (M 2/M 3/M 5). Das Fach Religion kann die biblische Überlieferung (Abraham, Moses) mit den Ergebnissen der modernen Archäologie vergleichen (M 2). Für Deutsch bietet sich die Lektüre eines historischen Jugendbuches an. Besonders geeignet ist der Roman „Das goldene Elixier" von Geoffrey Trease, da es viele Themen berührt (Verhältnis Christen-Juden-Moslems, jüdisches Leben, Vertreibung der Juden aus England).

In der Mittel- und Oberstufe kann Geschichte auch vor Ort vermittelt werden. Dazu gehört die Spurensuche nach Überresten der jüdischen Geschichte im Heimatort oder in der Region (ehemalige Synagogen, jüdische Friedhöfe, Gedenktafeln). Ergänzen lässt sie sich durch Arbeit im Archiv. Am Ende kann eine Ausstellung oder eine thematische Stadtführung stehen.

Materialien

M 1: Die Wanderungen Abrahams

Abram (später Abraham) ist in der jüdischen Überlieferung der Stammvater Israels. Das Alte Testament berichtet von zahlreichen Wanderungen, bevor er sich in der Nähe von Hebron niederließ.

Da nahm Tharah seinen Sohn Abram und Lot, seines Sohnes Haran Sohn, und seine Schwiegertochter Sarai [...] und führte sie aus Ur in Chaldäa [*südliches Mesopotamien*], dass er ins Land Kanaan zöge; und sie kamen gen Haran [*Handelsstadt im nördlichen Mesopotamien*] und wohnten daselbst. [...]

Und der Herr sprach zu Abram: „Gehe aus deinem Vaterlande und von deiner Freundschaft und aus deines Vaters Hause in ein Land, das ich dir zeigen will. Und ich will dich zum großen Volk machen." [...]

Da zog Abram aus, wie der Herr zu ihm gesagt hatte, und Lot zog mit ihm. [...] Also nahm Abram sein Weib Sarai und Lot, seines Bruders Sohn, mit aller ihrer Habe, die sie gewonnen hatten, und die Seelen, die sie erworben hatten in Haran; und zogen aus, zu reisen in das Land Kanaan. Und als sie gekommen waren in dasselbe Land, zog Abram durch bis an die Stätte Sichem [*Ort in Samaria in der Nähe von Nablus*] und an den Hain More; es wohnten aber zu der Zeit die Kanaaniter im Lande. Da erschien der Herr dem Abram und sprach: „Deinem Samen will ich dies Land geben." Und er baute daselbst einen Altar dem Herrn, der ihm erschienen war.

Darnach brach er auf von dort an einen Berg, der lag gegen Morgen von der Stadt Beth-El [*nördlich von Jerusalem, heute Beitin*], und richtete seine Hütte auf, dass er Beth-El gegen Abend und Ai [*wahrscheinlich el-Tell bei Beitin*] gegen Morgen hatte, und baute daselbst dem Herrn einen Altar und predigte von dem Namen des Herrn. Darnach zog Abram weiter und zog aus ins Mittagsland [*Wüste Negev*].

Es kam aber eine Teuerung in das Land. Da zog Abram hinab nach Ägypten, dass er sich daselbst als ein Fremdling aufhielte; denn die Teuerung war groß im Lande. [...]

Also zog Abram herauf aus Ägypten mit seinem Weibe und mit allem, was er hatte, und Lot auch mit ihm, ins Mittagsland. Abram aber war sehr reich an Vieh, Silber und Gold. Und er zog immer fort von Mittag bis gen Beth-El an die Stätte, wo am ersten seine Hütte war, zwischen Beth-El und Ai, eben an den Ort, da er zuvor den Altar gemacht hatte. [...] Lot aber, der mit Abram zog, der hatte auch Schafe und Rinder und Hütten. Und das Land konnte es nicht ertragen, dass sie beieinander wohnten; denn ihre Habe war groß. [...]

Da sprach Abram zu Lot: Lass doch nicht Zank sein zwischen mir und dir und zwischen meinen und deinen Hirten; denn wir sind Gebrüder. Steht dir nicht alles Land offen? Scheide dich doch von mir. Willst du zur Linken, so will ich zur Rechten; oder willst du zur Rechten, so will ich zur Linken. Da hob Lot seine Augen auf und besah die ganze Gegend am Jordan. Denn ehe der Herr Sodom und Gomorra verderbte, war sie wasserreich, bis man gen Zoar [*südlich des Roten Meeres*] kommt, als ein Garten des Herrn, gleichwie Ägyptenland. Da erwählte sich Lot die ganze Gegend am Jordan und zog gegen Morgen. Also schied sich ein Bruder von dem andern, dass Abram wohnte im Lande Kanaan und Lot in den Städten der Jordangegend und setzte seine Hütte gen Sodom. [...]

Da nun Lot sich von Abram geschieden hatte, sprach der Herr zu Abram: „Hebe deine Augen auf und siehe von der Stätte an, da du wohnst, gegen Mitternacht, gegen Mittag, gegen Morgen und gegen Abend. Denn alles das Land, das du siehst, will ich dir geben und deinem Samen ewiglich. [...] Darum so mache dich auf und ziehe durch das Land in die Länge und Breite; denn dir will ich's geben." Also erhob Abram seine Hütte, kam und wohnte im Hain [*Oase*] Mamre, der zu Hebron ist, und baute daselbst dem Herrn einen Altar.

1. Mose 11, 31 – 13, 18.

M 2: Die jüdische Diaspora von 100 bis 1100 n. Chr.

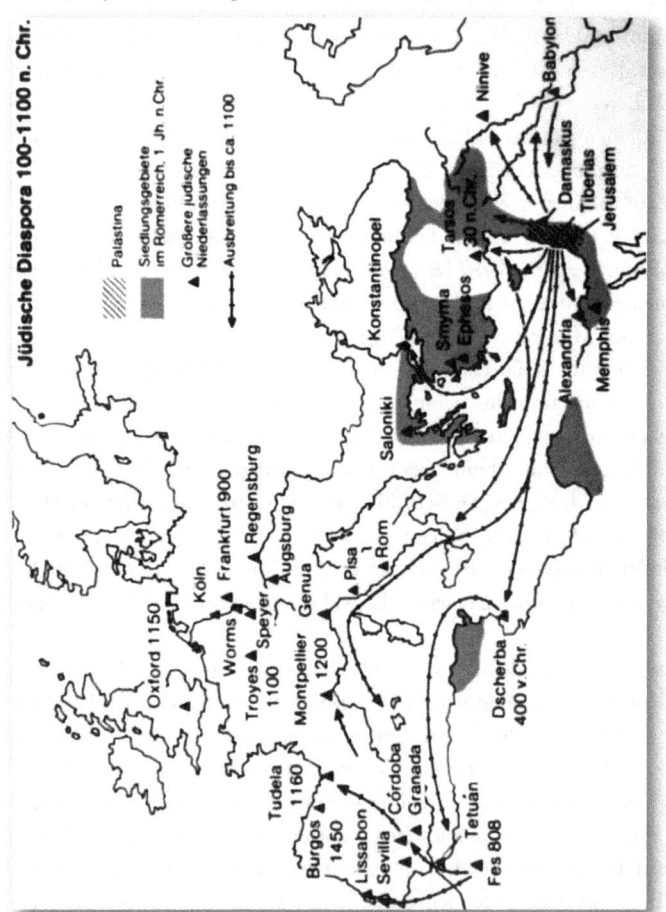

Nachum T. Gidal: Die Juden in Deutschland von der Römerzeit bis zur Weimarer Republik, Köln 1997, S. 25.

Die Wanderungen der Juden 67

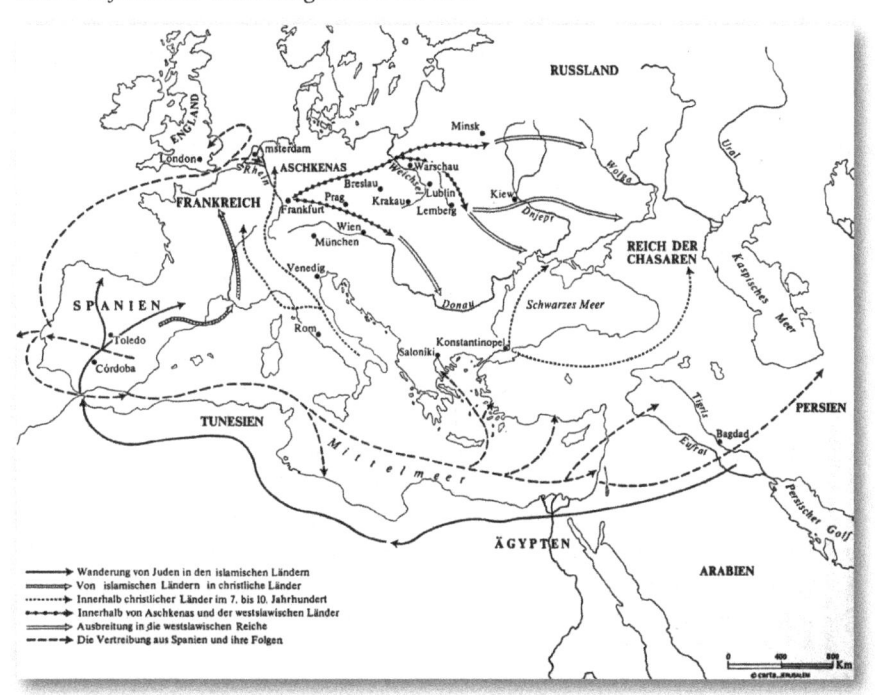

M 3: Die jüdischen Wanderungen im Mittelalter

Haim Hillel Ben-Sasson (Hrsg.): Geschichte des jüdischen Volkes, Bd. 2, München 1979, S. 217.

M 4: Die sefardischen Juden in Bulgarien

Elias Canetti (1905-94) beschreibt in seiner Autobiografie seine bulgarische Heimatstadt Rustschuk (heute Ruse). Rustschuk war aus der Zeit des Osmanischen Reichs ein multikultureller Ort, in dem auch viele sefardische Juden lebten.

Rustschuk, an der unteren Donau, wo ich zur Welt kam, war eine wunderbare Stadt für ein Kind, und wenn ich sage, daß sie in Bulgarien liegt, gebe ich eine unzulängliche Vorstellung von ihr, denn es lebten dort Menschen der verschiedensten Herkunft, an einem Tag konnte man sieben oder acht Sprachen hören. Außer den Bulgaren, die oft vom Lande kamen, gab es noch viele Türken, die ein eigenes Viertel bewohnten, und an dieses angrenzend lag das Viertel der Spaniolen [*aus Spanien emigrierte Juden*], das unsere. Es gab Griechen, Albanesen, Armenier, Zigeuner. Vom gegenüberliegenden Ufer der Donau kamen Rumänen, meine Amme, an die ich mich aber nicht erinnere, war eine Rumänin. Es gab, vereinzelt, auch Russen.

Als Kind hatte ich keinen Überblick über diese Vielfalt, aber ich bekam unaufhörlich ihre Wirkungen zu spüren. Manche Figuren sind mir bloß in Erinnerung geblieben, weil sie einer besonderen Stammesgruppe angehörten und sich durch ihre Tracht von anderen unterschieden. Unter den Dienern, die wir im Laufe jener sechs Jahre im Hause hatten, gab es einmal einen Tscherkessen und später einen Armenier. Die beste Freundin meiner Mutter war Olga, eine Russin. Einmal wöchentlich zogen Zigeuner in unseren Hof, so viele, daß sie mir wie ein ganzes Volk erschienen, und von den Schrecken, mit denen sie mich erfüllten, wird noch die Rede sein.

Rustschuk war ein alter Donauhafen und war als solcher von einiger Bedeutung gewesen. Als Hafen hatte er Menschen von überall angezogen, und von der Donau war immerwährend die Rede. [...]

Es wird mir schwerlich gelingen, von der Farbigkeit dieser frühen Jahre in Rustschuk, von seinen Passionen und Schrecken eine Vorstellung zu geben. Alles was ich später erlebt habe, war in Rustschuk schon einmal geschehen. Die übrige Welt hieß dort Europa, und wenn jemand die Donau hinauf nach Wien fuhr, sagte man, er fährt nach Europa, Europa begann dort, wo das türkische Reich einmal geendet hatte. Von den Spaniolen waren die meisten noch türkische Staatsbürger. Es war ihnen unter den Türken immer gut gegangen, besser als den christlichen Balkanslawen. Aber da viele unter den Spaniolen wohlhabende Kaufleute waren, unterhielt das neue bulgarische Regime gute Beziehungen zu ihnen, und Ferdinand, der König, der lange regierte, galt als Freund der Juden. [*Ferdinand I., bulgarischer König 1887-1918*].

Die Loyalitäten der Spaniolen waren einigermaßen kompliziert. Sie waren gläubige Juden, denen ihr Gemeindeleben etwas bedeutete. Es stand, ohne Überhitztheit, im Mittelpunkt ihres Daseins. Aber sie hielten sich für Juden besonderer Art, und das hing mit ihrer spanischen Tradition zusammen. Im Lauf der Jahrhunderte seit ihrer Vertreibung hatte sich das Spanisch, das sie untereinander sprachen, sehr wenig verändert. Einige türkische Worte waren in die Sprache aufgenommen worden, aber sie waren als türkisch erkennbar, und man hatte für sie fast immer auch spanische Worte. Die ersten Kinderlieder, die ich hörte, waren Spanisch, ich hörte alte spanische ‚Romances', was aber am kräftigsten war und für ein Kind unwiderstehlich, war eine spanische Gesinnung. Mit naiver Überheblichkeit sah man auf andere Juden herab, ein Wort, das immer mit Verachtung geladen war, lautete ‚Todesco', es bedeutete einen deutschen oder aschkenasischen Juden. Es wäre undenkbar gewesen, eine ‚Todesca' zu heiraten, und unter den vielen Familien, von denen ich in Rustschuk als Kind reden hörte oder die ich kannte, entsinne ich mich keines einzigen Falles einer solchen Mischehe. Ich war keine sechs Jahre alt, als mich mein Großvater vor einer solchen Mesalliance in der Zukunft warnte.

Elias Canetti: Die gerettete Zunge. Geschichte einer Jugend. München, Wien 1977, S. 10-12.

M 5: Die jüdische Diaspora im 20. Jahrhundert

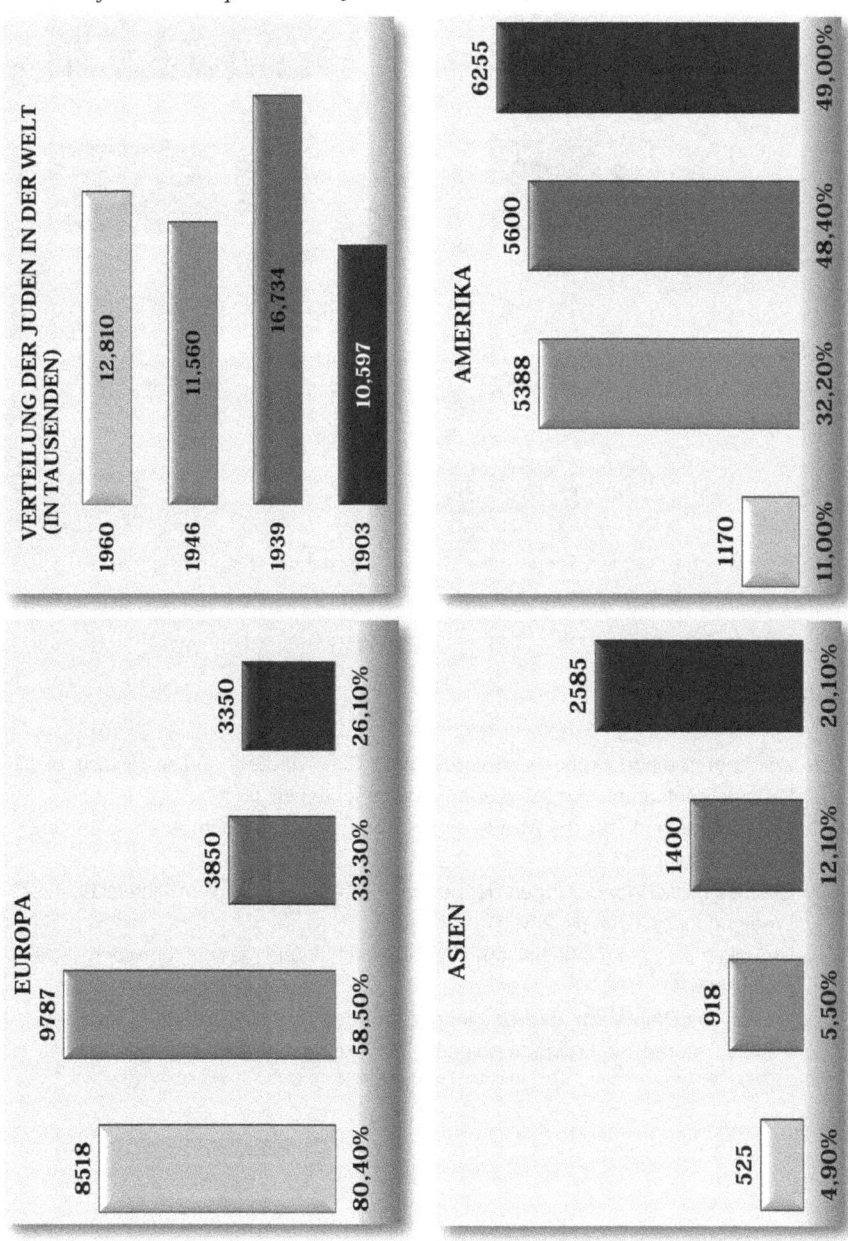

VERTEILUNG DER JUDEN IN DER WELT (IN TAUSENDEN)

- 1960: 12.810
- 1946: 11.560
- 1939: 16.734
- 1903: 10.597

AMERIKA

- 6255 — 49,00%
- 5600 — 48,40%
- 5388 — 32,20%
- 1170 — 11,00%

EUROPA

- 3350 — 26,10%
- 3850 — 33,30%
- 9787 — 58,50%
- 8518 — 80,40%

ASIEN

- 2585 — 20,10%
- 1400 — 12,10%
- 918 — 5,50%
- 525 — 4,90%

AFRIKA

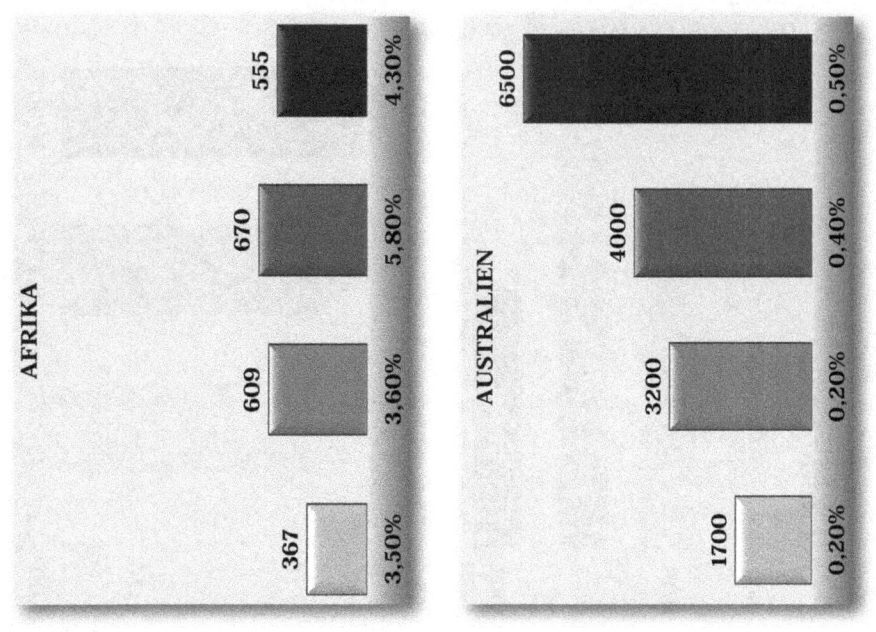

- 555 — 4,30%
- 670 — 5,80%
- 609 — 3,60%
- 367 — 3,50%

AUSTRALIEN

- 6500 — 0,50%
- 4000 — 0,40%
- 3200 — 0,20%
- 1700 — 0,20%

Nach: Haim Hillel Ben-Sasson (Hrsg.): Geschichte des jüdischen Volkes, Bd. 3, München 1980, S. 173.

Aufgaben

1. Zeichnet in einen Umriss von Vorderasien die Wanderungen Abrahams ein! Welche Staatsgrenzen müsste er heute überschreiten? (M 1)
2. Nennt die Gründe für die Wanderungen Abrahams, wie sie im Alten Testament aufgeführt sind! (M 1)
3. Beschreibt die Wanderungen der Juden vom Altertum bis zum Mittelalter, ihre Wege und ihre Ziele! (M 2/M 3)
4. Charakterisiert die multiethnische Stadt Rustschuk und die dort lebenden „Spaniolen"! (M 4)
5. Wertet das Diagramm zur Verteilung der Juden seit 1903 aus und überlege, welche historischen Ereignisse diesen Entwicklungen zugrunde liegen! (M 5)

3.7 Sinti und Roma

Die Sinti und Roma stammen aus dem Nordwesten Indiens, trotz widersprechender älterer Berichte, wozu auch ihre Ursprungsmythen beitrugen. Einem bestimmten Stamm oder einer Kaste konnten sie bisher nicht eindeutig zugeordnet werden konnten. Die Abwanderung erfolgte wahrscheinlich in mehreren kleinen und unabhängigen Gruppen während des frühen Mittelalters. Die Gründe sind nicht bekannt. Auf Grund ihrer Sprache (Romanes) lässt sich ihr weiterer Weg rekonstruieren. Er führte über Persien, Mesopotamien, Armenien und Syrien in das oströmische Reich, wo sie im 11. Jahrhundert erstmals bezeugt sind. Während dieser Wanderungen gab es auch längere Abschnitte der Sesshaftigkeit.

Im oströmischen Reich erhielten sie den Namen „Zigeuner", da man sie für Anhänger des Gnostikers Simon Magus hielt, dessen Jünger wegen ihrer Reinheitsgebote „Athinganoi" (Unberührbare) genannt wurden. Der englische bzw. französische Name (gypsy, gitan) leitet sich von „Ägypten" ab, das man zeitweilig für das Ursprungsland der Sinti und Roma hielt. Die eigene Bezeichnung ist „Roma" (von Romanes: „Mann" oder „Mensch"). Die in Deutschland lebenden Roma nennen sich auch „Sinti", ein Namen, der vielleicht von der heute in Südpakistan gelegene Landschaft Sind abgeleitet ist.

Innerhalb des oströmischen Reich lebten die Roma längere Zeit in Thrakien und arbeiteten dort als Bauern, Handwerker, Händler und Schausteller. Die erneute Wanderung in die übrigen Teile Europas erfolgte am Ende des 13. Jahrhunderts und wurde vielleicht durch die Expansion des Osmanischen Reiches ausgelöst. Aber nur ein Teil des Volkes war davon betroffen, der Großteil blieb in Thrakien oder wanderte in andere Gebiete aus dem Balkan (Karpathen, Fürstentümer Moldau und Walachei).

In Deutschland tauchten Roma erstmals 1407 in Hildesheim auf, wo sie als „Tataren" bezeichnet wurden. Die Haltung der ansässigen Bevölkerung war ambivalent. Anfangs schätzte man ihren Wohlstand und ihre christliche Ordnung, doch sehr viel stärker war eine negative Einstellung. Das exotische Aussehen und das abenteuerliche, nicht sesshafte Leben stießen bei den meisten Menschen auf völliges Unverständnis, woraus Ablehnung und Angst entstanden. Die Roma wurden zur „Projektionsfläche für spätmittelalterliche Ängste und Missstände" (Reemtsma, S. 31). Vorurteile und Vorwürfe, die Sinti und Roma lebten vom Wahrsagen und vom Diebstahl oder seien Spione der Türken, blieben in den nächsten Jahrhunderten unverändert erhalten.

Eine Veränderung in der Bewertung der Roma erfolgte kurzzeitig in der Romantik. Man beneidete sie wegen ihrer vermeintlichen Freiheit und bewunderte ihre Musikalität. Aber auch in dieser Zeit überwogen staatliche „Zigeunerverordnungen", mit denen Sesshaftigkeit und regelmäßige Arbeit erzwungen werden sollten.

An diese Gesetze konnte die NS-Diktatur anknüpfen. Sinti und Roma wurden als „artfremd" diskriminiert und seit 1936 verfolgt, anfangs als Asoziale und Arbeitsscheue, später aus rassistischen Gründen. Durch einen Runderlass zur „Bekämpfung der Zigeunerplage" wurden Sinti und Roma in NS-Zigeunerlager angesiedelt und später nach Auschwitz transportiert, wo man 1942 ein eigenes „Familienlager für Zigeuner" einrichtete. In den eroberten Gebieten ermordeten die Einsatzgruppen Zehntausende Roma. Die Gesamtzahl der Opfer beträgt mindestens 200000, geschätzt werden etwa 500000. Als „vergessene Opfer des Holocaust" kämpften die Überlebenden jahrzehntelang um die Anerkennung der an ihnen verübten Verbrechen.

In Deutschland leben heute noch etwa 50000 Sinti und Roma, von denen 90 Prozent einen festen Wohnsitz haben. Der größte Teil des weltweit auf etwa 10 Millionen geschätzten Volkes war in Ost- und Südosteuropa ansässig. Die politischen Veränderungen der letzten Jahre haben bei vielen von ihnen erneut zu Migrationen geführt. Im ehemaligen Jugoslawien wohnten die Roma vor allem in Serbien und Makedonien. Einige waren seit den 60er Jahren als ausländische Arbeitskräfte nach Mitteleuropa gekommen. Durch den Zerfall Jugoslawiens und die daraus resultierenden Kriege und ethnischen Konflikte gerieten sie zwischen die Fronten, was zu einer Massenflucht führte. Inzwischen haben Slowenien und Makedonien in ihren Verfassungen die Roma als Minderheit anerkannt, während in den anderen Nachfolgestaaten der Status der Roma noch unsicher ist.

Noch dramatischer verlief die Entwicklung in Rumänien. Hier sprechen etwa 400000 Romanes, doch wird die Ethnie auf mehr als zwei Millionen geschätzt. Die gewaltsame Assimilierungspolitik der sozialistischen Regierung führte zu einer Diskriminierung der Roma, doch auch nach dem Sturz von Ceauescu verschlechterte sich ihre Lage. Viele von ihnen verloren ihren Arbeitsplatz oder wurden das Opfer von Pogromen, bei denen die Justiz untätig blieb. Inzwischen gelten sie in Rumänien als nationale Gefahr, da sie angeblich an „destabilisierenden, verfassungsfeindlichen Aktionen" (Djuri, Becken und Bengsch, S. 144) beteiligt seien. Hier fand ebenfalls eine Massenflucht statt, obwohl die Mehrzahl in der EU nicht als Asylberechtigte anerkannt und deshalb abgeschoben wurde.

Das Thema im Unterricht

„Sinti und Roma" werden im Unterricht kaum thematisiert. Dabei sind sie besonders eindrucksvolle Beispiele für die Migration eines Volkes in verschiedenen Epochen und für deren wechselseitigen Ursachen und Folgen. Die Wanderungen lassen sich anhand einer Karte nachvollziehen (M 1). Außerdem kann gerade dieses Thema die Auswirkungen von Vorurteilen und Intoleranz aufzeigen und zu Fremdverstehen führen (M 2/M 3/M 4). Zuverlässige Informationen zu dem Thema bietet das Dokumentationszentrum Deutscher Sinti und Roma in Heidelberg und das Museum der Roma-Kultur in Brno (Tschechien).

Für die Behandlung bietet sich fächerübergreifendes Arbeiten an, das sich am besten bei einem Studientag oder in einem Unterrichtsprojekt verwirklichen lässt. Das Fach Geschichte kann dabei im zuständigen Archiv Begegnungen mit den Sinti und Roma in der eigenen Stadt erkunden. Mögliche weitere Beiträge können die Musik (z.B. Friedrich Liszt: „Die Zigeuner und die Musik in Ungarn", 1859) und die bildende Kunst liefern. Gerade moderne Maler wie Otto Mueller („Zigeunermappe", entstanden 1926/27, publiziert 1958) und Otto Pankok wählten Roma als Thema ihrer Werke. Pankok lebte von 1932 an ein Jahr in dem Lager Heinefeld am Rand von Düsseldorf und publizierte eine Sammlung unter dem Titel „Zigeuner" (Düsseldorf 1947). Literarische Beiträge können Gedichte der Romantik sein (Lenau: „Drei Zigeuner sah ich einmal") und Lieder (M 5) oder Jugendbücher sein. In den Fächern Religion/Ethik lässt sich eine Umfrage zu Vorurteilen durchführen. Ein Text in Romanes (M 6) kann zusätzlich Interesse an der Kultur der Sinti und Roma wecken.

Materialien

M 1: Die wichtigsten Wanderungen der Sinti und Roma

Rüdiger Vossen, S. 25 (bearb.).

M 2: Die Charakterisierung der „Zigeuner" im 16. Jahrhundert

Als man zählt von Christi Geburt 1417 hat man zum ersten [Mal] in Deutschland die Zygeiner gesehen, ein schwarzes, wüstes und unflätiges Volk, das sonderlich gern stiehlt, doch allermeist die Weiber, die also ihren Mannen zutragen. Sie haben unter ihnen einen Grafen und etliche Ritter, die gar wohl bekleidet [*sind*] und werden auch von ihnen geehrt. Sie tragen bei sich etliche Briefe und Siegel, vom Kaiser Sigismund und anderen Fürsten gegeben, damit sie ein Geleit und freien Zug haben durch die Länder und Städte. Sie geben auch vor, dass ihnen zur Buße aufgelegt sei, also umherzuziehen, in Pilgerweise, und dass sie zum ersten aus klein Ägypten kommen seien. Aber es sind Fabeln. Man hat es wohl erfahren, dass dieses elende Volk geboren ist in seinem umschweifenden Ziehen, es hat kein Vaterland, zieht also müßig im Lande umher, ernährt sich mit Stehlen, lebt wie ein Hund, ist keine Religion bei ihnen, obgleich sie schon ihre Kinder unter den Christen taufen lassen. Sie leben ohne Sorge, ziehen von einem Land in das andere, kommen aber nach etlichen Jahren wieder. Doch teilen sie sich in viele Scharen und wechseln ihre Züge in die Länder. Sie nehmen auch Mann und Weib [*auf*] in allen Ländern, die sich zu ihnen begehren zu schlagen [*sich ihnen anschließen*]. Es ist ein seltsames und wüstes Volk, kann viele Sprachen und ist dem Bauernvolk gar beschwerlich. Denn wenn die armen Dorfleute im Feld sind, durchsuchen sie ihre Häuser und nehmen, was ihnen gefällt. Ihre alten Weiber ernähren sich mit Wahrsagen, und während sie den Fragenden Antwort geben, wie viele Kinder, Männer und Weiber sie haben werden, greifen sie mit wunderbarlicher Behändigkeit ihnen zum Säckel oder in die Tasche und leeren sie, dass es die Person, der solches begegnet, nicht gewahr wird.

Sebastian Münster: Cosmographey, Basel 1588, S. CCCXCiij (bearb.).

M 3: Eine Zigeunerverordnung aus dem Jahr 1714

Kurfürst Lothar Franz von Schönborn erließ 1714 eine „Zigeunerverordnung" für das Kurfürstentum Mainz. Sie entspricht inhaltlich anderen staatlichen Verordnungen, die im 18. Jahrhundert für das Deutsche Reich und einzelne Staaten erlassen wurden. Der Kurfürst bezieht sich darin auf frühere Verordnungen, die offensichtlich nicht wirksam genug waren.

Dieselbige auch sehr missfällig vernommen, wie dass die wegen deß hin und wieder annoch [*noch immer*] herum vagirenden [*umherziehenden*] ruchlosen und dem gemeinen [*allgemeinen*] Wesen höchst schädlichen Ziegeuner, Jauner [*Betrüger, Diebe*], Bettel-Juden und andern Herren-losen Diebs Gesindleins (wodurch dann auch gemeiniglich allerhand ansteckende Kranckheiten öffters hervorgebracht worden) [...]

[*Der Kurfürst verfügt*] hiermit aufs neue, und schärffeste zu verordnen, dass alle ergriffenen Ziegeuner, famose [*außerordentliche*] Jauner ohne einige Gnade und Nachsehen sine strepidu Judicii [*ohne Richterspruch*], und ohne einigen weitern Proceß, bloß und allein um ihres verbotenen Lebens-Wandels, und bezeugten Ungehorsams, mit dem Schwerd, und nach Befinden mit höherer Leibs- und Lebens-Straf hingerichtet, deren Weiber und erwachsene Kinder aber, wenn sie auch gleich einigen Diebstahls nicht überwiesen [*überführt*], mit Ruthen ausgehauen, gebrandmarckt [*durch ein glühendes Eisen gekennzeichnet*] und des Lands auf ewig verwiesen, oder aber in Zucht- und Arbeitshäuser auf ewig gebannet werden sollen. [*Vergleichbare Strafen werden auch den Personen angedroht, die Zigeuner bei sich aufnehmen.*]

Zit. nach: Johann Heinrich Zedler: *Großes vollständiges Universal-Lexicon aller Wissenschafften und Künste*, Bd. 62, Leipzig und Halle 1743, Sp. 539.

M 4: Die Charakterisierung der „Zigeuner" 1890

Was den Charakter der Z.[*Zigeuner*] anlangt, so sind dieselben leichtsinnig, treulos, furchtsam, der Gewalt gegenüber kriechend, dabei rachsüchtig, im höchsten Grad cynisch und da, wo sie glauben es wagen zu können, anmaßend und unverschämt. Alle sind dem Betteln ergeben, gestohlen wird besonders von Weibern und Kindern; offener Straßenraub ist fast ohne Beispiel. Daß sie Kinder stehlen, ist ebenso falsch wie die Beschuldigung des Kannibalismus. Die Frauen und Mädchen der Z. sollen unter den Tataren der Krim sowie in Spanien ebenso sittsam sein, als sie in Ungarn und Rumänien zügellos sind. In religiösen Dingen völlig indifferent, huldigen die Z. zum Schein der Religion des Landes; wo sie Christen sind, sind sie bereit, ihre Kinder öfters taufen zu lassen, um Patengeschenke zu erhalten. Sie heiraten immer unter sich. Die Z. binden sich nur ausnahmsweise an feste Wohnsitze, ihre Häuser stehen dann am Ende des Ortes; die wandernden beschränken ihre Züge meist auf das Land ihrer Geburt, und wenn sie es verlassen, geschieht es immer mit dem Gedanken an Rückkehr. Unter ihren Beschäftigungen nimmt die Kleinschmiederei von Nägeln, Hufeisen, Maultrommeln [*Musikinstrument*] u. dgl. die erste Stelle ein; sie flicken Kessel, Pfannen, Töpfe, verfertigen hölzernen Hausrat, geben sich mit Goldwäscherei ab, sind Bärenführer. Der Pferdehandel, welcher der List ein weites Tor öffnet, ist eine ihrer Lieblingsbeschäftigungen in allen Ländern; die Musik wird von den Zigeunern im Osten Europas mit Vorliebe und Erfolg gepflegt; der Tanz der Zigeunerinnen ist lebendig und soll an den der indischen Bajaderen erinnern; das Wahrsagen aus der Hand schwindet mit dem Glauben daran immer mehr, selbst in weniger zivilisierten Ländern.

Meyers Konversations-Lexikon, 4. Aufl., Leipzig, Wien 1890, Bd. 16, S. 904 (Stichwort „Zigeuner").

M 5: Sinti und Roma im Fahrtenlied

Das folgende Lied von Jean Potier entstand wahrscheinlich kurz nach dem 2. Weltkrieg. Veröffentlicht wurde es erstmals im Werbeblatt „Akela", das Erich von Pfeil (Pfadfinderhorst Karlsruhe) herausgab. 1954 erschien es in Teil 5 des Liederbuches „Der Turm".

Ich kenne Europas Zonen,
von Ural bis westlich Paris.
Die Händel der großen Nationen,
der Klassen und Konfessionen
sind für mich nur ein fauler Beschiss.
Ich bin ein gemeiner, zerlumpter Zigeuner,
ich habe keine Heimat, kein Geld,
nur mein Pferd und die sonnige Welt.

Ich streifte von Hollands Grachten,	Sie frugen nach meinen Papieren,
bis weit in das russische Reich.	ich streckte die Zunge heraus,
Ich konnte die Menschen betrachten	sie wollten mich numerieren,
und lernte sie gründlich verachten,	in Büchern und Listen führen,
denn im Grunde sind alle gleich.	ich lachte sie einfach aus.
Sie schreien: gemeiner, zerlumpter Zigeuner;	Ich bin ein gemeiner, zerlumpter Zigeuner,
sie schätzen unsern Wert nur nach Geld,	doch die Freiheit ist besser als Geld,
mich, mein Pferd und die sonnige Welt.	für mich, für mein Pferd und die Welt!

Der Turm, Band A. von Konrad Schilling und Helmut König, Bad Godesberg 12. Aufl. 1974, Nr. 408.

M 6: Ein Protestlied auf Romanes

Der Musiker Häns'sche Weiß wirkte bei der Bürgerrechtsbewegung der Sinti mit. Dazu sollte auch sein Protestlied auf Romanes beitragen.

Lass Maro Tschatschepen	Wir wollen endlich Gerechtigkeit
mare Sinte. gamle Sinte,	Ihr Sinte, liebe Sinte,
hunnen, ho men penepaske hi	hört, was wir zu sagen haben.
tener dschinenna, dschinenn'ha lauta	Ihr wisst es doch alle, wisst es doch alle,
ha menge dschais an o truschlengero ziro	wie für uns die Zeit der Hakenkreuze war.
te kama mer ga te well ko ziro pale	Wenn wir nicht wollen, dass diese Zeit wieder kommt,
gai mare Sinte wann pall-line	in der man, Sinte, uns verfolgt,
palle dikas te rikras kettene	müssen wir ganz fest zusammen halten.
jake well maro tschatschepen mende	Nur so werden wir unser Recht bekommen.

Zit. nach: Rüdiger Vossen, S. 301.

Sinti und Roma

Aufgaben

1. Beschreibt den Weg der Sinti und Roma von ihrer ursprünglichen Heimat nach Europa! (M 1)
2. Erklärt das Urteil, das Sebastian Münster über die „Zygeiner" fällt, und seine Begründung! (M 2)
3. Erarbeitet aus der „Zigeunerverordnung", was man den Sinti und Roma vorgeworfen und wie man sie bestraft hat! (M 3)
4. Erarbeitet aus dem Lexikonartikel, welche der Vorurteile Münsters noch im 19. Jahrhundert bestanden und welche neuen Vorwürfe erhoben wurden! (M 4)
5. Ermittelt in einer Umfrage, welche Vorurteile es heute noch gegen Sinti und Roma gibt und wie sie begründet werden!
6. Stellt Sprichwörter und Redensarten zusammen, in denen „Zigeuner" genannt werden!
7. Vergleicht das Bild eines „Zigeuners" im Fahrtenlied und in dem Lied von Häns'sche Weiß! (M 5/M 6)
8. Informiert euch über die moderne Musik der Sinti und Roma und ihre Musiker (z. B. Django Reinhardt, Schnuckenack Reinhardt, Häns'sche Weiß, Biréli Lagrène)!

3.8 Deutsche Ostsiedlung im Mittelalter und in der Neuzeit

Bevölkerungsbewegungen aus dem deutschen Sprach- und Kulturraum in den Osten Mitteleuropas und nach Südost- und Osteuropa erfolgten mehr als 1000 Jahre lang. Sie begannen im Mittelalter mit der „Ostkolonisation" und endeten mit der Ansiedlung von Deutschen in Russland zu Beginn des 19. Jahrhunderts. Trotz vieler Gemeinsamkeiten gab es dabei Unterschiede bei den Ursachen, den Zielen und dem Verlauf der einzelnen Migrationen.

Die Ostsiedlung, ein komplizierter Prozess „von Eroberung, Besiedlung und kultureller Überformung" (Volker Press, in Bade [1992], S. 33), begann nach dem Ende der slawischen Expansion, die der germanischen Völkerwanderung gefolgt war. Die ersten Ziele im 7. Jahrhundert lagen im Alpenraum (Tauern, Puster- und Drautal). In karolingischer und vor allem in ottonischer Zeit wurde die Kolonisation fortgesetzt durch die Errichtung von Grenzmarken. Durch die Slawenaufstände von 983 und 1066 kam sie vorübergehend zum Stillstand.

Der Neubeginn setzte in der ersten Hälfte des 12. Jahrhunderts ein. Dabei kamen mehrere Faktoren zusammen. Die in den Grenzgebieten eingesetzten Fürsten wie Adolf II. in Holstein, Albrecht der Bär in Brandenburg oder Heinrich der Löwe in Sachsen dehnten ihre Territorien nach Osten aus und warben Siedler für die eroberten Gebiete an. Auch einheimische Fürsten wie die Könige von Polen, Böhmen und Ungarn bemühten sich um Bauern, Handwerker und Händler aus dem Deutschen Reich. Dort war im Laufe des 11. und 12. Jahrhunderts die Bevölkerung stark angewachsen, sodass Binnenkolonisation und Stadtgründungen für die Versorgung nicht mehr ausreichten. Deshalb waren viele Bauern zur Auswanderung bereit, da man ihnen bessere Lebensbedingungen in Form von persönlicher Freiheit, erblichem Grundbesitz und Autonomie in der Rechtsprechung in Aussicht stellte. Die Migration wurde von bürgerlichen oder adeligen „Lokatoren" organisiert, die für ihre Tätigkeit besondere Rechte erhielten, zum Beispiel größeren Grundbesitz oder das Amt des Schulzen. Die Ansiedlung erfolgte in der Nähe bereits bestehender Dörfer oder durch Neugründungen. Die Siedler verfügten über fortschrittlichere Anbaumethoden und eine bessere Rechtsstellung. Beides wurde schon bald von der einheimischen Bevölkerung übernommen.

Parallel zur bäuerlichen Siedlung kam es zu einer Weiterentwicklung im städtischen Bereich. Für Handwerker und Händler, die sich in den Städten niederließen, galt das deutsche Recht, für das vor allem die Stadtrechte von Lübeck und Magdeburg als Vorbilder dienten.

Ein Ziel der Kolonisierung war auch die Missionierung, an der die im Osten des Deutschen Reiches gelegenen Erzbistümer Salzburg, Passau und später Magdeburg beteiligt waren. Zahlreiche Klostergründungen, durch die der neue Glaube gestärkt werden sollte, dienten der wirtschaftlichen und kulturellen Entwicklung.

Deutsche Ostsiedlung im Mittelalter und in der Neuzeit

Viele der kolonisierten Gebiete grenzten an das Deutsche Reich an und führten zu einer erheblichen Vergrößerung seiner Fläche. Es entstand aber auch eine Reihe von Sprach- und Kulturinseln. Dazu gehörte die Gottschee, eine Rodungssiedlung im südlichen Slowenien, die Zips zwischen Polen und Ungarn und mehrere Gebiete in Siebenbürgen zwischen Ost- und Südkarpaten. Ein Sonderfall war der Staat des Deutschen Ordens in Ostpreußen. Hier folgten auf die Eroberung Preußens die gezielte Ansiedlung von Bauern und die Gründung von Städten.

Die mittelalterliche Ostsiedlung endete in der Mitte des 14. Jahrhunderts, als die Bevölkerung im Deutschen Reich durch die Pest stark dezimiert wurde. Der Bevölkerungsrückgang führte zu Wüstungen und veranlasste die Grundherren, eine Abwanderung der bäuerlichen Bevölkerung zu verhindern.

Mehr als 300 Jahre später begann eine neue Migrationswelle nach Südosteuropa. Der Anlass war die Rückeroberung Ungarns und das Ende der Kriege mit dem Osmanischen Reich. In den dünn besiedelten oder entvölkerten Gebieten sollten Neusiedler das Land wirtschaftlich entwickeln und gleichzeitig die Grenzen sichern. Nach ersten Versuchen unter Kaiser Leopold I. (1687/88) begann Karl VI. 1723 mit einem groß angelegten Siedlungswerk, an dem sich auch weltliche und adelige Grundherren beteiligten. Es löste drei große „Schwabenzüge" aus, als deren Folge fünf Siedlungsschwerpunkte entstanden: das Gebiet zwischen Raab und Drau, die „Schwäbische Türkei" südlich des Balaton, der Batschgau zwischen Donau und Theiss, das Banat östlich der Theiss und schließlich Sadmar an der Grenze zu Rumänien. Für die Siedler, die hauptsächlich aus Süddeutschland kamen, war der Wechsel einfach, da sie innerhalb des Deutschen Reiches blieben. Gründe für die Auswanderung waren nicht mehr allein der Bevölkerungsdruck und die Aussicht auf bessere Lebensbedingungen: „Viele Auswanderer trieb wohl etwas anderes – eine Aufbruchstimmung, die von der Eroberung des Südostens ausging, getragen von Hoffnungen, Träumen und dem Vertrauen auf die eigene Kraft zum Aufbau einer neuen Existenz." (Günther Schödl, in: Bade [1992] S. 77).

Ähnliche Gründe, wie sie der deutsche Kaiser hatte, bewogen auch die russischen Zaren zur Anwerbung von Siedlern für die neu eroberten und wenig erschlossenen Gebiete im Süden des Reiches. Vor allem unter der Zarin Katharina II. (1762-96) wurde ihnen Land an der unteren Wolga und am Schwarzen Meer Land zur Verfügung gestellt. Etwa 30000 Deutsche folgten dem Aufruf von 1763, obwohl viele deutsche Fürsten die Werbungen verboten und die Auswanderung ihrer Untertanen erschwerten oder zu verhindern versuchten.

Die Migrationen nach Südost- und Osteuropa endeten im Laufe des 19. Jahrhunderts. Gründe dafür waren die Ertragssteigerung durch die Agrarrevolution in Mitteleuropa und die beginnende Industrialisierung, die neue Arbeitsplätze schuf. Erst seit der

Mitte des 19. Jahrhunderts kam es wieder zu einer verstärkten Auswanderung, die aber andere Kontinente (Nord- und Südamerika, Australien) zum Ziel hatte.

Im Laufe des 19. Jahrhunderts führte der wachsende Nationalismus in den einzelnen Staaten, in denen es deutsche Volksgruppen gab, zunehmend zu Konflikten mit den ethnischen Minderheiten. Sie verstärkten sich nach der staatlichen Neuordnung Osteuropas am Ende des 1. Weltkriegs, da Sprache und Kultur zu einer wechselseitigen Aus- und Abgrenzung führte. Das Ende der deutschen Siedlungen in Südost- und Osteuropa war eine Folge der nationalsozialistischen Politik und des 2. Weltkriegs. Kurz vor Kriegsende hatte das Deutsche Reich viele „Auslandsdeutsche" umgesiedelt oder evakuiert. Die in der Tschechoslowakei, in Polen und Ungarn verbliebene deutsche Bevölkerung wurde vertrieben oder in die Sowjetunion deportiert. In Jugoslawien fasste man die Deutschen in Arbeitslagern zusammen, aus denen viele fliehen konnten. Erst am Ende der 40er Jahre war eine legale Ausreise möglich. In Rumänien erfolgte 1945 keine Ausweisung oder Vertreibung. Hier führte der staatliche Druck seit den 60er Jahren, der einen einheitlichen Nationalstaat verfolgte, zu einer verstärkten Ausreise nach Deutschland.

In Russland verloren die deutschen Siedler ihre Privilegien im Zuge der Bauernbefreiung 1861. Nach der Revolution erhielten die Wolgadeutschen politische Selbstständigkeit, die 1924 zur „Autonomen Sozialistischen Sowjetrepublik der Wolgadeutschen" führte. Als Folge des deutschen Angriffs auf Russland ließ Stalin sie 1941 beseitigen und die Deutschstämmigen pauschal anklagen. Etwa 900000 wurden daraufhin nach Sibirien und Kasachstan deportiert, zu Lagerhaft verurteilt oder in eine „Arbeitsarmee" eingegliedert. Beim Rückzug der deutschen Wehrmacht kam es zu einer Massenflucht der Russlanddeutschen. Ein Teil der Flüchtlinge wurde in Polen und in der Sowjetischen Besatzungszone von der Roten Armee eingeholt und „repatriiert", was in der Regel ebenfalls eine Deportation nach Sibirien bedeutete. Von 1955 an durften die Russlanddeutschen die „Sondersiedlungen" verlassen, aber nicht in ihre ursprüngliche Heimat zurückkehren. Deshalb siedelten sich viele in Kirgisien und Kasachstan an, wo 1986 noch etwa 2 Millionen Deutschstämmige lebten. Bei der Auflösung der Sowjetunion gerieten sie zwischen die Fronten, die sich aus den Russen und dem Staatsvolk der neu entstandenen Republik bildeten. Deshalb bemühten sich viele von ihnen um die Ausreise nach Deutschland.

Das Thema im Unterricht

Die Behandlung der Ostsiedlung ist erschwert durch die nationalistische Verklärung, die im NS-Staat ihren Höhepunkt erlebte, aber ebenso durch das Schicksal der Auslandsdeutschen nach 1945. Deshalb ist es wichtig, die Vorgänge aus ihrer Zeit heraus zu verstehen, wozu sich vor allem die Quellenarbeit eignet. Dabei sollte auf die demografische Ungleichheit zwischen „Alteuropa" und „Neueuropa" hingewiesen werden, die im Mittelalter bis zum 14. Jahrhundert bestand und auch später regional erneut auftrat. Ein wichtiger Aspekt ist die Tatsache, dass unzureichend besiedelte Gebiete für den Landes- wie für den Grundherrn kaum Erträge brachten, weshalb es in deren Interesse lag, Siedler zu gewinnen. (M 1/M 2/M 4). Diese die technische und kulturelle Überlegenheit, zum Beispiel im Agrarbereich, war wichtig für die Wahl des Herkunftslandes, aus dem die Siedler angeworben wurden. Ethnische, nationale oder religiöse Unterschiede spielten dagegen kaum eine Rolle. Im Unterricht sollte auch herausgearbeitet werden, dass die einheimische Bevölkerung sehr schnell die Vorteile der Ansiedlungen erkannte. Die räumliche Verbreitung lässt sich durch Kartenarbeit verdeutlichen (M 3/M 5).

Die Geschichte der Ostsiedlung ist unvollständig ohne die Entwicklung im 19. und vor allem im 20. Jahrhundert, die zu einer Deportation oder Vertreibung der zum Teil seit Jahrhunderten ansässigen Menschen führte. Dabei sollte auf das unterschiedliche Vorgehen der einzelnen Staaten ebenso eingegangen werden wie auf die heutige Situation, zum Beispiel in der ehemaligen Sowjetunion oder in Rumänien. Dies kann zu mehr Verständnis für die in Deutschland lebenden Spätaussiedler führen.

Materialien

M 1: Die Besiedlung Holsteins (1143)

Graf Adolf II. von Schauenburg (+1164) musste 1137 die Grafschaft Holstein abtreten, erhielt sie aber 1143 um Wagrien (Ostholstein) vergrößert zurück. Über die Kolonisierung dieses von Slawen besiedelten Gebietes rund um den Plöner See berichtet der Pfarrer Helmold von Bosau (um 1120-1177) in seiner Slawenchronik.

Als diese Dinge so geordnet waren, begann Adolf die Burg Segeberg wieder zu errichten und umgab sie mit einer Mauer. Da das Land verlassen war, schickte er Boten in alle Lande, nämlich nach Flandern und Holland, Utrecht, Westfalen und Friesland, daß jeder, der zu wenig Land hätte, mit seiner Familie kommen sollte, um den schönsten, geräumigsten, fruchtbarsten, an Fisch und Fleisch überreichen Acker nebst günstigen Weidegründen zu erhalten. Den Holsten und Stormarn [*Bewohner in dem Gebiet zwischen Hamburg und Lübeck*] ließ er sagen: „Habt ihr euch nicht das Land der Slawen unterworfen und es mit dem Blute eurer Brüder und Väter bezahlt? Warum wollt ihr als Letzte kommen, es in Besitz zu nehmen? Seid die ersten, wandert in das liebliche Land ein, bewohnt es und genießt seine Gaben, denn euch gebührt das beste davon, die ihr es der Feindeshand entrissen habt." Daraufhin brach eine zahllose Menge aus verschiedenen Stämmen auf, nahm Familien und Habe mit und kam zu Graf Adolf nach Wagrien, um das versprochene Land in Besitz zu nehmen. Und zwar erhielten zuerst die Holsten Wohnsitze in dem am besten geschützten Gebiet westlich Segeberg, an der Trave, in der Ebene Schwentinefeld und alles, was sich von der Schwale bis zum Grimmelsberg und zum Plöner See erstreckt. Das Darguner Land besiedelten die Westfalen, das Eutiner die Holländer und Südel die Friesen. Das Plöner Land aber blieb noch unbewohnt. Oldenburg und Lütjenburg sowie die anderen Küstengegenden ließ er von den Slawen besiedeln, und sie wurden ihm zinspflichtig. [...] So begannen sich die Einöden Wagriens zu bevölkern und die Zahl seiner Einwohner vervielfältigte sich.

Helmold von Bosau: Slawenchronik, übers. von Heinz Stoob, Darmstadt 1990, S. 211-213.

M 2: Die Besiedlung der Stadt Politschka in Böhmen (1265)
Im Jahre 1265 beauftragte der böhmische König Přemysl Ottokar II. Konrad von Löwendorf mit der Erschließung der Stadt Politschka (heute Polička) bei Leitomischl (Litomyšl) und ihrer Umgebung.

Wir, Ottokar, von Gottes Gnaden König von Böhmen [...] an alle für immer und ewig. In dem Wissen, dass auf der Menge der Bevölkerung das Ansehen des Fürsten beruht und durch die große Zahl von Untertanen Ehre und Macht der königlichen Hoheit gesteigert wird, sorgen Wir dafür, daß zu Ehre und Würde Unserer Fürstentümer verlassene und unwegsame Gegenden, deren Lage dazu geeignet und passend ist, von Menschenkindern bewohnt und besiedelt werden, göttlichem Dienst und menschlicher Nutzung von Vorteil.

Da Wir nun dem Genannten mit glühendem Eifer und Streben nachgehen, haben Wir nach erfolgter guter Überlegung und reiflicher Beratung Konrad von Löwendorf, der, wie Wir hörten, ein dafür geeigneter und erfahrener Mann ist, anvertraut und aufgetragen, er möge die neue Gründung Unserer Stadt in Politschka mit allen Liegenschaften und den bebauten und unbebauten Äckern, Wäldern, Waldweiden, Jagdgründen, Wiesen, Weiden, Gewässern und Wasserläufen, Fischwassern und überhaupt allem, was in Länge und Breite innerhalb einer Meile um diese Stadt liegt – ganz gleich, wie man es nennt –, besetzen und für Uns urbar machen zu folgenden unten aufgeführten Rechten, Abmachungen und Bedingungen:

Es sollen also der genannte Konrad und seine rechtmäßigen Erben männlichen Geschlechts die Vogtei und das Gericht dieser Stadt Politschka und aller Dörfer, die derzeit oder künftig innerhalb der Grenzen der ganzen Erbherrschaft liegen, zu Erbrecht innehaben. Und es sollen in der Stadt wie auf den Dörfern die Rechte und Gerichte sein, die in Unserer Stadt Hohenmauth [*Vysoké Mýto in Ostböhmen*] und den umliegenden Dörfern gültig sind [*Magdeburger Recht*]. [...]

Auch sollen der genannte Konrad und seine Erben oder der Käufer, wie Wir sagten, zwei freie Hufen ohne Zins und Vereinbarung haben; ebenso sollen sie in der Stadt Politschka zwei Schlachtbänke zum Fleischverkauf und ebensoviel zum Brotverkauf frei und zinslos innehaben, ferner in Laubendorf [*Otradovice, heute Ortsteil von Sojovice*] eine

Schenke frei; und überall in den anderen Dörfern innerhalb der Entfernung von einer Meile sollen keine Schenken stehen, sondern nur in Politschka innerhalb des Stadtbereichs. Ebenso sollen sie an vier Stellen Wasserläufe zur Errichtung von Mühlen haben und sie frei besitzen. Wenn aber andere Mühlen hergerichtet werden können, so sollen sie Uns nach Schätzung und Gutachten erfahrener Männer zu einer jährlichen Zahlung verpflichtet sein, sobald ihre Freijahre abgelaufen sind. Von den Äckern und Liegenschaften, die innerhalb einer Meile [...] um die Stadt Politschka liegen und die auf mehr als achthundert Hufen geschätzt sind, sollen der Stadt fünfzig Hufen ausgesetzt werden; deren Besitzer sollen achtzehn Jahre lang in allem vollständige und vollkommene Freiheit haben. Die Bewohner der Liegenschaften und der schon bebauten Äcker innerhalb der Entfernung der oftgenannten Meile aber, die der Stadt Politschka unterstehen, sollen Zins und Vereinbarung leisten, entsprechend wie die ihnen gewährte Freiheit endet. Und ebenfalls sollen diese Äcker zusammen mit den noch waldbestandenen und unbebauten Äckern, die sich von der Zeit an, wo sie zum ersten Male besät werden, zwanzig Jahre lang voller Freiheit erfreuen, den Dörfern zugeschlagen werden, die innerhalb der Meile dieser oftgenannten Stadt Politschka liegen und wie vorausgeschickt zu ihr gehören. Und bevor die Freiheit endet, soll Uns jährlich von jeder dieser Hufen ein Vierdung Silber Leitomischler Gewichts gegeben werden, ferner sollen obendrein von jeder Hufe sechs Faß Roggen und sechs Faß Hafer des derzeit zu Leitomischl üblichen Maßes gegeben werden. Und damit genannter Konrad eifriger und aufmerksamer auf die genannte Ansiedlung bedacht ist, gewähren Wir ihm und seinen Erben oder jedem Käufer, daß ihnen überall auf dem ganzen Erbgut, von dem Wir sprechen, jede zehnte Hufe zu vollem Recht gehören soll. Damit man außerdem sieht, daß Wir die Bedingungen und die Lage der Leute heben und verbessern, die zu Unserem Erbgut Politschka kommen wollen, verbieten Wir strengstens, daß jemand sie behindert oder belästigt, befreien sie von allem Zoll oder Maut, geben ihnen Sicherheit und befreien sie auf zwei Jahre von jeder Belangung wegen irgend einer Gerichtssache oder wegen eines Vergehens, das anderswo begangen wurde – die Schuldpflicht selbstverständlich ausgenommen; auch sei auferlegt und hinzugefügt, daß der Weg und die Reichsstraße von Hohenmauth nach Brünn über die genannte Stadt Politschka und nicht anderswo entlangführen soll. [...]

Urkunden und erzählende Quellen zur deutschen Ostsiedlung im Mittelalter, hrsg. von Hebert Helbig und Lorenz Weinrich, Bd. 2, Darmstadt 1970, S. 365-369.

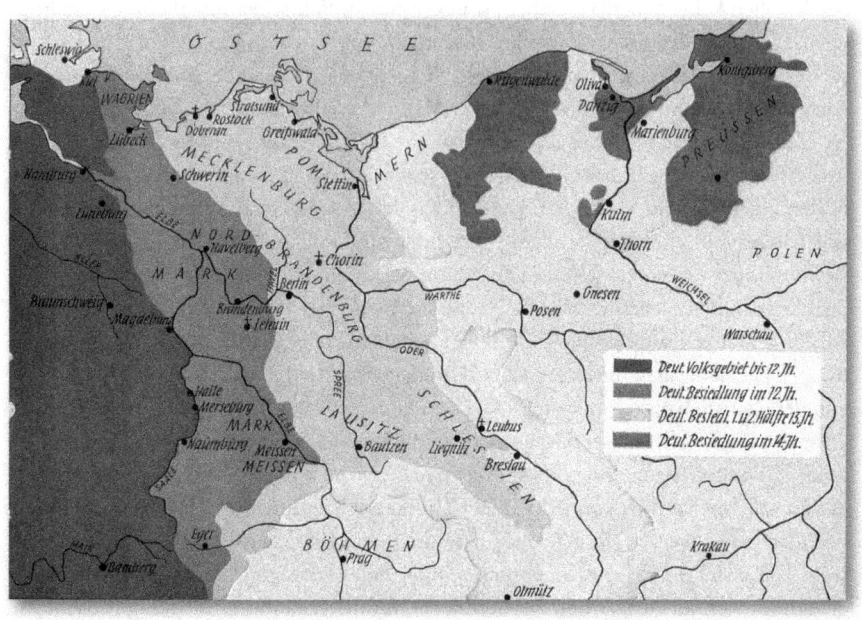

M 3: Die deutsche Ostsiedlung von 1100 bis 1400

Geschichtliches Werden, Mittelstufe II, Bamberg 1974, S. 71 (mit freundlicher Genehmigung des C. C. Buchner Verlags).

M 4: Die Wiederbevölkerung Ungarns (1722)

Im Jahre 1722 beschloss der ungarische Landtag in Pressburg für die entvölkerten Gebiete Siedler anzuwerben.
Weil dieses Königreich mit dem, was landtagsmäßig seiner Heiligen Krone unterworfen ist, in seiner weiten Ausdehnung des genügenden Volkes entbehrt, das in seinem Raume Aufnahme finden könnte und zu seiner Bebauung notwendig wäre und weil, wegen dieses Menschenmangels nur lauter weit ausgedehnte Wüsten zu sehen sind, die durch eine anzuordnende Wiederbevölkerung sowohl dem Königreich wie Eurer Hoch Geheiligten Majestät bedeutenden Nutzen bringen könnten, so möchten die versammelten Landstände Eure Geheiligte Majestät demütig bitten: In Anbetracht dessen möge Eurer Hoch Geheiligten Majestät belieben, gnädige öffentliche Schreiben auch in ihren anderen äußeren Erbländern und im Römisch-Deutschen Reich zu erlassen, auf daß jeder, der freien Standes ist und in dieses Königreich übersiedeln möchte, sicher kommen könne und, um seinen Besitzstand in rechter Weise ordnen zu können, auf wenigstens 6 Jahre von öffentlichen Lasten befreit sein solle, damit er nach und nach um so fähiger werde, solche öffentliche Lasten zu tragen. [...]

Deutsche Ostsiedlung im Mittelalter und in der Neuzeit

Seine Hoch Geheiligte Majestät wird gütig erlauben, daß freie Personen jeder Art ins Land gerufen werden, die von jeder öffentlichen Steuer für 6 Jahre zu befreien sind und daß diese Freiheit im ganzen Lande verkündet werden kann.

§ 1. Damit aber Patente im Heiligen Römischen Reich und auch in anderen benachbarten Ländern und Provinzen Seiner Hoch Geheiligten Majestät in diesem Sinne bekannt gegeben werden können, möge Seine Majestät mit den Ständen besagten Heiligen Reiches, der benachbarten Länder und Provinzen zusammen in Erwägung ziehen. [...]

Anton Tafferner: Quellenbuch zur Donauschwäbischen Geschichte, München 1974, S. 92-93 und 95.

M 5: Deutsche Siedlungsgebiete im Südosten des Habsburgerreiches nach den Türkenkriegen

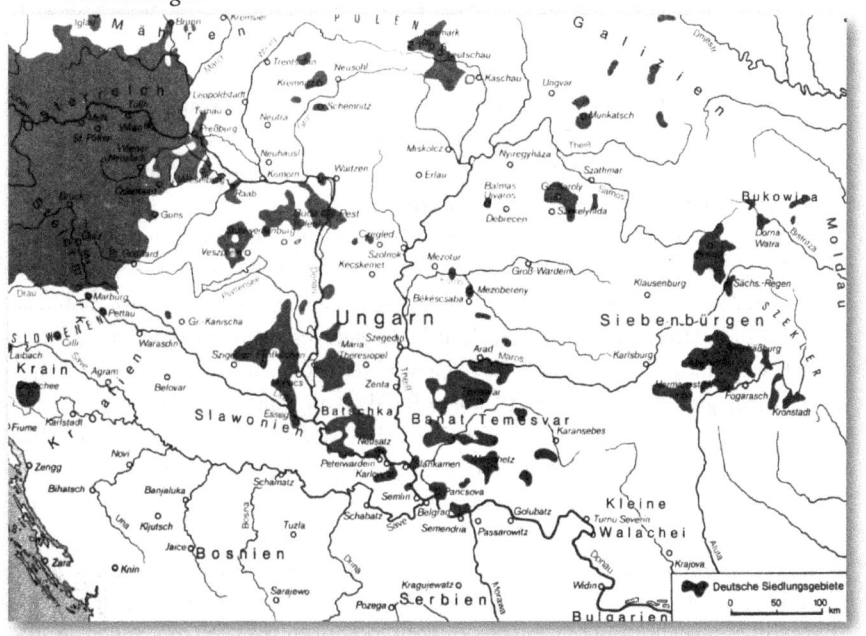

Günter Schödl: Die Deutschen in Ungarn, in: Bade (Hrsg.): Deutsche im Ausland, S. 76.

M 6: Die Ansiedlung Deutscher in Russland (1763)

Von Gottes Gnaden! Wir Catharina die Zweite, Kaiserin und Selbstherrscherin aller Reußen [...]
Da Uns der weite Umpfang der Länder Unseres Reiches zur Genüge bekannt, so nehmen Wir unter anderem wahr, daß keine geringe Zahl solcher Gegenden noch unbebaut liege, die mit vorteilhafter Bequemlichkeit zur Bevölkerung und Bewohnung des menschlichen Geschlechtes nutzbarlichst könnte angewendet werden, von welchem die meisten Lände-

reyen in ihrem Schoose einen unerschöpflichen Reichtum an allerley kostbaren Erzen und Metallen verborgen halten; und weil selbiger mit Holzungen, Flüssen, Seen und zur Handlung gelegenen Meerung gnugsam versehen, so sind sie auch ungemein bequem zur Beförderung und Vermehrung vielerley Manufacturen, Fabriken und zu verschiedenen Anlagen. Dieses gab Uns Anlaß zur Erteilung des Manifestes, so zum Nutzen aller Unserer getreuen Unterthanen den 4. Dezember des abgewichenen 1762 Jahres publiciert wurde. Jedoch, da Wir in selbigen Ausländern, die Verlangen tragen würden, sich in Unserem Reich häuslich niederzulassen, Unser Belieben nur summarisch angekündigt; so befehlen Wir zur besseren Erörterung desselben folgende Verordnung, welche Wir hiermit feierlichst zum Grunde legen, und in Erfüllung zu setzen gebieten.

1. Verstatten Wir allen Ausländern in Unser Reich zu kommen, um sich in allen Gouvernements, wo es einem jeden gefällig, häuslich niederzulassen(!).
2. Dergleichen Fremde können sich nach ihrer Ankunft nicht nur in Unsere Residenz bey der zu solchem Ende für die Ausländer besonders errichteten Tütel-Canzeley [*Titelkanzlei*], sondern auch in den anderweitigen Gränz-Städten Unseres Reiches nach eines jeden Bequemlichkeit bey denen Gouverneurs, der wo dergleichen nicht vorhanden, bey den vornnehmsten Stadts-Befehlhabern zu melden.
3. Da unter denen sich in Rußland niederzulassen Verlangen tragenden Ausländern sich auch solche finden würden, die nicht Vermögen genug zu Bestreitung der erforderlichen Reisekosten besitzen: so können sich dergleichen bey Unseren Ministern und an auswärtigen Höfen melden, welche sie nicht nur auf Unsere Kosten ohne Anstand nach Rußland schicken, sondern auch mit Reisegeld versehen sollen.
4. Sobald dergleichen Ausländer in Unserer Residenz angelangt und sich bei der Tütel-Canzley oder in einer Gränz-Stadt gemeldet haben werden; so sollen dieselben gehalten sein, ihren wahren Entschluß zu eröffnen, worinn nehmlich ihr eigentliches Verlangen bestehe, und ob sie sich unter die Kaufmannschaft oder unter Zünfte einschreiben lassen und Bürger werden wollen, und zwar nahmentlich, in welcher Stadt; oder ob sie Verlangen tragen, auf freyem und nutzbarem Grunde und Boden in ganzen Kolonien und Landflecken zum Ackerbau oder zu allerley nützlichen Gewerben sich niederlassen; da sodann alle dergleichen Leute nach ihrem eigenen Wunsche und Verlangen ihre Bestimmung unverweilt erhalten werden; gleich denn aus beifolgendem Register zu ersehen ist, wo und an welchen Gegenden Unseres Reiches nahmentlich freye und zur häuslichen Niederlassung bequeme Ländereyen vorhanden sind; wiewohl sich außer der in bemeldetem Register aufgegebenen noch ungleich mehrere weitläufige Gegenden und allerley Ländereyen finden, allwo Wir gleichergestalt verstatten sich häuslich niederzulassen, wo es sich ein jeder am nützlichsten selbst wählen wird.
5. Gleich bei der Ankunft eines jeden Ausländers in Unser Reich, der sich häuslich niederzulassen gedenket und zu solchem Ende in der für die Ausländer errichteten Tütel-

Canzley oder aber in anderen Gränz-Städten Unseres Reiches meldet, hat ein solcher, wie oben im 4ten § vorgeschrieben stehet, vor allen Dingen seinen eigentlichen Entschluß zu eröffnen, und sodann nach eines jeden Religions-Ritu den Eid der Unterthänigkeit und Treue zu leisten.

6. Damit aber die Ausländer, welche sich in Unserem Reiche niederzulassen wünschen, gewahr werden mögen, wie weit sich Unser Wohlwollen zu ihrem Vorteile und Nutzen erstrecke, so ist dieser Unser Wille-:
  1. Gestatten Wir allen in Unser Reich ankommenden Ausländern unverhindert die freie Religions-Übung nach ihren Kirchen-Satzungen und Gebräuchen; [...] Unserm Reiche angrenzende dem Mahometanischen Glauben zugethane Nationen ausgeschlossen; [...]
  2. Soll keiner unter solchen zur häuslichen Niederlassung nach Rußland gekommenen Ausländern an unsere Cassa die geringsten Abgaben zu entrichten, und weder gewöhnliche oder außerordentliche Dienste zu leisten gezwungen, noch Einquartierung zu tragen verbunden, sondern mit einem Worte, es soll ein jeder von aller Steuer und Auflagen folgendermaßen frey sein: diejenigen nehmlich, welche in vielen Familien und ganzen Colonien eine bisher noch unbekannte Gegend besetzen, genießen dreyßig Frey-Jahre; die sich aber in Städten niederlassen und sich entweder in Zünften oder unter der Kaufmannschaft einschreiben wollen, [...] haben fünf Frey-Jahre zu genießen. [...]
  4. Zum Häuser-Bau, zu Anschaffung verschiedener Gattung im Hauswesen benöthigten Viehes, und zu allerley wie beym Ackerbau, also auch bey Handwerken, erforderlichen Instrumenten, Zubehör und Materialien, soll einem jeden aus Unserer Cassa das nöthige Geld ohne alle Zinsen vorgeschossen, sondern lediglich das Kapital, und zwar nicht eher als nach Verfließung von zehn Jahren, in drey Jahren zu gleichen Theilen gerechnet, zurück gezahlt werden.
  5. Wir überlassen denen sich etablirten ganzen Colonien oder Landflecken die innere Verfassung der Jurisdiction ihrem eigenen Gutdünken. [...]
  6. Einem jeden Ausländer, der sich in Rußland häuslich niederlassen will gestatten Wir die völlige zollfreye Einfuhr seines Vermögens, es bestehe dasselbe worinn es wolle, jedoch mit dem Vorbehalte, daß solches Vermögen in seinem eigenen Gebrauche und Bedürfnis, nicht aber zum Verkaufe bestimmt sey. Wer aber außer seiner eigenen Nothdurft noch einige Waaren zum Verkauf mitbrächte, dem gestatten Wir freyen Zoll für jede Familie vor drey Hundert Rubel am Werte der Waaren, nur in solchem Falle, wenn sie wenigstens zehen Jahre in Rußland bleibt: widrigenfalls wird bey ihrer Zurück-Reise der Zoll sowol für die eingekommene als ausgehende Waaren abgefordert werden.
  7. Solche in Rußland sich niedergelassene Ausländer sollen während der ganzen Zeit

ihres Hierseins, außer dem gewöhnlichen Land-Dienste, wider Willen weder in Militär noch Civil-Dienst genommen werden; ja auch zur Leistung dieses Land-Dienstes soll keines eher als nach Verfließung obangesetzter Freyjahre verbunden seyen. [...]

10. Ausländische Capitalisten, welche auf ihre eigenen Kosten in Rußland Fabriken, Manufacturen und Anlagen errichten, erlauben Wir hiemit zu solchen ihren Manufacturen, Fabriken und Anlagen erforderliche leibeigene Leute und Bauern zu erkaufen. Wir gestatten auch

11. allen in Unserm Reiche sich in Colonien oder Landflecken niedergelassenen Ausländern, nach ihrem eigenen Gutdünken Markt-Tage und Jahrmärkte anzustellen, ohne an Unsere Cassa die geringsten Abgaben oder Zoll zu erlegen.

7. Aller obengenannten Vorteile und Einrichtung haben sich nicht nur diejenigen zu erfreuen, die in Unser Reich gekommen sind, sich häuslich nieder zu lassen, sondern auch ihre hinterlassene Kinder und Nachkommenschaft, wenn sie auch gleich in Rußland geboren, solchergestalt, daß ihre Freyjahre von dem Tage der Ankunft ihrer Vorfahren in Rußland zu berechnen sind.

8. Nach Verfließung obangesetzter Freyjahre sind alle in Rußland sich niedergelassene Ausländer verpflichtet, die gewöhnlichen und mit gar keiner Beschwerlichkeit verknüpften Abgiften [*Abgaben*] zu entrichten, und gleich Unsern andern Unterthanen, Landes-Dienste zu leisten.

Endlich und zuletzt, wer von diesen sich niedergelassenen und Unsrer Bothmäßigkeit sich unterworfenen Ausländern Sinnes würde sich aus Unserm Reiche zu begeben, dem geben Wir zwar jederzeit dazu die Freyheit, jedoch mit dieser Erleuterung, daß selbige verpflichtet seyn sollen von ihrem ganzen in Unserm Reiche wohlerworbenen Vermögen einen Theil an Unsere Cassa zu entrichten; diejenigen nehmlich, die von Einem bis Fünf Jahre hier gewohnet, erlegen den Fünften, die von fünf bis zehen Jahren aber, und weiter, sich in Unsern Landen aufgehalten, erlegen den zehenden Pfennig; nachher ist jedem erlaubt ungehindert zu reisen, wohin es ihm gefällt. [...]

Gegeben zu Peterhof, im Jahre 1763 den 22ten Juli, im Zweyten Jahre Unsrer Regierung. Gedruckt beym Senate den 25. Juli 1763.

Zit. nach: Karl Stumpp: Die Auswanderung aus Deutschland aus Russland in den Jahren 1763 bis 1862, Stuttgart, 3. Aufl. 1978, S. 14-18.

Deutsche Ostsiedlung im Mittelalter und in der Neuzeit

Aufgaben

1. Erarbeitet aus den Quellen die Gründe für die Anwerbung von Siedlern! (M 1, M 2, M 4 und M 6)
2. Stellt die Vorzüge zusammen, die Adolf II. von Holstein den Siedlern verspricht! (M 1)
3. Erarbeitet am Beispiel Konrads von Löwendorf die Aufgaben und Privilegien eines „Lokators"! (M 2)
4. Skizziert anhand der Karte die einzelnen Etappen, in denen die mittelalterliche Ostkolonisation verlief! (M 3)
5. Beschreibt die Lage und Größe der deutschen Siedlungsgebiete im Südosten des Habsburgerreiches nach den Türkenkriegen! (M 5) Ermittelt mithilfe eines Atlasses die heutigen Staaten, zu denen diese Gebiete gehören!
6. Stellt die Privilegien zusammen, die den Siedlern für Ungarn und Russland versprochen wurden! (M 4, M 6)

3.9 Migration aus religiösen Gründen

Verfolgungen aus religiösen Gründen, die zu Vertreibung oder Flucht führten, gab es schon im Altertum. Dabei spielten neben Fragen des Glaubens auch machtpolitische oder wirtschaftliche Motive eine Rolle. Im konfessionell einheitlichen Mittelalter gab es in Europa kaum Möglichkeiten zu Flucht oder Vertreibung. Die Anhänger abweichender Lehren wurden „bekehrt" oder vernichtet. Ausnahmen waren die Bogomilen auf dem Balkan und die Waldenser in der Lombardei, die sich in abgelegenen Gegenden den Verfolgungen entziehen konnten. Die Mauren, die nach 1492 in Spanien geblieben waren und sich taufen ließen („Morisken"), wurden zu Beginn des 17. Jahrhunderts ausgewiesen. Ein ähnliches Schicksal hatten die getauften Juden Spaniens und Portugals, die man als „Marranen" oder „Conversos" bezeichnete.

Durch die Reformation entstanden mehrere Konfessionen, die sich in einigen Staaten erbittert bekämpften, bevor es zu Verträgen wie dem Augsburger Religionsfrieden (1555) oder dem Edikt von Nantes (1598) kam. Zu Migrationen waren anfangs die Anhänger kleinerer Glaubensgemeinschaften gezwungen. Zu ihnen gehörten die aus der Täuferbewegung hervorgegangenen Hutterer und Mennoniten.

Die Hutterer, benannt nach dem Tiroler Jakob Hutter (+ 1536), entstanden in Tirol und zogen später nach Böhmen und Mähren, wo der Adel in Glaubensfragen toleranter war. Als es im 17. Jahrhundert erneut zu Verfolgungen kam, wanderten die meisten Hutterer nach Ungarn, in die Walachei und nach Russland aus. Als dort 1874 die allgemeine Wehrpflicht eingeführt wurde, verließen sie wegen ihrer streng pazifistischen Überzeugung Russland und siedelten sich in den USA und Kanada an, wo heute noch etwa 25000 von ihnen leben.

Ein verwandtes Schicksal hatten die Mennoniten, die sich nach dem Täufer Menno Simon (1496-1565) nannten. Auch sie wurden zur Auswanderung gezwungen und ließen sich in der Ukraine und in Russland nieder, von wo aus sie nach 1874 in die USA, nach Kanada und nach Südamerika zogen. Weltweit gibt es etwa 200000 Mennoniten, darunter die Amish People in Pennsylvanien.

Die ersten reformierten Glaubensflüchtlinge verließen Frankreich und die Niederlande als Folge der Religionskriege in der 2. Hälfte des 16. Jahrhunderts. Sie fanden Aufnahme in den reformierten Staaten des Deutschen Reichs wie in der Kurpfalz. Die Puritaner, eine kalvinistische Reformbewegung in England, wurden von der anglikanischen Kirche als „Dissenters" verfolgt. Sie ließen sich in den Niederlanden nieder oder wanderten nach Nordamerika aus. Besonders bekannt sind die „Pilgerväter", die 1620 mit der „Mayflower" nach Massachusetts kamen und dort die Stadt Plymouth gründeten.

Der größte religiös bedingte Exodus war die Flucht der Hugenotten aus Frankreich. Die Rechte, die Heinrich IV. den Reformierten im Edikt von Nantes zugesichert hatte,

Migration aus religiösen Gründen 91

wurden im Laufe des 17. Jahrhunderts eingeschränkt. Schließlich hob Ludwig XIV. das Edikt von Nantes 1685 auf. Er ordnete die Ausweisung der reformierten Geistlichen an, soweit sie an ihrer Konfession festhielten, verbot aber gleichzeitig den Gemeindegliedern die Ausreise. Trotzdem kam es zu einer Massenflucht von etwa 200000 Hugenotten, einem Viertel der Reformierten in Frankreich. Erste Ziele waren die Schweiz, die Niederlande und Westdeutschland. Mehrere deutsche Fürsten nutzten die Gelegenheit, mit ihrer Ansiedlung die Verluste des 30jährigen Krieges auszugleichen („Peuplierung"). Vorbild war der Große Kurfürst Friedrich Wilhelm (1640-88), der wenige Tage nach der Aufhebung des Edikts von Nantes die „Réfugiés" zur Ansiedlung nach Preußen einlud und ihnen dafür viele Privilegien in Aussicht stellte. Etwa 20000 folgten seinem Aufruf, von denen sich allein 5000 in Berlin niederließen. Dem preußischen Beispiel folgten andere Fürsten wie der Landgraf von Hessen-Kassel und der Markgraf von Bayreuth. Die Hugenotten, die überwiegend der städtischen Bevölkerung angehörten, gründeten oft geschlossene französische „Kolonien". Auf wirtschaftlichem wie kulturellem Gebiet brachten sie viele Innovationen mit, zum Beispiel durch die Errichtung von Manufakturen im Bereich der Textilherstellung und -verarbeitung. Die einheimische Bevölkerung war anfangs von der Ansiedlung wenig begeistert, da die Handwerker die Konkurrenz fürchteten und die französischen Sitten auf Unverständnis stießen.

Etwa gleichzeitig mit den Hugenotten kam es zur Verfolgung der Waldenser in Südfrankreich und auf Druck des französischen Königs auch in Savoyen. Sie führte zur Flucht von mehreren Tausend Waldensern, die hauptsächlich als Bergbauern gelebt hatten. Ihre Armut und die geringe Aussicht auf wirtschaftlichen Nutzen für das Zielland führten zu einer beispiellosen Odyssee. Anfangs war Württemberg bereit, Waldenser aufzunehmen, doch kam es schon bald wieder zu einer Abwanderung nach Norddeutschland. Über das Baltikum, Dänemark und Hannover fanden sie schließlich in Hessen-Kassel Zuflucht.

Die letzte größere Emigration als Folge der Reformation vollzog sich 1732. Der Salzburger Erzbischof Leopold Anton von Firmian versuchte von 1729 an die Protestanten, die vor allem in den Alpentälern im Pinzgau und im Pongau lebten, zwangsweise zu rekatholisieren. Als sie sich weigerten und die lutherischen und reformierten Reichsstände sich für sie einsetzten, wurden sie 1731 ausgewiesen. Der preußische König Friedrich Wilhelm I. (1713-40) griff ein und bewirkte, dass die Exulanten ihren Besitz mitnehmen konnten. Die meisten der 30000 Ausgewiesenen wurden in entvölkerten Gebieten West- und Ostpreußens angesiedelt.

Das Thema im Unterricht

Bei der Behandlung religiöser Migrationen sollte darauf verwiesen werden, dass sie vor allem eine Erscheinung der Neuzeit als Folge der Reformation sind. In den meisten Fällen waren es staatliche Maßnahmen, die neben religiösen auch machtpolitische Ziele hatten.

(M 1/M 6). Das Thema ermöglicht Bezüge zur Gegenwart. Glaubensflüchtlinge, von denen sich die Aufnahmestaaten einen wirtschaftlichen Vorteil versprachen, waren von den Landesherren als neue Untertanen sehr geschätzt. (M 4/M 5). Ihre Ansiedlung erfolgte wegen der kulturellen, sprachlichen und oft auch konfessionellen Unterschiede nicht ohne Schwierigkeiten. Heute sind die hugenottische Gründungen sehr stolz auf diese Tradition.

Materialien

M 1: Das Edikt von Fontainebleau (18. Oktober 1685)

In dem 1598 erlassenen Edikt von Nantes hatte Heinrich IV. den Reformierten Gewissensfreiheit, begrenzte Freiheit des Kultes und volle Bürgerrechte zugesichert. Im Laufe des 17. Jahrhunderts wurden diese Bestimmungen schrittweise eingeschränkt und im Jahre 1685 vollständig aufgehoben.

Wir verbieten Unseren besagten Untertanen von der vorgeblich reformierten Religion, sich noch ferner zu versammeln, um den Gottesdienst nach der besagten Religion an irgendeinem Orte oder in einem Privathause, unter welchem Vorwande es auch sein könnte, zu halten.

Wir befehlen ernstlich allen Predigern der besagten vorgeblich reformierten Religion, die sich nicht bekehren und die katholische, apostolische und römische Religion annehmen wollen, vierzehn Tage nach der Veröffentlichung Unseres gegenwärtigen Ediktes Unser Königreich und die Länder Unserer Botmäßigkeit zu verlassen, bei Strafe der Galeeren.

Um Unserer Milde gegen die von der genannten vorgeblich reformierten Religion vollen Lauf zu lassen, die Unser Königreich, Unsere Länder und Herrschaften vor der Veröffentlichung Unseres gegenwärtigen Ediktes verlassen haben, so wollen und genehmigen Wir, daß, falls sie in Zeit von vier Monaten vom Tage der besagten Veröffentlichung an zurückkehren, alsdann ihnen freistehe und gestattet sei, wieder in den Besitz ihrer Güter einzutreten und ihrer gerade so zu genießen, als ob sie immer darin verblieben wären, dagegen die Güter derjenigen, die in dieser Zeit von vier Monaten nicht zurückkehren, eingezogen sein und bleiben sollen.

Wir verbieten ganz ausdrücklich und wiederholt allen Unseren Untertanen von der genannten vorgeblich reformierten Religion, ihnen, ihren Frauen und Kindern aus Unserem besagten Königreiche, den Ländern und Gebieten Unserer Botmäßigkeit auszuwandern oder ihre Güter und Besitztümer daraus zu entfernen, bei Strafe der Galeeren für die Männer und Einziehung von Leib und Gut für die Frauen. [...] Im übrigen können die von der genannten vorgeblich reformierten Religion, bis es Gott gefällt, sie wie die übrigen zu erleuchten, in den Städten und Orten Unseres Königreichs, den Ländern und Gebieten Unserer Botmäßigkeit bleiben und dort ihren Handel fortsetzen und ihrer Güter genießen, ohne unter dem Vorwande der besagten vorgeblich reformierten Religion gestört und behelligt werden zu dürfen, unter der Bedingung, wie gesagt, weder Gottesdienst zu veranstalten, noch unter dem Vorwande von Gebeten oder von Kultushandlungen der besagten Religion, welcher Art sie auch seien, sich zu versammeln, bei den vorher bezeichneten Strafen Leibes und Gutes.

<small>Geschichte in Quellen: Renaissance, Glaubenskämpfe, Absolutismus,München 2. Aufl. 1976, S. 455-456.</small>

M 2: Herkunftsgebiete der Glaubensflüchtlinge

Grundlage für die Karte sind Erhebungen, die 1686/87 bei fast 5000 Hugenotten während ihrer Durchreise durch Frankfurt/M. gemacht wurden.

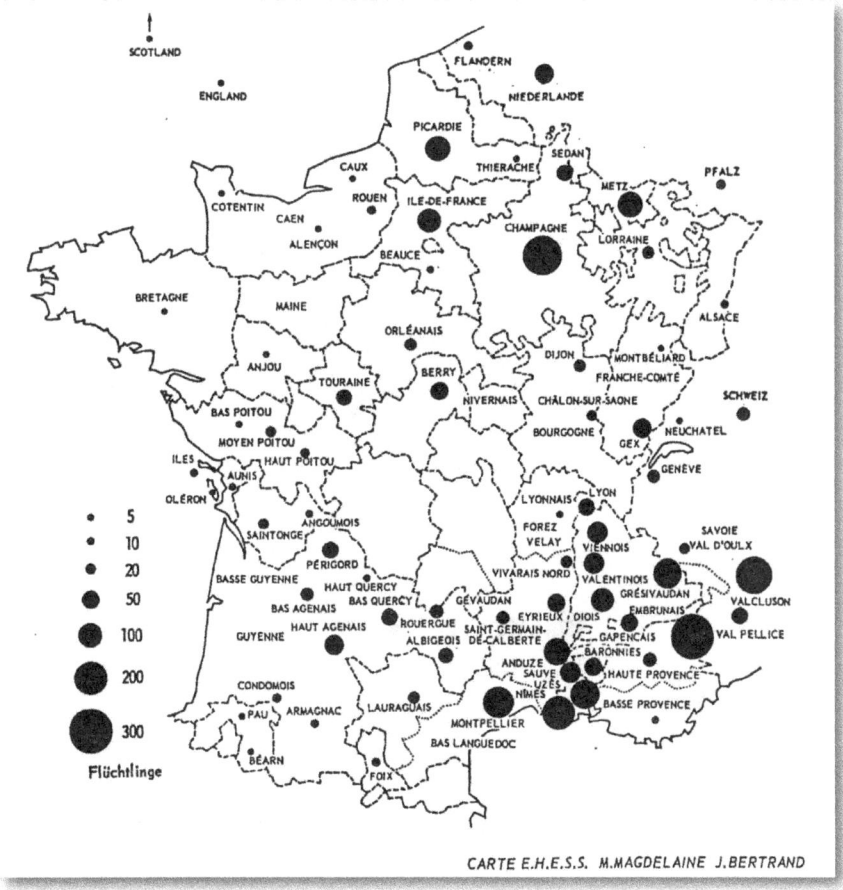

Rudolf von Thadden und Michelle Magdelaine (Hrsg.): Die Hugenotten. 1685 bis 1985, München 1985, S. 238.

M 3: Zielorte der Glaubensflüchtlinge

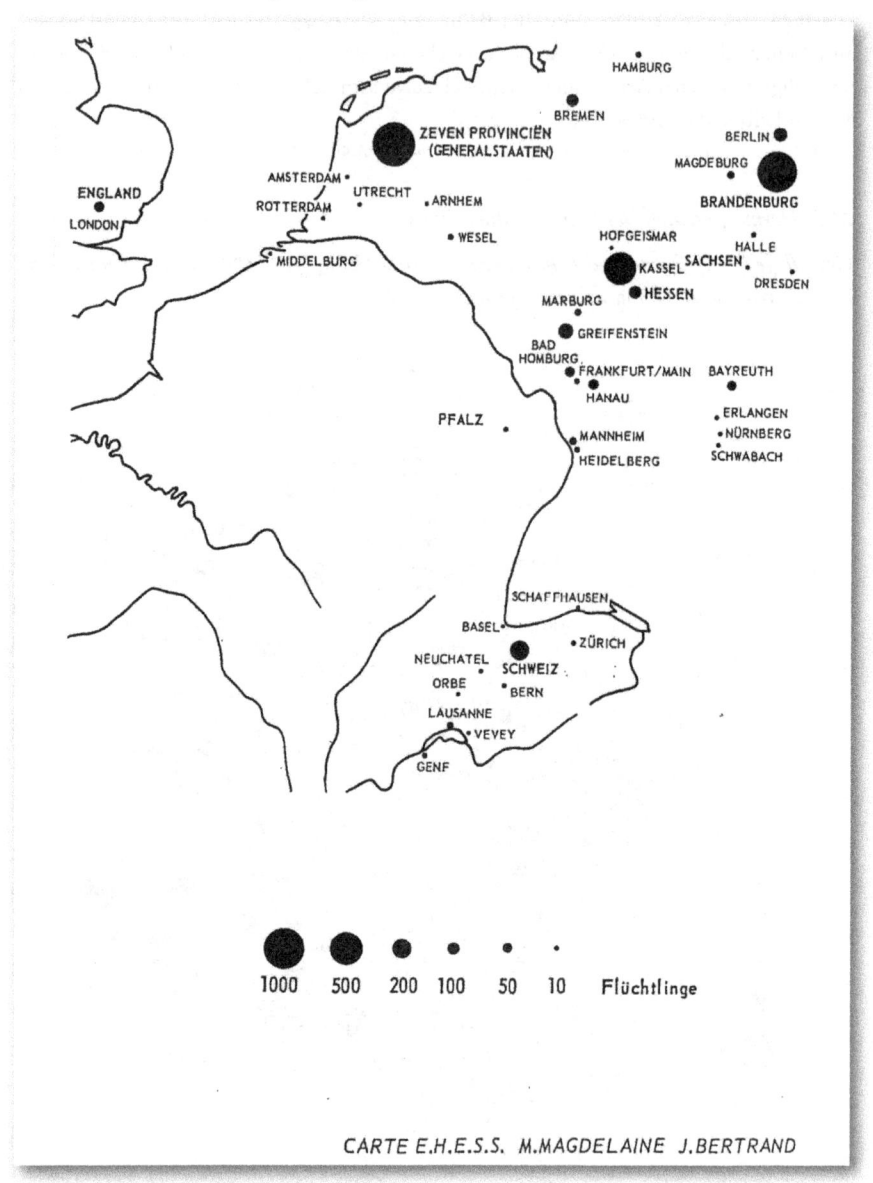

Rudolf von Thadden und Michelle Magdelaine (Hrsg.): Die Hugenotten. 1685 bis 1985, München 1985, S. 242.

Migration aus religiösen Gründen 95

M 4: Das Potsdamer Edikt (29. Oktober 1685)

Wir Friedrich Wilhelm, von Gottes Gnaden, Markgraf zu Brandenburg [...] thun kund und geben männiglichen hiermit zu wissen, nachdem die harten Verfolgungen und rigoureusen proceduren, womit man eine Zeithero in dem Königreich Frankreich wider Unsere der Evangelisch-Reformierten Religion zugethane Glaubens-Genossen verfahren, viel Familien veranlasset, ihren Stab zu versetzen, und aus selbigem Königreiche hinweg in andere Lande sich zu begeben, dass Wir dannenher aus gerechtem Mitleiden, welches Wir mit solchen Unsern [...] angefochtenen und bedrengten Glaubens-Genossen billig haben müssen, bewogen werden, [...] denenselben eine sichere und freye retraite [*Zuflucht*] in alle unsere Lande und Provincien in Gnaden zu offeriren [...]
1. Damit alle diejenigen, welche sich in Unseren Landen niederzulassen resolviren [*beschließen*] werden, desto mehrere Bequemlichkeit haben mögen, umb dahin zu gelangen [...] haben Wir [...] anbefohlen, allen denen Frantzösischen Leuten [...] Schiffe und andere Notwendigkeiten zu verschaffen, umb sie und die ihrige aus Holland bis nach Hamburg zu transportiren, allwo Unser Hoffrath [...] ihnen ferner alle facilität und gute Gelegenheit an Hand geben wird, deren sie werden benöthigt seyn, umb an Ort und Stelle, welche sie in Unsern Landen zu ihren Etablissement erwählen werden, zu gelangen. [...]
3. Weilen Unsere Lande nicht allein mit allen zu des Lebens Unterhalt erforderten Nothtwendigkeiten wol und reichlich versehen, sonderlich zu Etablirung allerhand manufacturen, Handels und Wandels zu Wasser und zu Lande sehr bequem, als stellen Wir denen, die darinn sich werden setzen wollen, allerdings frey, denjenigen Ort, welchen sie [...] zu ihrer Profession und Lebensart am bequemsten finden werden, zu erwählen [...] befehlen auch hiermit und Krafft dieses, sobald einige von erwehnten Evangelisch Reformierten Frantzösischen Leuten daselbst ankommen werden, dass alsdann dieselben wohl aufgenommen, und zu allen dem zu, so ihren etablissement nöthig, ihnen aller Möglichkeit nach verholffen werben soll. [...]
4. Diejenigen Mobilien, auch Kauffmanns und andere Waaren, welche sie bey ihrer Ankunft mit sich bringen werden, sollen von allen Aufflagen, Zoll, Licenten [*Genehmigungen*] und dergleichen imposten [*Steuern*] gäntzlich befreyet seyn. [...]
6. In diejenigen Städten und andern Orten, woselbst sich einige wüste Plätze und Stellen befinden, wollen Wir gleicher Gestalt die Vorsehung thun, daß dieselbe samt allen dazu gehörigen Gärten, Wiesen, Aeckern und Weyden gedachten Unsern Evangelisch-Reformierten Glaubens-Genossen [...] nicht allein erb- und eigentümlich eingeräumet, sondern auch, daß dieselbe von allen oneribus [*Lasten*] und beschwerden [...] gäntzlich liberiret und loß gemacht werden sollen, gestallt Wir denn auch diejenigen materialien, deren gedachte Leute zu Bebauung dieser Plätze bedürffen werden, ihnen

ohn-entgeltlich anschaffen und die von ihnen neuerbaute Häuser samt deren Einwohnern in denen ersten zehn Jahren mit keinen oneribus [...] belegen lassen wollen. [...]

8. Diejenige welche einige Manufacturen von Tuch, Stoffen, Hüten oder was sonsten ihre Profession mit sich bringet, anzurichten willens seyn, wollen Wir nicht allein mit allen desfals verlangten Freyheiten, Privilegiis und Begnadigungen versehen, sondern auch dahin bedacht seyn [...], daß ihnen auch mit Gelde und andern Nothwendigkeiten, deren sie zu Fortsetzung ihres Vorhabens bedürffen werden, so viel möglich assistiret und an Hand gegangen werden soll.-

9. Denen so sich auf dem Lande setzen, und mit dem Ackerbau werden ernähren wollen, soll ein gewiß Stück Landes uhrbar zu machen angewiesen, und ihnen alles dasjenige, so sie im Anfang zu ihrer Einrichtung werden nöthig haben, gereichet, auch sonst überall ebener [*passender*] gestalt begegnet und fortgeholfen werden. [...]

11. In einer jeden Stadt wollen wir gedachten Unsern Frantzösischen Glaubens-Genossen einen besonderen Prediger halten, auch einen bequemen Ort anweisen lassen, woselbst das exercitium Religionis Reformatae in Frantzösischer Sprache, und der Gottesdienst mit eben denen Gebräuchen und Ceremonien gehalten werden soll, wie es biß anhero bey den Evangelisch Reformirten Kirchen in Franckreich bräuchlich gewesen. [...]

So geschehen zu Potsdam, den 29 Octobr. 1685. Friedrich Wilhelm Kurfürst.

Zit. nach: Horsta Krum: Preußens Adoptivkinder: die Hugenotten – 300 Jahre Edikt von Potsdam, Berlin 1985, S. 49-60.

Migration aus religiösen Gründen 97

M 5: „Der Große Kurfürst empfängt die Refugiés in seinem Land."
Daniel Chodowiecki (1726-1801) stammte mütterlicherseits von Réfugiés ab und war mit der Tochter eines eingewanderten Hugenotten verheiratet. Zu seinen zahlreichen Werken gehören die Titelkupfer des Buches „ Mémoires Pour Servir À L'Histoire Des Réfugiés François Dans Les États Du Roi" von Jean-Pierre Erman und Pierre Christian Frédéric Reclam, das von 1782 bis 1799 in neun Bänden erschien.

Titelkupfer zu Bd. 1, Berlin 1782.

M 6: Das Salzburger Emigrationspatent (17. Oktober 1731)
[*Es ergeht*] an alle Unsere in diesem Ertz-Stifft und dazugehörigen Landen befindliche Unterthanen, Beysassen und Innwohnere, sonderlich an diejenige, welche sich zur Augspurgischen oder Reformirten Confession geschlagen und darbey öffentlich oder in der Geheim zu verharren sich erkläret haben, Unser Lands-Fürstliche Vermahnung und Gebott, befehlen auch nach reiffer überlegung der Sachen hiemit wissentlich und in Krafft daß allen unmittelbaren Ständen von Lands-Fürstlicher Hochheit und Macht wegen in dem gantzen Reich dem gemeinen Herkommen nach zustehenden Recht, die Religion zu reformiren und denen Unterthanen, wann sie nicht Ihrer Religion seyn wollen, den Abzug anzubefelchen: Daß

Erstens alle und jede, welche einer der übrigen zweyen oberwehnten, im Römischen Reich tolerirten Religionen zugethan seynd und bey obverstandenermassen erregter Empörung nunmehro publice vel private [*öffentlich oder privat*] sich hierzu erkläret und einbekennet haben, *emigriren* und bey Vermeydung schwärer [...] an Gut auch Leib und Leben gehenden Straff fürdershin dises Ertz-Stifft und die darzugehörige Lande meyden.

[*Es sollen*] alle in disem Unserm ErtzStifft unangesessene [*nicht sesshafte*] Innwohner, Beysassen, Taglöhner, Arbeiter, eingelegte Personen, Knecht oder Dienst-Botten beederley Geschlechts, welche das zwölffte Jahr erreichet und, wie erst gedacht worden, einer der obigen Religionen beygethan und sich darzu auf obige Weiß erkläret haben, innerhalb acht Tägen (von der Zeit der Publication diß zu rechnen) mit hindann tragenden Sack und Pack so gewiß abziehen [...]

[*Außerdem wird angeordnet*] daß alle und jede *Bürger* und *Handwercker*, welche einer der oberzehlten Religionen zugethan seynd und sich hierzu bey gegenwärtigen Aufstand und Rebellion, wie oben gemeldt, einbekennt haben, für Bürger oder Maister in disem Unserem hohen Ertz-Stifft künfftighin nicht mehr geachtet werden, sondern als Meineydige ihrer Bürger-, Maister- und Handwercks-Rechte verworchet [*verwirkt*] haben und gäntzlichen aufgehebt seyn, auch, gleich anderen [...] Unser Ertz-Stifft verlassen und davon emigriren sollen.

[*Auf Grund früherer Mandate wäre es ihre Pflicht gewesen*] von Zeit an der von ihnen geänderten Religion und innerhalb eines zugänglichen Termins eintweders sich gebührend zu bequemen und die in Unsern Landen allein üblich Römisch-Catholische Religion gleich ihrem von Gott vorgesetzten Ober-Haubt zu profitiren oder aber ihrer Güter halber Disposition zu machen und nachgehends auß Unserm Ertz-Stifft zu emigriren, sie auch von wegen der von ihnen höchst straffbar veranstalten und verursachten Empörung und Zerstörung deß allgemeinen Fridens, folglich daß sie dem Westphälischen Fridens-Schluß, denen Reichs-Grund-Gesätzen und den von Uns gegebenen Verordnungen und Dehortatorien [*Ermahnungen*] nicht nachgelebt, sondern schnurgerad Eingangs erwehntermassen darwider gehandlet haben, sich von selbsten der Emigration und andern, Krafft

Migration aus religiösen Gründen 99

erstangeregten Fridens-Schluß ihnen sonsten zu guten gemeynten Behelff und Beneficien [*Wohltaten*] unwürdig gemacht, sondern solche mit allem Recht und Billichkeit verworcht und verlohren haben.

[*Trotzdem wolle der Erzbischof*] auß besonderer Lands-Fürstlichen Gnad und wo sie anderst ruhig [...] sich entzwischen verhalten werden, hiemit zugeben und verwilligen, daß denenjenigen, so unter 150 fl., ein, denen, welche von 150 bis 500 fl., zwey, und denen, so über 500 fl. Vermögen versteuern, ein dreymonatliche Frist zugestanden werde, innerhalb welcher sie das Ihrige, so gut sie können, verkauffen mögen, sodann aber emigriren und bey Vermeydung obandictirter [*angedrohter*] Straff das Land meyden, während dieser Frist: aber denenselben gleichwohlen von denen ihnen zugethanen Glaubens-Genossen ein Knecht und ein Dienst-Magd (aber mehrer nicht) zu unterhalten erlaubt seyn solle.

Zit. nach: Gerhard Florey: Bischöfe, Ketzer, Emigranten. Der Protestantismus im Landes Salzburg von seinen Anfängen bis zu Gegenwart, Graz, Wien, Köln 1967, S. 152f.

M 7: König Friedrich Wilhelm I. begrüßt die Salzburger Exulanten (1732)

Die zweyte Unterredung [...] zwischen einem Salzburger und einem [...] Waldenser, Magdeburg 1732; Kupferstich von Johann Benjamin Rühl.

Die Inschriften lauten: Vater und Mutter verlassen mich. Saltzburg. Aber der Herr nimmt mich auf. Ps. 27, V, 10. Königsberg
 Der Spruch lautet:
 Muß ich gleich Haus und Hof, Freund, Eltern, Kinder lassen,
 So will mich doch der Herr in seine Arme fassen.
 Er hält mich väterlich bey seiner rechten Hand,
 Und führt mich wohl vergnügt in Friedrich Willhelms Land.

Aufgaben

1. Erklärt die Maßnahmen, die Ludwig XIV. in dem Edikt von Fontainebleau anordnete, und die Absichten, die er damit verfolgte! (M 1)
2. Erarbeitet aus der Karte, welche Gebiete Frankreichs von der Flucht der Hugenotten besonders betroffen waren! (M 2)
3. Erarbeitet mithilfe eines Geschichtsatlasses, in welchen Staaten des Deutschen Reiches die Refugiés Aufnahme fanden! (M 3)
4. Nennt die Privilegien, die der Große Kurfürst hugenottischen Siedlern in Aussicht stellte, und die Motive, die in dem Edikt erkennbar sind! (M 4)
5. Beschreibt die beiden Bilder zur Aufnahme der Hugenotten und der Salzburger Exulanten und arbeitet Gemeinsamkeiten und Unterschiede heraus! (M 5/M 7)
6. Stellt die Bestimmungen des Salzburger Emigrationspatents zusammen und erläutert die Begründung des Erzbischofs! (M 6)

3.10 Die europäische Auswanderung nach Nordamerika

Die überseeische Auswanderung mit dem bevorzugten Ziel USA ist die größte Migration des 19. Jahrhunderts. Trotz individueller Motive der einzelnen Auswanderer war sie von generellen Push- und Pullfaktoren bestimmt. Dazu gehörten wirtschaftliche Ursachen wie Missernten, Teuerung oder Arbeitslosigkeit, z. B. die große Hungersnot in Irland ab 1846, aber auch politische Krisen wie die Revolution 1848/49. Die Auswanderer erhofften sich in ihrer neuen Heimat Wohlstand und persönliche Freiheit. Diese Erwartungen waren bestimmt durch das positive Amerikabild in Büchern und Zeitschriften, vor allem aber durch die Briefe von Ausgewanderten. Sie führten oft zu Kettenwanderungen, wenn sich Verwandte oder Bekannte ebenfalls zur Auswanderung entschlossen.

Schon bald nach der Entdeckung Nordamerikas hatten sich europäische Siedler, die überwiegend aus England und Frankreich stammten, im Osten des Kontinents und am Mississippi niedergelassen. Auch etwa 200000 Deutsche waren im 18. Jahrhundert nach Nordamerika ausgewandert, wo sie sich vor allem in Pennsylvania ansiedelten. Aber erst die Unabhängigkeit der USA und ihre gewaltige Expansion in den Mittleren und Fernen Westen im 19. Jahrhundert waren die Voraussetzungen für eine Masseneinwanderung. Die schnelleren Transportmittel, die im 19. Jahrhundert zunehmend zur Verfügung standen, verkürzten und erleichterten die Reise. Die Fahrt mit der Eisenbahn in eine Hafenstadt dauerte nicht mehr Wochen, sondern nur wenige Tage, und die Dauer der Atlantiküberfahrt mit einem Dampfschiff verringerte sich von sechs bis acht Wochen auf weniger als drei.

Das riesige, dünn besiedelte Territorium bot für Millionen Menschen Land und Arbeit. Dies führte zu mehreren großen Einwandererwellen, bei der sich eine „alte" Einwanderung von der „neuen" deutlich unterscheidet. Kamen die Einwanderer anfangs vor allem aus West- und Mitteleuropa, so setzte am Ende des Jahrhunderts eine verstärkte Einwanderung aus Nord-, Süd-, Südost- und Osteuropa ein. Gleichzeitig nahm die Zuwanderung aus Kanada, Lateinamerika und Asien zu. Ihr Anteil, bis 1860 weniger als 5 Prozent, verdoppelte sich in den nächsten Jahrzehnten.

Innerhalb der Herkunftsländer stand Deutschland im 19. Jahrhundert an der Spitze. Hier lassen sich drei Wellen unterscheiden, die um 1850, 1870 und von 1880 bis 1910 ihren Höhepunkt hatten und jeweils die wirtschaftliche oder politische Lage spiegeln. Um legal auswandern zu können, mussten mehrere Voraussetzungen erfüllt sein. Männer hatten vorher ihren Wehrdienst abzuleisten, die Auswanderung musste angezeigt werden, um Forderungen geltend zu machen, und zeitweise war auch ein Nachweis über das Geld für die Überfahrt notwendig. Diese konnte aber durch das „Redemptioner-System" vorfinanziert werden, von dem mehr als die Hälfte der Auswanderer Gebrauch machten. Sie mussten für die Fahrtkosten in ihrer neuen Heimat mehrere Jahre – meistens vier – ohne Bezahlung arbeiten.

Im Laufe des 19. Jahrhunderts änderten sich Herkunft und Berufsstruktur der deutschen Auswanderer. In den ersten Jahren waren es vor allem Kleinbauern, Handwerker und Händler, die in der „Neuen Welt" ihr Glück suchten. Später wanderten vermehrt Angehörige aus den ländlichen Unterschichten aus. Etwa ein Viertel der deutschen Auswanderer erwarb Grund und Boden und arbeitete in der Landwirtschaft, drei Viertel nahmen eine Tätigkeit in der Industrie, im Bergbau oder beim Eisenbahnbau an. Viele von ihnen ließen sich in New York oder in den Städten des Mittelwestens (Chicago, Milwaukee) nieder. Hier bildeten die „German-Americans" oft eigene Viertel, die ihnen bei der Bewahrung ihrer Identität halfen. Einen wichtigen Beitrag dazu leisteten die kirchliche Zugehörigkeit, Vereine oder deutschsprachige Zeitungen.

Ein exemplarisches Schicksal zeigt die Biografie von Levi Strauß (1829-1902). Er wurde in Buttenheim bei Bamberg als Sohn eines jüdischen Hausierers geboren. Nach dem Tod seines Vaters wanderte er mit seiner Mutter und seinen jüngeren Geschwistern nach New York aus, wo bereits zwei ältere Brüder lebten. Im Jahre 1853 ging er nach Kalifornien, wo die Bevölkerung in Folge des Goldrausches schnell wuchs. In San Francisco eröffnete er ein Geschäft für Kurzwaren und Stoffe, aus dem sich durch die Produktion der „Blue Jeans" seit den 70er Jahren eine große Fabrik entwickelte.

Aber nicht alle Einwanderer erlebten die USA als „gelobtes Land". Die Masseneinwanderung führte am Ende des 19. Jahrhunderts zur Einführung einer zentralen Einwandererbehörde, die seit 1900 auf Ellis Island untergebracht war. Sie sollte vor allem Kranke und Kriminelle aussondern, wozu nur wenige Minuten zur Verfügung standen. Bei Verdacht auf eine Krankheit oder Behinderung erfolgte eine spezielle Untersuchung, die oft zur Rückkehr nach Europa zwang. Zum Schluss wurde jeder Einwanderer registriert. Er musste in einer großen Halle warten, die mit Gittern unterteilt war. Wurde er aufgerufen, hatte er seinen Namen zu nennen und Auskunft zu geben über Geburts- und Zielort, erlernten Beruf, eventuelle Vorstrafen und mitgeführtes Bargeld.

Etwa 20 bis 30 Prozent der Auswanderer kehrten in ihre ursprüngliche Heimat zurück. Manche von ihnen waren beruflich gescheitert, aber die meisten nutzten den erworbenen Reichtum, um wieder in ihrem bisherigen Beruf zu arbeiten oder eine neue Karriere zu beginnen. Auch der Wunsch, den Lebensabend in der Heimat zu verbringen, war ein Motiv von Rückwanderern.

Alle anderen überseeischen Länder lockten im 19. Jahrhundert wesentlich weniger europäische Auswanderer an. In Südamerika war Brasilien als Zielland beliebt, das mehrere Wellen von Einwanderung erlebte. Neben einer Elitewanderung in die Städte gab es eine bäuerliche Einwanderung nach Südbrasilien, wo die Ankömmlinge ihre Sprache und Kultur teilweise bis heute bewahrt haben. Eine Einwanderung in sehr viel geringerem Umfang erlebten auch Kanada, Argentinien, Uruguay und Chile.

Die europäische Auswanderung nach Nordamerika

Das Thema im Unterricht

Die Auswanderung in die USA war auch bisher ein Thema des Geschichtsunterrichts. Es kann vertieft werden durch den europäischen Kontext der deutschen Auswanderung und die genaue Analyse der Push- und Pullfaktoren. Dabei sollte vor allem das nach Deutschland vermittelte Amerikabild untersucht werden. Weitere Aspekte sind die Auswanderung in andere überseeische Gebiete oder die Rückwanderung und ihre Motive.

Einzelne Themen sind die Voraussetzungen für eine Auswanderung (M 1) und das Schicksal der Emigranten anhand von Briefen (M 3/M 4). An literarischen Quellen wie an den Gedichten von Ferdinand Freiligrath und Emma Lazarus (M 2/M 8) und an Bildquellen (M 5/M 9) lassen sich unterschiedliche Perspektiven erarbeiten.

Methodisch bietet sich auch an, mit Statistik und Diagramm zu arbeiten (M 6/M 7). Der dadurch gewonnene Überblick lässt sich durch Einzelschicksale ergänzen, zum Beispiel durch die „48er" wie Friedrich Hecker (1811-81), Carl Schurz (1829-1906) oder Mathilde Franziska Anneke (1817-84), die in ihrer neuen Heimat einen wichtigen Beitrag zum politischen Leben leisteten. Fächerübergreifend kann im Englischunterricht die Bedeutung der Einwanderer aus der Sicht der USA behandelt werden.

Das Thema eignet sich für eine Recherche im Archiv, denn auf Grund ihrer Zahl dürfte es in jeder Stadt Auswanderer gegeben haben, deren Dokumente erhalten sind. Vielleicht finden Schüler auch in der Geschichte ihrer Familie Auswanderer, von denen es Zeugnisse gibt oder deren Nachkommen noch leben.

Materialien

M 1: Die gesetzlichen Regelungen zur Auswanderung im Königreich Bayern (1816)
Verordnung, die Auswanderungen betreffend

Aus amtlichen Berichten sowohl als den häufigen Gesuchen um Erlaubniß auswandern zu dürfen, welche die Zahl der sonst gewöhnlichen Fälle dieser Art weit übersteigen, ergiebt sich die Vermuthung, daß unerlaubte Einwirkung fremder Agenten thätig ist, den ohnehin leichtgläubigen Landbewohner zu verführen und über sein wahres Interesse durch falsche Vorspiegelungen irre zu leiten; so wie die Nothwendigkeit polizeiliche Verfügungen eintreten zu lassen, diesem Unfuge zu steuern.

Man hat demnach in Anwendung allgemeiner Grundsätze, besonders aber unter Berücksichtigung der im Königreiche bestehenden Gesetze nachfolgende Verordnung zu erlassen sich bewogen gefunden:

§ 1. In der Regel sind alle Auswanderungen, ohne Unterschied der Person, des Geschlechts und Gebietes, wohin sich der Auswandernde begeben will, verboten.

§ 2. Ausnahmen von dieser Regel können jedoch in einzelnen Fällen und bei besonders zu berücksichtigenden individuellen Lagen und Umständen gestattet werden.

§ 3. Jeder Unterthan, der auszuwandern Willens ist, hat sein Gesuch bei der betreffenden königlichen Kreisdirektion einzureichen.

§4. Diesem Gesuche muß beigefügt werden:
ein legaler Taufschein,
ein Zeugniß der Lokalbehörde über den Vermögensstand,
ein solches über die Aufnahme im Auslande.

§ 5. Die Kreisdirektion, bei welcher ein Gesuch eingereicht wird, hat dem Bittsteller das Missliche eines solchen Ueberzugs [*Umzugs, Auswanderung*] begreiflich zu machen, und ihm dabei zu bedeuten, dass er dadurch auf alle diesseitige Unterthanenrechte verzichte und die Gewährung nur unter der ausdrücklichen Bedingung erfolgen könne, nie mehr in den königlichen Landen aufgenommen zu werden; dann aber, wenn darauf bestanden wird, nach vorgängiger Instruktion berichtlich der königlichen Landes-Administration einzubefördern, und dabei sorgfältig alle Umstände ins Klare zu stellen, die für oder gegen die Bewilligung desselben sprechen. [...]

§ 7. Eine Auswanderung, welche ohne ertheilte Bewilligung versucht wird, zieht den Verlust des Vermögens [...] nach sich. [...]

§ 10. Die königlichen Kreisdirektoren, die Lokal- und Polizeibeamten sind angewiesen, die Vollziehung des Gegenwärtigen zu sichern; so wie auf alle Agenten und Anstifter solcher Auswanderungen ein wachsames Auge zu haben, und solche betretenden Falls in Verhaft nehmen zu lassen. [...]

Faksimile der Verordnung, abgedruckt bei Joachim Heinz: „Bleibe im Lande und nähre dich redlich!" Zur Geschichte der pfälzischen Auswanderung vom Ende des 17. bis zum Ausgang des 19. Jahrhunderts, Kaiserslautern 1989, S. 393.

M 2: Ferdinand Freiligrath: Die Auswanderer.

Sommer 1832

Ich kann den Blick nicht von euch wenden;
Ich muß euch anschaun immerdar:
Wie reicht ihr mit geschäft'gen Händen
dem Schiffer eure Habe dar!

Ihr Männer, die ihr von dem Nacken
die Körbe langt, mit Brot beschwert,
Das ihr aus deutschem Korn gebacken,
geröstet habt auf deutschem Herd;

Und ihr, im Schmuck der langen Zöpfe,
Ihr Schwarzwaldmädchen, braun und schlank,
Wie sorgsam stellt ihr Krüg' und Töpfe
auf der Schaluppe grüne Bank!

Das sind dieselben Töpf' und Krüge,
Die an der Heimat Born gefüllt!
Wenn am Missouri alles schwiege,
Sie malten euch der Heimat Bild:

Die europäische Auswanderung nach Nordamerika

Des Dorfes steingefaßte Quelle,
Zu der ihr schöpfend euch gebückt,
Des Herdes traute Feuerstelle,
Das Wandgesims, das sie geschmückt.

Bald zieren sie im fernen Westen
Des leichten Bretterhauses Wand;
Bald reicht sie müden braunen Gästen,
Voll frischen Trunkes, eure Hand.

Es trinkt daraus der Irokese,
Ermattet, von der Jagd bestaubt;
Nicht mehr von deutscher Rebenlese
Tragt ihr sie heim, mit Grün belaubt.

O sprecht! Warum zogt ihr von dannen?
Das Neckartal hat Wein und Korn;
Der Schwarzwald steht voll finstrer Tannen,
Im Spessart klingt des Älplers Horn.

Wie wird es in den fremden Wäldern
Euch nach der Heimatberge Grün,
Nach Deutschlands gelben Weizenfeldern,
Nach seinen Rebenhügeln ziehn!

Wie wird das Bild der alten Tage
Durch eure Träume glänzend wehn!
Gleich einer stillen, frommen Sage
Wird es euch vor der Seele stehn.

Der Bootsmann winkt! – Zieht hin in Frieden:
Gott schütz euch, Mann und Weib und Greis!
Sei Freude eurer Brust beschieden
Und euren Feldern Reis und Mais!

Freiligraths Werke, hrsg. von Paul Zaunert, Leipzig und Wien o. J. [1912], S. 24-26.

M 3/M 4: Briefe von Auswanderern aus den USA
Der aus Bayern stammende Benno Daxl schrieb 1851 an seine Eltern.

Vielgeliebteste Eltern!
Mit kindlicher Liebe und Herzensfreude ergreife ich die Feder, an Euch zu schreiben, wie es uns geht und auf unserer weiten Reise gegangen hat. Von Straubing bis Nürnberg sind wir auf dem Stellwagen [*Pferdekutsche*] gefahren und von dort sind wir auf der Eisenbahn nach Bremen 3 Tag und Nacht gefahren, wo wir Abends 6 Uhr ankamen und 2 Tage haben bleiben müssen. Dann sind wir auf einem Karren bis Pracht [*wahrscheinlich Brake*] gefahren, wo wir drei Tage blieben, weil unser Schiff schon fort war. Und da haben wir uns vertauscht nach Bremerhaven, wo wir auf dem Dampfschiff wieder 1 Tag gefahren sind. Wie wir aber ankamen, ist unser Schiff noch nicht fertig, und da mussten wir 7 Tage warten im Auswanderungshause, wo wir Kostfrei waren, Fleisch und Kaffee genug, aber ein schwarzes Brod, und gross gemahlen wie die Kleim [*Kleie*], wo wir keines davon assen. Es waren unser bei 800 Menschen, lauter Auswanderer.

Eingeschifft sind wir den 19. März in Gottes Namen auf einen dreimastigen Seegelschiff Troto Kören, von 160 Fuss lang und breit, und wo wir uns in das hohe Weltmehr begaben und einen sehr guten Wind hatten. [...] Den 8ten April bekamen wir den ersten Sturm, dass es das Wasser ober dem Schiff zusammenschlug und eine Kiste über die andere stürzte, dass wir dachten, wir gehen zu Grunde, und die Matrosen lachten uns aus, weil wir vor lauter frieren und klappern einer dem anderen nicht mehr helfen konnten, ein jedes wünschte, wenn es nur zu Hause wäre. Und das dann noch mit der 3 Wochen Seekrankheit, dann waren wir alle frisch und gesund gewesen, wenn wir noch etwas gutes zu Essen gehabt hätten, wir konnten von der Schiffskost nichts geniessen als schwarzen Kaffee, denn das Fleisch ist alles mit Seesalz eingesalzen. Das können wir nicht einmal schmecken für weniger essen.

Es waren 196 Menschen auf dem Schiff, 20 Bayern und 30 Schwarzburger [*aus Thüringen*], die anderen lauter Hessen. Die hatten sich versehen mit dem Essen besser als wir. Sie haben ganze Kisten voll geräuchertes Fleisch und weißes Zwibach. Sie waren gar nicht einmal so lang krank wie wir, manches nur einen Tag. Wir Bayern sind an dem Essen am wenigsten eingerichtet gewesen, weil wir es nicht gewusst haben zuvor, was man alles braucht und haben soll.

Teuerste Eltern, Ihr könnt es euch ja gar nicht vorstehlen, wie traurig und furchtsam es auf dem Wasser ist, denn was wir 1 Tag gefahren sind, waren wir den andern Tag wieder rückwärts, weil uns die Wellen verjagt haben. Wir sind 43 Tage auf dem Wasser, dann kamen wir in die schöne Stadt Neuwork [*New York*], die ist mit Festungen umgeben, und fuhren in den schönen Hafen mit lauter Dampfschiffen und anderen Schiffen belegt. Wir sahen auch so viele schöne Aleen und grüne Bäume, dass wir dachten, wir sehen schon den Himmel. Nun kamen wir mit Gottes Hilfe und grösster Freude in Neuwork glücklich an, es war 6mal so gross wie in München, und eine Gasse ist sieben Stunden lang, und die Häuser waren schöner gebaut als in Teutschland.

Wir bleiben in Neuwork 2 Tage, dann machten wir uns auf das grösste Dampfschiff in der ganzen Welt. Das ist 500 Schuh [*ca. 145 m*] lang und 100 Schuh [*ca. 30 m*] breit, ist auch 6 Garn [*ca. 21 m*] hoch und wird mit 2 Maschinen getrieben, und da fahren wir auf den Hutson nach Altbanin [*Albany*], diess war eine Seestadt, da blieben wir nur 4 Stunden, dann sind wir auf der Eisenbahn nach Buflo [*Buffalo*]. Da kamen wir zu viele Bekannte, die sagten, wir sollen in Buflo bleiben, aber wir haben schon bis Sandusski [*Sandusky am Ohio*] bezahlt. Wir kamen in Sandusski abends 5 Uhr an. Wir begaben uns sogleich ins Loschie [*Quartier*], wo wir das Monat 4 Thaler bezahlen müssen. Das ist nach euern Geld 10 Gulden. Wir kauften uns sogleich einen Ofen samt den Kochgeschirr, der kostet 13 Thaler. Ich und .der]oseph verdienen uns das Monat 12 Thaler, das andere 14 Thaler, wir sind bei einem Fuhrwerk. Wenn einer in Deutschland meint, er ist geschwind, der ist in Amerika langsam. Auch verdient sich die Maria, meine Frau, und seine Schwester Magdalena die Woche mit nähen und waschen bis 3 Thaler. Wir leben ganz fröhlich miteinander.

Die europäische Auswanderung nach Nordamerika 107

In Bremen haben wir uns schon kuplieren [*kopulieren: verheiraten*] lassen, das kostet 4 Thaler: Ihr dürft nicht glauben und denken, dass man in Amerika umsonst kupliert wird, denn da ist es Brauch, wer noch Geld hat. Wer aber keins hat leider Gott, da ist es hart genug. Man wird auf der ganzen Reise schrecklich betrogen, weil man das Geld nicht kennt, muss geben, was verlangt wird. Unser Geld ist ziemlich zu Ende gegangen, da könnt ihr Euch denken, wieviel man braucht. Mit 100 Gulden darf man nicht anfangen, wie immer die Leut sagten, die es auch nicht wüssten. Wer diese Reise gemacht hat, der weis es schon. Am Anfang geht es durchaus gar keinem Menschen gut, bis man einmal die Sprache kann und bekannt ist. Dann geht es einen ja gut, wenn man gesund ist. Die Arbeit ist zwar streng am Anfang, weil alles anders gearbeitet wird, wenn es einer kann, ist es leicht, die Kost ist sehr gut, alle Tage 3x Fleisch, Kaffe, Butter, Käse, weisses Brod, kein schwarzes haben wir nicht einmal gesehen viel weniger gegessen. Es ist alle Tage wie bei Euch an Kirchweih. [...]

Alles ist nochmals so teuer wie vor einem halben Jahr, denn es sind einmal zuviel Auswanderer in das Land gekommen. Ihr könnt euch gar keinen Begriff davon machen, denn das Ackerland in der Stadt bis in den Wald kostet auch schon 200 Thaler. Aber was hilft uns der Plan [*Grund*] allein, denn das Vieh und Wagen und was man alles braucht kostet 300 Thaler, und da können wir jetzt noch nicht anfangen, wenn wir aber gesund bleiben, hoffen wir in 1 Jahr. Denn der Verdienst ist ziemlich sehr viel, sonst hätten die Leut nicht so viel Geld und Vermögen in Amerika. Denn es gibt in Amerika keine armen Leute, da hat jeder Geld nach Mengen. In ganz Deutschland geht es keinen Menschen so gut, das dürft ihr uns gewiss glauben. [...] Wer Lust hat, soll sich keine Stunde mehr aufhalten. Ich wünschte mir sonst gar nichts, als dass ihr alle bei uns währt, da dürft ihr euch nicht so plagen und auch nichts für die Herrschaft zu zahlen, weil alles frei ist. Keinen Beamten und so Landrichter gibt es nicht. [...]

Jetzt muss ich mein Schreiben beschliessen. Lebet wohl, und verbleibe mit kindlicher Hochachtung Euer dankbarer Sohn Beno Daxl.

Zit. nach: Pankraz Fried (Hrsg.): „Hier isst man anstadt Kardofln und Schwarzbrodt Pasteten ..." Die Deutsche Überseewanderung des 19. Jahrhunderts in Zeitzeugnissen, bearb. von Peter Maidl, Augsburg 2000, S. 103-106.

Wilhelm Hübsch wurde 1804 in Weinheim geboren und studierte Jura. 1833 wanderte er in die USA aus, wo er sich in Little Mamelle bei Littlerock niederließ. Von dort aus schrieb er 1834 an seine Eltern.

Liebe Eltern! Ich habe Ihnen in meinem Brief vom 6ten April von meinen glücklichen Fortschritten und von meinen noch glücklicheren Aussichten erzählt. Die glücklichen Aussichten auf diesen Herbst sind ganz total vernichtet, und die günstigen Fortschritte, die ich gemacht hatte, gingen auch noch schleifen, wenn ich mich nicht sogleich auf die Socken machte und wieder zu Ihnen käme; ich müßte in Angst seyn, später das Reisegeld auftreiben zu können, geschweigen, daß ich einen Kreuzer mit retour brächte. Hören Sie also: die Saat stand recht schön da, da überfällt uns alle vier fast innerhalb 3 Tagen das

Fieber; das Unkraut, welches hier in den Plantagen mannshoch wird, muß in der Mitte Juni und später noch einmal mit dem Pflug vertilgt werden; dies war die Zeit, wo wir alle krank und keines für Herbeyholen eines Schlucks Wasser geschweige denn für eine ernstlichere Arbeit tauglich war. [...] Das End vom Lied ist, daß das Unkraut unvertilgbar Herr geworden, ich statt der 600 bushel [*Buschel: ca. 35 Liter*] kaum 100 Welschkorn [*Mais*] mache und das übrige im gleichen Verhältnis, so daß die Branntweinbrennerey, Viehfettmacherey und überhaupt die Geldmacherey gänzlich im Dreck liegt... denn ich reise ab, so wie ich meine Versteigerung vollzogen habe.

Während meiner Krankheit habe ich hinlänglich Muße gehabt, meine Lage genau zu erwägen; die Beweggrunde, welche mich hierher trieben, waren 3: 1) die Neugierde, das unbekannte Land kennen zu lernen 2) die Überzeugung, daß durch politische Verhältnisse meine Familie früher oder später möchte gezwungen werden, hier ein Asyl zu suchen und 3) die Aufmunterung von Heintze, Stehberger, Treffurt und anderen, welche thaten, als kämen sie mir schon auf den Socken nach. Der erste Zweck ist erreicht, obschon mit Verlust von Geld; der zweyte Punkt ist ebenso gut erreicht, auch wenn ich wieder zu Haus bin; denn sollte früh oder spät ein solcher Fall eintreten, so kann ich immerhin den Meinigen als Führer dienen, besonders wenn ich noch mich in der Hinausreise in den N. Staaten [*Nordstaaten*] umsehe. Soll ich mich nun, mich den so ungewissen Hoffnungen auf Heintze und Stehberger hingehend, mich bis zur Erschwingung eines Schwarzen [*Kauf eines Sklaven*] halb tot arbeiten und die fürchterlichen Entbehrungen wie bisher aushalten? Ich habe deshalb [...] Entschluß gefaßt, so bald wie thunlich alle meine Habseligkeiten zu versteigern und so leicht als möglich von hier wegzureisen. Ich bleibe den nächsten Sommer in Weinheim, verfasse eine Beschreibung, welche ohne Zweifel bey der Auswanderungslust Abgang finden wird, und besuche meine Geschwister der Reihe nach, den darauf folgenden Winter lasse ich mir Arbeit von einem tüchtigen Advokat in Mannheim für gute gesetzliche Bezahlung geben, [...] – es läßt mich nicht ruhen und nicht rasten – ich will und muß auf eignen Füßen stehen, wenn ich wieder hinauskomme. Möglich, daß die Regierung unterdessen die Nothwendigkeit einer Auswanderungsförderung des plebs erkannt hat, wobey mir auch eine Anstellung blühen könnte.

Zit. nach: „Amerika ist ein freies Land ...". Auswanderer schreiben nach Deutschland, hrsg. und eingeleitet von Wolfgang Helbich unter Mitarbeit von Ursula Boesing, Darmstadt und Neuwied 1885, S. 209-213.

Die europäische Auswanderung nach Nordamerika 109

M 5: Urkunde für die Ehrenmitgliedschaft im Nationalverein für deutsche Auswanderung und Aussiedlung (1879)

1776-1976. Zweihundert Jahre deutsch-amerikanische Beziehungen, hrsg. von Thomas Piltz, München 1975, S. 34.

M 6: Die europäische Auswanderung in die USA (1820-1920)

	1820-1860	1861-1880	1891-1920
Großbritannien	794	1962	1139
Irland	1956	1528	874
Deutschland	1546	2959	991
Nordeuropa	41		
Skandinavien		1026	1080
Niederlande, Belgien	32	113	212
Schweiz	38	134	89
Frankreich	208	159	166
Südeuropa	33	428	*
Spanien, Portugal	*	*	292
Italien	*	*	3807
Südost-, Osteuropa	3	332	
Balkanländer, Griechenland		649	
Osteuropa	*	*	3135
Österreich-Ungarn	*	435	3638

Zahl der Einwanderer in Tausend; gerundet

* Einzelländer statistisch nicht erfasst
Nach: Wolfgang Köllmann: Bevölkerung und Raum in Neuerer und Neuester Zeit (Bevölkerungs-Ploetz), Bd,.4, Würzburg 1965, S. 47 und 126-128.

M 7: Die deutsche Auswanderung in die USA (1820-1980)

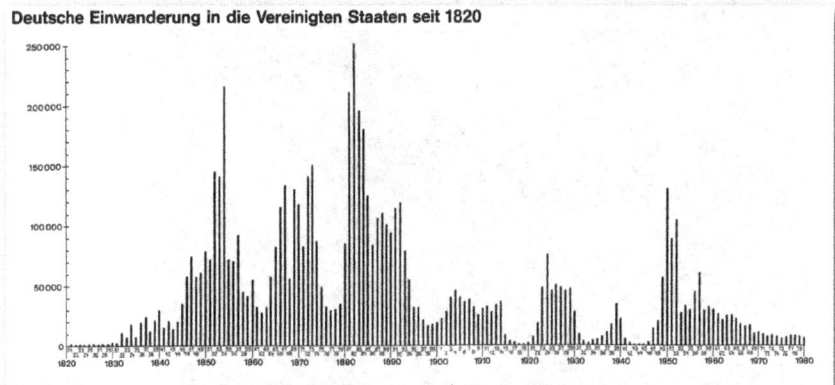

Deutsche Einwanderung in die Vereinigten Staaten seit 1820

Quelle: Zusammengestellt nach United States, Bureau of the Census, **Historical Statistics of the United States: Colonial Times to 1970** (Washington, D. C.), Serien C 89-119 und dem jährlichen **Statistical Abstract of the United States** seit 1971

Graphik: Dr. H.-J. Kämmer

Willi Paul Adams: Deutsche im Schmelztiegel der USA: Erfahrungen im größten Einwanderungsland der Europäer, 3. Aufl. Berlin 1994, S. 5.

M 8: Emma Lazarus: The New Colossus (1883)
Emma Lazarus (1849-97) stammte aus einer Familie von eingewanderten sephardischen Juden aus Portugal. Noch vor der Fertigstellung der Freiheitsstatue schrieb sie 1883 das Sonett „The New Colossus", das an den Koloss von Rhodos, eines der sieben Weltwunder der Antike, erinnert. Das Gedicht geriet kurz nach seiner Entstehung in Vergessenheit. Nach seiner Wiederentdeckung 1903 wurden die letzten fünf Zeilen auf einer Tafel am Sockel der Freiheitsstatue angebracht. Seit 1945 steht das vollständige Sonett über dem Eingang der Freiheitsstatue. Die letzten fünf Zeilen sind inzwischen auf dem John F. Kennedy-Airport zu lesen.

Not like the brazen giant of Greek fame,
With conquering limbs astride from land to land;
Here at our sea-washed, sunset gates shall stand
A mighty woman with a torch, whose flame
Is the imprisoned lightning, and her name
Mother of Exiles. From her beacon-hand
Glows world-wide welcome; her mild eyes command
The air-bridged harbor that twin cities frame.
„Keep, ancient lands, your storied pomp!" cries she
With silent lips. „Give me your tired, your poor,
Your huddled masses yearning to breathe free,
The wretched refuse of your teeming shore.
Send these, the homeless, tempest-tost to me,
I lift my lamp beside the golden door!"

Nicht wie der berühmte eherne Gigant griechischen Ruhmes,
Der Arm und Bein zur Eroberung ausgestreckt von Land zu Land,
Wird sie hier stehen an unseren meerumwogten Toren des Westens,
eine gewaltige Frau mit einer Fackel, deren Flamme
Der eingefangene Blitz ist, und ihr Name soll
‚Mutter der Vertriebenen' sein. Aus dem Freudenfeuer ihrer Hand
Glüht weltweites Willkommen. Ihre milden Augen beherrschen
Den luftverbundenen Hafen, den zwei Städte einrahmen.
„Behaltet euren angehäuften Pomp, ihr alten Länder" ruft sie
Mit schweigendem Mund. „Gebt mir eure müden, eure armen,
Eure zusammengedrängten Massen, die sich danach sehnen, frei zu atmen,
Das elende Strandgut eurer wimmelnden Ufer.
Schickt sie mir, die Heimatlosen, vom Sturm Geschüttelten,
Ich halte meine Lampe neben dem goldenen Tor."

Zit. nach: Nancy Smiler Levinson: I lift my lamp. Emma Lazarus and the statue of liberty, New York 1986; übersetzt von Herwig und Veit Buntz.

M 9: Registrierungshalle auf Ellis Island (1907)

Culver Pictures.

Die europäische Auswanderung nach Nordamerika

Aufgaben

1. Erklärt die Schwierigkeiten, die bei der Auswanderung aus Bayern überwunden werden mussten! Berücksichtigt dabei die Stellung der lokalen Behörden! (M 1)
2. Beschreibt die Stimmung, die Ferdinand Freiligraths in seinem Gedicht ausdrückt! (M 2)! Vergleicht, wie er die alte und neue Heimat beschreibt, und wertet dazu auch das Bild aus! (M 5)
3. Skizziert die Reiseroute von Benno Daxl und nennt die Schwierigkeiten, die bei der Reise auftraten! (M 3)
4. Bewertet, wie Benno Daxl das Leben in den USA beurteilt! (M 3)
5. Erläutert die Ursachen für das Scheitern von Wilhelm Hübsch! (M 4)
6. Vergleicht die Einwanderung in die USA bis 1860 mit der Einwanderung in den folgenden Jahrzehnten und ermittelt aus Statistik und Diagramm Kontinuitäten und Veränderungen! (M 6/M 7)
7. Stellt einen Bezug zwischen den Auswanderungswellen und der politischen und wirtschaftlichen Entwicklung in Deutschland her!
8. Erarbeitet, welche Bedeutung die Freiheitsstatue in dem Gedicht von Emma Lazarus besitzt! (M 8)
9. Beschreibt den Eindruck, den die Einwanderer in der Registrierungshalle auf Ellis Island machen! Vergleicht dazu die Aussage von dem Gedicht von Emma Lazarus! M 9)
10. Wählt eine Person aus dem Bild aus und formuliert seine Gedanken und Wünsche!
11. Erkundigt euch in dem Archiv eurer Heimatstadt, welche Dokumente es zur Auswanderung im 19. Jahrhundert gibt!

3.11 Ausländische Arbeiter

Die Migrationen ausländischer Arbeiter haben eine lange Tradition. Das Ungleichgewicht von Angebot und Nachfrage auf dem Arbeitsmarkt hat schon im Altertum dazu geführt, dass bestimmte Berufe wie Söldner, Handwerker, Händler und Künstler zeitweise oder auf Dauer in einem anderen Land arbeiteten. Dies konnte auf Grund eigener Initiative, aber auch durch Anwerbung geschehen. Für das Mittelalter und die Frühe Neuzeit gab es ebenfalls spezialisierte Berufe, z. B. Baumeister, Stuckateure, Maler oder Musiker, die in ganz Europa gefragt waren. Die meisten von ihnen stammten aus Italien und kamen oft im Gefolge von Fürstinnen, die in ausländische Dynastien einheirateten. Bekannte Vertreter sind der in Wien tätige Komponist Antonio Salieri (1750-1825) oder der venezianische Maler Giovanni Battista Tiepolo (1696-1770). Auch deutsche Künstler waren im Ausland begehrt. Beispiele dafür sind Georg Friedrich Händel (1695-1759) am englischen Hof oder Kilian Ignaz Dientzenhofer (1689-1751), der in Böhmen zahlreiche Kirchen baute. Die Elitewanderung beschränkte sich aber nicht nur auf die verschiedensten künstlerischen Berufe. Auch Bankiers und Kaufleute wählten sich manchmal eine neue Heimat, wenn es ihren Geschäften nützte. Ein Beispiel dafür ist die Familie Brentano aus Brenta, deren eine Linie (di Tremezzo) sich im 17. Jahrhundert in Frankfurt/M. niederließ. Mitglieder der Familie betätigten sich nicht nur in der Wirtschaft, sondern auch als Dichter (Clemens Brentano, 1778-1842), Philosophen (Franz Brentano, 1838-1917) und Politiker (Heinrich von Brentano, 1904-64).

Eine besondere Tradition haben die Schweizer „Reisläufer", an die heute noch die päpstliche Garde erinnert. Die Schweizer waren durch ihre militärischen Erfolge im 15. Jahrhundert berühmt geworden, sodass zwischen 1400 und 1800 etwa zwei Millionen Schweizer im Dienst anderer Länder kämpften, vor allem für die französischen Könige. Zu Beginn der Revolution 1789 gab es etwa 14000 Schweizer Söldner in Frankreich. Beim Sturm auf die Tuilerien im August 1792 verteidigte die Schweizergarde Ludwig XVI. bis zum letzten Mann. An Napoleons Russlandfeldzug waren etwa 12000 Schweizer beteiligt, von denen nur 300 zurückkehrten.

Auch in der vorindustriellen Wirtschaft fanden umfangreiche Arbeitswanderungen statt. Dazu gehörten verschiedene Gruppen von Händlern, die oft jahrelang im Ausland unterwegs waren. Wanderhändler kamen aus Italien und boten Südfrüchte, Tabak, Parfum oder Mausefallen an. Aus dem Schwarzwald stammten die Uhren- und Glasträger. Ein eigenes System bildeten die „Tödden" im nördlichen Münsterland, die seit der Mitte des 17. Jahrhunderts die weitere Umgebung mit Textilien und Metallwaren belieferten.

In vielen Teilen Europas gab es Wanderarbeiter in der Landwirtschaft. Meistens waren es Kleinbauern, die sich nach der eigenen Aussaat für einige Monate in anderen Regionen verpflichteten, bevor sie zur Ernte wieder in ihre Heimat zurückkehrten. Im größeren Umfang traten sie in Ostengland, im Pariser Becken, in Kastilien, in der Po-Ebene und in

Ausländische Arbeiter 115

Mittelitalien auf. In Norddeutschland bewährte sich das „Nordsee-System" über mehrere Jahrhunderte. Norddeutsche Kleinbauern verdingten sich in den Niederlanden für die Heuernte und als Torfstecher oder heuerten auf Walfangbooten und Fischkuttern an. Schließlich zogen nicht nur die Handwerksgesellen ins Ausland, sondern auch viele Tagelöhner, die beim Straßenbau und später beim Eisenbahnbau arbeiteten.

Eine Arbeitsmigration besonderer Art gab es im 19. und zu Beginn des 20. Jahrhunderts in den Alpen. Hier wanderten die Kinder von Bergbauern jedes Jahr im März ins Allgäu und nach Oberschwaben, wo sie auf „Kindermärkten" in Ravensburg oder Friedrichshafen von den dortigen Bauern für den Sommer angestellt wurden. Im Herbst kehrten sie zu ihren Familien zurück. Diese Form der Arbeit war eine ambivalente Einrichtung. Die Kinder waren großen körperlichen und seelischen Strapazen ausgesetzt, erhielten aber für ihre Arbeit Verpflegung, neue Kleidung und etwas Geld (meist zwischen drei und sechs Gulden) und brachten so den Familien eine spürbare Entlastung.

Eine völlig neue Dimension der Arbeitsmigration entstand durch die Industrialisierung, die in Europa zeitversetzt und in unterschiedlicher Intensität erfolgte. In Deutschland waren es die schnell wachsenden Schwerindustriegebiete in Oberschlesien, im Saarland und im Ruhrgebiet, die zum Ziel der Landflucht und einer umfangreichen Ost-West-Wanderung führten. Trotzdem reichten nach der Reichsgründung die Arbeitskräfte nicht aus, sodass Ausländer angeworben wurden. Sie stammten in der Hauptsache aus dem zu Russland gehörenden Zentralpolen und aus Galizien. Durch die Binnenwanderung waren in Ostdeutschland auch die Arbeitskräfte in der Landwirtschaft knapp geworden, sodass Ausländer der „Leutenot" abhelfen sollten.

Der preußische Staat, in dem die meisten Ausländer arbeiteten, erkannte zwar die ökonomische Notwendigkeit, hatte aber große politische Bedenken, da er den im Deutschen Reich lebenden Polen misstraute. Die Bemühungen der polnischen Arbeiter, durch Vereine oder eine eigene Gewerkschaft ihre Identität zu wahren, verstärkten das Misstrauen und führten zu einer Reihe von behördlichen Maßnahmen. Sie beinhalteten eine verschärfte Kontrolle bei Einwanderung und Aufenthalt und eine strikte Bindung an einen bestimmten Arbeitgeber. In der Landwirtschaft gab es einen „Rückkehrzwang" am Ende der Saison und eine winterliche Sperrfrist, um eine dauerhafte Ansiedlung zu verhindern.

Zur gleichen Zeit, in der Hunderttausende von ausländischen Arbeitern nach Deutschland kamen, verließen mehr als drei Millionen Deutsche aus wirtschaftlichen oder politischen Gründen ihr Vaterland. Deutschland war gleichzeitig Auswanderungsland und „Arbeitseinfuhrland".

Das Thema im Unterricht

Arbeitsmigration in früheren Jahrhunderten als europäisches und deutsches Phänomen wurde im Unterricht bisher kaum behandelt, obwohl es große didaktische und pädagogische Möglichkeiten besitzt. Für die Mittelstufe eignet sich besonders das Beispiel der „Schwabenkinder", weil Kinder davon betroffen waren. Hier kann ein zeitgenössisches Bild als Einstieg und als Vorlage für ein Rollenspiel verwendet werden (M 1/M 2/M 3). Die geschichtlichen Informationen lassen sich durch Jugendbücher (Otmar Franz Lang: Hungermarsch; Lisa Tetzner: Die schwarzen Brüder) ergänzen. Ein Vergleich mit Kinderarbeit heute bietet sich an.

Die Behandlung der Eliteemigration sollte fächerübergreifend erfolgen, um die kulturelle Bedeutung von Ausländer aufzuzeigen. Ausgangspunkt können die Herkunftsländer (vor allem Italien), die Ziele (Handels- und Residenzstädte) oder exemplarische Biografien sein.

Die agrarische und industrielle Arbeitsmigration im 19. Jahrhundert (M 4/M 5) erlaubt einen Vergleich mit der Gegenwart („Gastarbeiter", Polen als Erntehelfer und im sozialen Bereich). Hier lassen sich jeweils Ursachen, beteiligte Personen, auftretende Probleme und staatliche Maßnahmen zusammenstellen.

Materialien

M 1: Die Wanderwege der „Schwabenkinder"

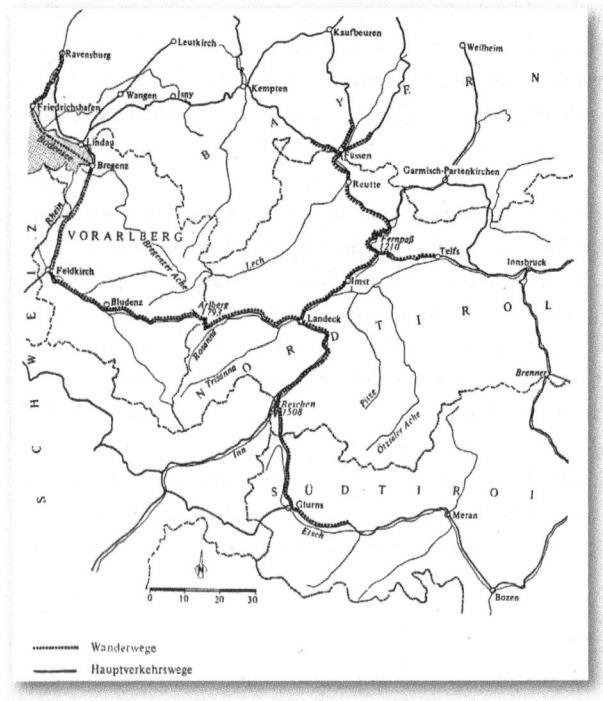

Otto Uhlig: Die Schwabenkinder aus Tirol und Vorarlberg, WBG: Stuttgart 1983, S. 72.

M 2: Der „Kindermarkt" in Oberschwaben
Seit dem 19. Jahrhundert wanderten Kinder von Bergbauern im März nach Oberschwaben, wo sie von den Bauern den Sommer über angestellt wurden. Im Herbst kehrten sie wieder in ihre Heimat zurück.
Im Monat März jeden Jahres kommen Hunderte von Kindern, Knaben und Mädchen, im Alter von 8-10 Jahren aus dem Tal Montafon, Oberinntal und Vintschgau in Tyrol, sowie aus Graubünden an den Bodensee, um in unserer Gegend während der Sommermonate Verdienst durch Arbeit zu suchen. Die Kinder werden von einem der Väter oder sonst Verwandten derselben in Abteilungen geführt, welcher sie am Josefstag (19. März) auf den Markt nach Ravensburg, Wangen und Immenstadt bringt. Die Bauern, welche von nah und fern herkommen, wählen sich von den Kindern diejenigen aus, die sie für ihr Geschäft am tauglichsten halten. Es ist dieses nicht, wie es in der Gartenlaube vom Jahre 1866 Seite 55 geschildert wird, ein Sklavenmarkt oder Menschenhandel, wo, wie in Amerika und Afrika, die Kinder betastet oder befühlt werden, um ihre Kraft und Stärke zu prüfen, sondern die Bauern schauen die Buben und Mädchen an und sie finden gleich diejenigen heraus, welche für sie und ihr Geschäft passen. Dann wenden sie sich an den Anführer der Abteilung wegen des Lohnes, welcher mit den Eltern des Kindes schon ausgemacht ist. Jedes Kind erhält als Lohn für die Zeit von Josef bis Martini (11. November) nebst Kost und Wohnung 25- 30 fl. [*Gulden*], ferner einige neue Kleidungsstücke, jedenfalls ein paar neue Schuhe oder Stiefel. Die kleinsten Kinder werden als Gänsehirten, die mittleren als Schweine- und Geißenhirten und die größeren bei den Feldarbeiten (Ackern, Pflügen, Säen) und zum Viehtreiben verwendet. Am liebsten sind die Kinder im Badischen und Württembergischen, weniger in Bayern, wo die Behandlung nicht so gut sein soll.

Im Herbst kehren die Kinder meistenteils in ihre Täler zurück, indem der Anführer der Abteilung sie an dem Orte wieder abholt, wo sie gedungen wurden. Oft bleiben die Kinder in ihrem bisherigen Dienst und wird der Vertrag erneuert. Der Einfluß dieser dienstlichen Verhältnisse auf das sittliche Element der Kinder ist mit seltenen Ausnahmen ein günstiger. Die Kinder lernen Ordnung, Arbeitsamkeit, und da sie meistens auch gut genährt werden, erscheinen sie bei ihrer Rückkehr gesünder, frischer und stärker. Bezeichnend ist, daß diese Kinder bei ihrer Herreise in unsere Gegend die Begegnenden fast immer anbetteln; auf der Rückreise wird dieses nur in den seltensten Fällen beobachtet.

Haager: Kindermarkt. In: Schriften des Vereins für Geschichte des Bodensees und seiner Umgebung. 6. Heft 1875. § 25, zit. nach: Otto Uhlig: Die Schwabenkinder aus Tirol und Vorarlberg, Stuttgart 1983, S. 128.

M 3: Das Vermiethen der tiroler "Schwabenkinder" in Ravensburg. Nach dem Leben gezeichnet von E. Klein.

Die Gartenlaube 1895, S. 281.

M 4: Die Bedeutung der ausländischen Arbeiter für die deutsche Industrie

Auf dem VI. Deutschen Arbeitsnachweis-Kongress (Breslau 1910) äußerte sich ein Referent zur Frage der ausländischen Arbeiter.

Die Möglichkeit für die deutsche Industrie, ausländische Arbeiter heranzuziehen, ist besonders wertvoll in den Zeiten der Hochkonjunktur, wenn es gilt, den sprunghaft gesteigerten Bedarf des heimischen wie des ausländischen Marktes zu befriedigen. Andererseits ist die Industrie bei dem Abflauen der Konjunktur und einer Erleichterung des Arbeitsmarktes in der Lage, zunächst die ausländischen Arbeiter abzustoßen, die somit für die einheimischen Arbeiter sozusagen als Konjunktur-Puffer, als Sicherheitsventil für deren kontinuierliche Beschäftigung dienen.

Zit. nach: Herbert Spaich: Fremde in Deutschland. Unbequeme Kapitel unserer Geschichte, Weinheim und Basel 1981, S. 143.

M 5: Ausländische Arbeiter im deutschen Bergbau
Otto Hue (1868-1922) stammte aus einer Arbeiterfamilie und wurde später Journalist und Redakteur. Von 1903 an war er Reichstagsabgeordneter der SPD, nach 1918 gehörte er der Nationalversammlung und dem Reichstag an. Sein zweibändiges Werk „Die Bergarbeiter" (Berlin 1910 und 1913) ist eine wichtige Quelle für die Wirtschafts- und Sozialgeschichte des Kaiserreiches.
Nach der Berufszählung vom 12. Juni 1907 waren von den in Deutschland „ortsanwesenden" Personen 799863 in einem außerdeutschen Staate geboren, von denen 440800 in der Berufsgruppe Industrie, einschließlich Bergbau und Baugewerbe arbeiteten; [...] Während im Reiche auf je 100 Berufsangehörige 4,1 Ausländer kamen, waren es speziell in der Montanindustrie 8,5. Wie die Auswanderung stieg, geht aus folgendem hervor: Das Warschauer Statistische Komitee gab an, dass 1890: 17000, 1900: 119000, 1905: 200000 russische Polen, und die galizische Landesregierung schätzte, daß 1896 etwa 12000; 1905 wenigstens 80000 Galizier nach Deutschland ausgewandert seien. Darunter befanden sich auch landwirtschaftliche Saisonarbeiter. Neuerdings ist von der preußischen Regierung [...] und dann auch von anderen Bundesstaatsregierungen die Ausstellung von Legitimationskarten in deutscher Sprache für die „aus Rußland und Österreich-Ungarn und deren östlichen Hinterländern kommenden Arbeiter" angeordnet worden. Auf Grund dieses Erlasses sind 28 Grenzämter errichtet, wo dem Wanderarbeiter das Heimatspapier visitiert und, wenn es in Ordnung befunden, eine „Arbeiterlegitimationskarte" ausgehändigt wird. Mit dieser Karte hat sich der Betreffende zu dem bei dem Grenzamt namhaft zu machenden „Arbeitgeber" zu verfügen, dort die „kontraktliche" Leistung zu verrichten und sich botmäßig [*gehorsam*] zu betragen, andernfalls die Legitimationskarte verfällt. Sodann wird der Fremdling für „kontraktbrüchig" erklärt, als „lästiger" Ausländer [...] ausgewiesen. Die ganze Regelung dieser Arbeitervermittlung übertrug die Regierung der sogenannten Feldarbeiterzentrale in Berlin [...] Für jede Legitimationskarte muß entweder der Empfänger selbst oder den Arbeitertransport führende Werbeagent zwei Mark Gebühr an die Feldarbeiterzentrale zahlen. Die Einrichtung und das Verfahren der Feldarbeiterzentrale ignoriert das in den Handelsverträgen den Landes- beziehungsweise Reichsangehörigen gegenseitig garantierte Freizügigkeits- und freie Aufenthaltsrecht. [...] Durch die in dem Ministerialerlaß angeordneten Maßregeln sollen nämlich auch die nationalpolnischen Bestrebungen bekämpft werden. Die zuwandernden „Großpolen" [*aus dem russischen Polen*] erhalten – rote, die Ruthenen [*aus Galizien*] gelbe, die übrigen ausländischen Wanderarbeiter weiße Legitimationskarten. [...]
[...] Damit ist aber der Umfang der ausländischen Arbeiterzuwanderung durchaus nicht festgestellt, weil ja die Zentrale beispielsweise aus Italien keine Arbeiter importiert. Italienische Arbeiter sind tausendweise im Ruhrgebiet, [...] in größter Masse im lothringisch-luxemburgischen Bergwerksgebiet beschäftigt. [...] Im benachbarten Luxemburg [...] werden ebenfalls, wie auch im angrenzenden Französisch-Lothringen – zwischen diesen Revieren findet ständig ein außerordentlich lebhafter Arbeiterwechsel statt – ,

massenhaft Italiener, gleichfalls zusammen wohl mehrere tausend Polen, Tschechen, Spanier usw. beschäftigt. [...]

Indessen ist es nach unseren Erfahrungen falsch, die slawischen Zuwanderer schlechtweg als „Lohndrücker" zu bezeichnen. Man muß vor allen Dingen einen Unterschied machen zwischen den von Jugend auf an die miserabelsten Lebensverhältnisse gewöhnten, in der Furcht vor dem Gutsherrn erzogenen Zuzüglern aus den landwirtschaftlichen Gebieten und den vorher schon industriell tätigen Zuwandernden. Wenn die ersteren in erheblicher Zahl herankommen, gänzlich mittellos, land- und betriebsfremd, dann ist es ganz selbstverständlich, daß diese Leute seitens des Werkes oft vorläufig wenigstens behaust, manchmal auch beköstigt werden, und die Zechenverwaltungen diese Situation ausnützen, solange es eben geht. In sich immer riesenhafter ausdehnenden Zechenkolonien (Werkshäuser) erhalten die Herangeschleppten Unterkunft. Hier herrscht der Kolonievogt und wacht über das Fernhalten der „verhetzenden Agitatoren". [...] Daß sich besonders die nicht Deutsch sprechenden Arbeiter durch unkollegiales Verhalten in der Kameradschaft hervortäten, haben wir noch nicht gehört. Ebenso unrichtig ist es namentlich den Polen nachzusagen, sie eigneten sich nicht für Arbeiten, die eine höhere Intelligenz erfordern. Wir wissen von vielen sehr tüchtigen deutschen Bergleuten, daß sich deren polnische Arbeitskollegen durch große Intelligenz und handfertige Geschicklichkeit auszeichnen.

Von industrieller Seite entgegnet man, wenn auf die üblen Folgen dieses Nationalitäten- und Sprachengemisches hingewiesen wird, die Heranziehung jener Massen sei notwendig, weil der Arbeiternachwuchs im Revier selbst bei weitem nicht ausreiche. Es soll nicht bestritten werden, daß die einheimische Bevölkerung nicht in der Lage war, der kolossalen Arbeiternachfrage voll zu genügen.

Otto Hue: Die Bergarbeiter, Berlin, Bonn 1981, Bd. 2, S. 557-559 und 563.

Aufgaben

1. Erarbeitet mithilfe der Karte, aus welchen Gebieten die „Schwabenkinder" kamen"! Berechnet die Entfernungen, die die Kinder zurücklegen mussten, und die Zeit, die sie dafür brauchten! (M 1)
2. Bewertet die Arbeit der Schwabenkinder anhand des Textes von Haager! (M 2)
3. Versetzt euch in eine der Personen auf dem Bild und beschreibt ihre Gedanken und Gefühle! (M 3) Erarbeitet daraus eine kleine Spielszene (Wünsche und Hoffnungen der Kinder und der Erwachsenen, Gespräche, die sich entwickeln)
4. Bewertet die Rolle der ausländischen Arbeitskräfte, wie sie der Referent auf dem Arbeitsnachweis-Kongress sieht! (M 4)
5. Erklärt die Organisation für den Aufenthalt und Arbeitseinsatz der ausländischen Arbeiter! (M 5). Überlegt, welche Absicht die preußische Regierung damit verfolgte!
6. Beurteilt die Einstellung Otto Hues zu den polnischen Arbeitern (M 5)!

3.12 Multiethnische Städte

Es gibt viele Zeugnisse, dass seit der Antike in den meisten größeren Städten eine multiethnische Bevölkerung zu Hause war. Dabei waren die Ursachen für die Heterogenität und die Anzahl der einzelnen Gruppen von Zuwanderern verschieden. Ein Beispiel ist die Stadt Dura-Europos, eine seleukidische Gründung am rechten Euphratufer, die später Grenzstadt zwischen Römern und Parthern war. Sie wurde im vergangenen Jahrhundert ausgegraben und die Heiligtümer, die man gefunden hat, lassen auf unterschiedliche Ethnien schließen. Archäologen entdeckten Tempel, die dem Zeus und der Artemis geweiht waren, während in anderen Baal und die semitische Göttin Atargatis verehrt wurde. Eine reich ausgestattete Synagoge ist Zeugnis für eine wohlhabende jüdische Gemeinde.

Besondere Zentren einer multiethnischen Bevölkerung waren die Haupt- und Handelsstädte in den antiken Großreichen. Sie spiegelten die unterschiedlichen Sprachen, Kulturen und Religionen der einzelnen Landesteile. Auch in den römischen Provinzstädten lebten Soldaten und Veteranen aus den verschiedenen Provinzen des Reiches mit der einheimischen Bevölkerung zusammen.

Aus der großen Zahl multiethnischer Städte sollen hier Alexandria, Venedig und New York exemplarisch vorgestellt werden. Sie hatten, bzw. haben ihre Blütezeit in der Antike, in Mittelalter und früher Neuzeit oder in der Gegenwart und besaßen aus unterschiedlichen Gründen eine große Anziehungskraft für Zuwanderer. Die drei Städte stehen für zahlreiche andere Beispiele auf den verschiedenen Kontinenten.

Alexandria

Die Stadt wurde 332 oder 331 vom Makedonenkönig in der Nähe der ägyptischen Siedlung Rhakotis gegründet und erhielt seinen Namen. Sie besaß seine einzigartige Lage zwischen dem Mittelmeer mit der vorgelagerten Insel Pharos und dem Mariotissee, über den man einen Mündungsarm des Nils erreichen konnte. Dies war eine Voraussetzung für die schnelle Entwicklung Alexandrias zu einer der wichtigsten Handelsstädte des Mittelmeers.

Zwischen 320 und 311 v. Chr. verlegte Ptolemaios I. seine Residenz von Memphis nach Alexandria. Im Zeitalter des Hellenismus war die Stadt vor allem ein bedeutendes Zentrum für die Wissenschaft, ausgestattet mit dem „Museion" (Musentempel) als Lehr- und Forschungsanstalt und einer Bibliothek, in der angeblich eine halbe Million Schriftrollen und Bücher aufbewahrt wurden.

Die Bevölkerung wuchs sehr schnell und dürfte zeitweise über eine halbe Million Einwohner betragen haben. Neben Ägyptern lebten dort vor allem Griechen, Makedonen, Syrer und sehr viele Juden. Die Vielfalt der Religionen lässt sich aus den unterschiedlichen Heiligtümern erschließen. Während in den Isistempeln die ägyptische Göttin und im Poseidontempel der römische Gott verehrt wurden, war der Serapistempel einem Gott geweiht, der die griechische und ägyptische Religion vereinen sollte. Außerdem gab es mehrere Synagogen und im Zentrum der Stadt ein „Heiligtum für alle Götter".

Nach der Eroberung Alexandrias durch die Araber wurde die Hauptstadt nach Kairo verlegt. Auch die bewaffneten Auseinandersetzungen um die Herrschaft in den nächsten Jahrhunderten führten zum Verlust ihrer politischen Bedeutung. Als Hafen- und Handelsstadt spielte es aber während des Mittelalters eine wichtige Rolle, bevor die Verlagerung der Handelsströme in den Atlantik ihren Niedergang beschleunigte. Um 1800 lebten noch etwa 7000 Menschen in der Stadt.

Ein neuer Aufschwung begann mit Mehmet Ali (1769-1849) als Statthalter des Osmanischen Reiches in Ägypten. Von der Modernisierung des Landes profitierte vor allem Alexandria. Die Stadt wuchs sehr rasch und wurde erneut zu einer multiethnischen Metropole. Viele Europäer, die Mehmet Ali ins Land holte, ließen sich hier nieder. Engländer, Franzosen, Griechen, Italiener und Juden, die in der Stadt als Händler oder Geschäftsleute lebten, bedienten sich einer eigenen Sprache, die als „Anglo-Franco-Graeco-Italo-Arabisch" bezeichnet wurde. Wegen seiner besonderen Atmosphäre galt Alexandria lange Zeit als „Perle des Mittelmeeres".

Heute leben mehr als vier Millionen Einwohner in der Stadt. Der Anteil an Ausländern ist in den letzten Jahrzehnten drastisch gesunken. Gründe dafür war die politische und wirtschaftliche Entwicklung Ägyptens seit der Gründung der Republik, die zu einem Exodus der Europäer führten: die Verstaatlichung unter Nasser und seine Annäherung an die Sowjetunion, die Nahostkriege und die Islamisierung des Landes.

Venedig

Die Besiedlung der Lagune von Venedig vollzog sich im Lauf von mehreren Jahrhunderten. Während der Völkerwanderung waren die Inseln immer wieder das Ziel von Flüchtlingen. Mit der Einwanderung der Langobarden erfolgte eine dauerhafte Besiedlung durch die romanische Bevölkerung. Venedig gehörte formal zu Byzanz, dessen Tribunen die Rechtsprechung innehatten. Sie entstammten der Oberschicht und wählten seit 764 den „Dogen" (von lat. Dux). Im Jahre 811 verlegte dieser seinen Sitz von Malamocco auf dem Lido auf die Inseln am „Rivus altus", dem heutigen Zentrum.

Der abnehmende Einfluss von Ostrom ermöglichte es der Stadt ihre Unabhängigkeit und die Entwicklung zu einem bedeutenden Machtfaktor im Mittelmeer. Venedig beherrschte zeitweilig die östliche Adriaküste bis Ragusa (heute Dubrovnik) und expandierte auf der „Terraferma" in Oberitalien. Hier reichte sein Territorium im Westen bis Bergamo.

Ursprünglich waren Fischerei und Meersalzgewinnung die wichtigsten Wirtschaftszweige. Daraus entwickelte sich ein Handel, der Venedig zur „Drehscheibe" des Mittelmeeres machte. Die wichtigsten Produkte waren Gewürze, Seide und Baumwolle, die aus dem Orient eingeführt und über die Alpen exportiert wurden. Auch zahlreiche eigene Gewerbe entwickelten sich, die vor allem Luxusgüter wie Glaswaren (Murano), Textilien oder Schmuck herstellten.

Um 1300 lebten hatte Venedig etwa 160000 Einwohner und zählte damit zu den größten Städten in Europa. Durch den Handel waren viele Auslandskontakte entstanden, was zu einer zeitweiligen oder dauerhaften Ansiedlung von Ausländern – Dalmatiner, Kroaten, Griechen, Türken, Araber – in Venedig führte. Etwa ein Prozent der Bevölkerung waren Deutsche, unter ihnen Künstler und Geschäftsleute, aber auch viele Arbeiter und Handwerker. Von den 39 Bäckern, die es in Venedig gab, stammten zeitweilig 32 aus Deutschland. Viele Zuwanderer durften frei in der Stadt wohnen und konnten durch Heirat oder langjährigen Aufenthalt das venezianische Bürgerrecht erwerben.

Die wichtigste multiethnische Bevölkerungsgruppe zu Beginn der Neuzeit waren die Juden. Während ihnen vor 1500 nur ein zeitweiliger Aufenthalt gestattet war, durften sie sich jetzt Häuser erwerben, ihren Geschäften nachgehen und ihre Religion frei ausüben. Eine judenfeindliche Stimmung, wie sie vor allem von den Bettelorden verbreitet wurde, führte zu ihrer Ansiedlung im „Ghetto", einer ehemaligen Erzgießerei im Stadtteil Cannaregio. In den nächsten Jahrhunderten zogen viele jüdische Familien aus verschiedenen Ländern nach Venedig, sodass das Ghetto zwei Mal erweitert werden musste.

Venedigs Interesse an den Juden galt vor allem ihren Geldgeschäften und dem Orienthandel, den sie mit Verwandten oder Glaubensbrüdern betrieben. Außerdem wollte die Stadt ihre Unabhängigkeit von Rom demonstrieren, sodass die Inquisition nur in wenigen Fällen gegen Juden oder Marranen – getaufte Juden, die heimlich bei ihrem Glauben blieben oder zu ihm zurückkehrten – tätig wurde. Zeitweilig gab es ein Gesetz, das den Antrag auf Ausweisung der Juden mit dem Tod bestrafte. Diese Politik ermöglichte den Juden eine große persönliche und religiöse Freiheit und führte zu einer wirtschaftlichen und kulturellen Blüte ihrer Gemeinden. Venedig wurde ein wichtiges Zentrum für den Druck von hebräischen Büchern und die Heimat bedeutender jüdischer Gelehrter.

Der Niedergang Venedigs war ein längerer Prozess, der mit der Eroberung Konstantinopels durch die Türken begann. Die „Serenissima" verlor ihre Besitzungen im östlichen Mittelmeer, musste 1573 Zypern und knapp hundert Jahre später Kreta abtreten. Wie bei Alexandria wirkte sich auch sich auch die Verlagerung der Handelsströme aus, sodass Venedig seine Bedeutung als Handelsstadt schließlich einbüßte. Aber Grund seiner Gewerbe war es auch im 18. Jahrhundert noch wirtschaftlich bedeutsam.

Das Ende der Republik erfolgte 1797, als sie trotz ihrer Neutralität von Napoleon besetzt wurde. Venedig fiel an Österreich, bevor Napoleon es 1805 dem Königreich Italien eingliederte. Der Wiener Kongress sprach es als Teil des Königreiches „Lombardo-Venetien" den Habsburgern zu. Seit 1866 gehört es zu Italien.

In den letzten Jahrzehnten hat sich Venedig erneut zu einer multiethnischen Stadt entwickelt. Von den 270000 Einwohnern leben 90000 in der Lagune, zwei Drittel davon im historischen Zentrum. Die nichtitalienische Bevölkerung zählt etwa 17000 Einwohner. Die meisten von ihnen stammen aus Ost- und Südosteuropa (Moldawien, Ukraine, Rumänien, Albanien, Makedonien). Auch die Zahl der Zuwanderer aus Asien, vor allem aus Bangla Desh und China, ist gewachsen.

New York

Vor der Entdeckung Manhattans durch die Europäer (1524) lebten etwa 10000 Jahre lang Algonquin-Indianer auf der Insel. Zu Beginn des 17. Jahrhundert begann die erste Kolonie aus holländischen und wallonischen Siedlern. Peter Minuit (Minnewit) als niederländischer Gouverneur kaufte den Indianern „Manahatin" ab und gründete die Stadt „Nieuw Amsterdam". Wenige Jahre später entstand die benachbarte Siedlung „Breukelen" (Brooklyn). Als Großbritannien Besitzansprüche geltend machte, ergab sich Neu-Amsterdam 1664 kampflos und wurde in New York umbenannt.

Als Teil Neuenglands wuchs New York im 18. Jahrhundert von etwa 10000 auf knapp 100000 Einwohner. Nach dem Unabhängigkeitskrieg war sie von 1783 bis 1790 die Hauptstadt der Vereinigten Staaten. Die Expansion im 19. Jahrhundert, eine verbesserte Verkehrsverbindung mit den großen Seen durch die Erie-Kanal und die Industrialisierung machten New York zum Handels- und Bankenzentrum des Landes. Alle Krisen wie die Cholera-Epidemie (1832), mehrere Stadtbrände, wachsende Kriminalität oder Rassenunruhen verzögerten die Entwicklung nur kurzfristig. 1898 wurden die Nachbargemeinden Bronx, Queens, Brooklyn und Richmond (Staten Island) eingemeindet. Mit 3,5 Millionen Einwohnern war New York nach London die zweitgrößte Stadt der Welt.

Ein wichtiger Faktor für die Entwicklung New Yorks war die Masseneinwanderung aus Europa, die im 19. und zu Beginn des 20. Jahrhunderts in mehreren Wellen erfolgte und 1907 mit 1,4 Millionen ihren Höhepunkt erreichte. Während um 1850 vor allem Iren und Deutsche zuwanderten, nahmen am Ende des Jahrhunderts italienische Immigranten und Juden aus Osteuropa deutlich zu. New York war nicht nur Ziel der Einwandererschiffe, sondern wurde für viele auch die Heimat in der Neuen Welt. Ihre Bedeutung für New York beschreibt der zeitgenössische Slogan, die Stadt sei „run by the Irish, built by the Italians and owned by the Jewish".

Die Einwanderer verteilten sich nicht gleichmäßig über das Stadtgebiet, sondern konzentrierten sich in bestimmten Gebieten zu ethnischen Schwerpunkten. Das bekannteste Zentrum wurde „Chinatown" entlang der Canal Street, das bis heute sein exotisches Aussehen bewahrt hat. Andere Viertel wie „Little Italy" rund um die Mulberry Street oder „Little Germany" in der Lower East Side, von seinen Bewohnern auch als „Deutschländle" bezeichnet, haben sich dagegen fast völlig aufgelöst.

In den letzten Jahrzehnten bildeten sich neue ethnische Zentren, deren Verteilung auch von dem sozialen Status seiner Bewohner abhängt. Der Schwerpunkt der Afroamerikaner war ursprünglich Harlem im Norden der Insel Manhattan. Inzwischen wohnen sie in vor allem Brooklyn, wo früher sehr viele Juden lebten, und in der Bronx. In diesem Stadtteil befinden sich auch viele Wohngebiete der Hispanics. Die größte Vielfalt herrscht in Queens, dem größten Stadtteil von New York. Die meisten der etwa 2,2 Millionen Einwohner in Queens sind Einwanderer aus Lateinamerika und Asien.

Das Thema im Unterricht

Das Zusammenleben unterschiedlicher ethnischer Gruppen in einer Stadt ist eine alltägliche Erfahrung der meisten Schüler. Dies kann als Einstieg in das Thema dienen, das sich vor allem für die Oberstufe eignet. Ein Blick in die Geschichte zeigt, dass multiethnische Städte eine lange Tradition haben. Anhand von Quellen und Recherchen (Fachliteratur und Internet) können die Schüler erarbeiten, wie sich diese Städte entwickelt haben, wie die unterschiedlichen Bevölkerungsgruppen zusammen lebten, welche Konflikte es gab und wie sie gelöst wurden. Die Lage in New York lässt sich auch im Englischunterricht thematisieren. Andere multiethnische Städte wie Triest, Saloniki, Mombasa oder Buenos Aires können ebenfalls genauer untersucht werden. Damit leistet das Thema einen Beitrag, die eigene Stadt und ihre Probleme besser zu verstehen.

Materialien

M 1: Das antike Alexandria

Polypolis, „Vielstadt", wird zu Beginn der Kaiserzeit der jüdische Autor Philo seine Heimatstadt nennen. Alexandria war keineswegs eine homogene Stadt, sondern ein Konglomerat von nicht selten getrennt lebenden Gemeinschaften, die sich durch Abkunft, Bürgerrecht und Lebensweise von einander unterschieden. [...]

Die Hauptmasse der Bevölkerung bildeten in Alexandria wie anderswo im Land die eingeborenen Ägypter. Trotz fehlender Statistiken kann man annehmen, daß die Ägypter im ganzen Land nach Millionen, die griechischen Einwanderer dagegen nach Tausenden zählten. Die ägyptischen Tempel mit ihren zahlreichen Priestern und ihrer festen Organisation, mit ihrer traditionellen Wirtschafts- und Gesellschaftsordnung, die Jahrtausende zurückreichte, waren für die meisten Menschen weiterhin die Mittelpunkte des religiösen Lebens. Diese Tempel und ihr Klerus stellten in Ägypten eine große Macht dar. Die Götter waren die eigentlichen Herren Ägyptens, und alle Herrscher des Landes erkannten dies an. Dennoch standen die Einheimischen in Alexandria sowie in Tausenden von Stadtsiedlungen und Dörfern Ägyptens auf der untersten Stufe der Gesellschaft: Bauern, Handwerker, Händler, im Lande ansässige Soldaten. Das Hauptproblem, das sich für die neuen

Herrscher Ägyptens stellte, lag darin, einen annehmbaren Modus vivendi für das Zusammenleben aller Bevölkerungsgruppen zu finden.

Die „internationale" Herkunft der griechischen Soldaten seit dem 3. vorchristlichen Jahrhundert bezeugen deren Gräber in den zahlreichen Katakomben der Stadt: Die Kreter sind als die wichtigste Gruppe zu nennen, aber auch Griechen aus dem Mutterland und vorallem aus Kleinasien. Mit der Eroberung durch Alexander war das griechische Element in Ägypten erheblich verstärkt worden. [...] In Alexandria prägten sie zwar nicht das Stadtbild, aber sie dominierten auch hier. In der Stadt wurde bald ein eigener griechischer Dialekt gesprochen. [...]

Bei den zahlreichen Schilderungen des äußerst unruhigen, ja teilweise rebellischen Verhaltens der Einwohner Alexandrias darf allerdings nicht außer acht gelassen werden, daß die Stadt sich über Jahrhunderte hinweg mit einem Zuzug fremder Bevölkerungsgruppen konfrontiert sah. Die Tausende von Personen, die uns auf Papyri der ptolemäischen Zeit begegnen, kommen aus mehr als 200 Orten der hellenistischen Welt. Viele traten von auswärts in den Dienst der Herrscher und brachten auch Personal mit, das dann blieb. [...] Auch Händler, die ihre Geschäfte in der Stadt abwickelten, waren beständig auf der Suche nach Arbeitskräften. Die Universität und die ihr angeschlossenen Schulen bezogen ebenfalls ihre Klientel von weither. Tempel in Heilstätten lockten während der Ptolemäer- und in der Kaiserzeit Tausende an, wie es in der Spätantike die christlichen Kirchen und Klöster taten. Und zu allen Zeiten gab es Menschen jeder Art, die in Alexandria ihr Glück zu machen suchten. [...]

Der Hof und die Verwaltung, griechische Einwohner, statuslose Immigranten, Ägypter, aber auch fremde nichtgriechische Personengruppen wie die Juden prägten das Erscheinungsbild der Stadt. Ptolemaios I. hatte seit 320 v. Chr. mehrere Feldzüge nach Palästina unternommen, in deren Verlauf er zahlreiche Gefangene machte. [...] Für fast ein Jahrhundert blieb Palästina unter der Kontrolle Ägyptens, was die Verbindung zwischen den dort lebenden Juden und denen des jüdischen Kernlandes intensiviert haben dürfte. Zudem mögen viele Juden gerne in das prosperierende und von kriegerischen Auseinandersetzungen kaum direkt betroffene Ägypten und Alexandria eingewandert sein. [...] Als zu Beginn des 2. vorchristlichen Jahrhunderts die Kontrolle Palästinas an die Seleukiden fiel und dort eine Generation später der Makkabäeraufstand ausbrach, wanderten viele Juden nach Ägypten aus. [...]

Alexandria bildete ein Zentrum des Judentums von solcher Anziehungskraft, daß sein Einfluß nicht nur alle ägyptischen Gemeinden übertraf, sondern sich auch auf Palästina erstreckte. Immer mehr Juden zogen in die Stadt, die sich schnell hellenisierten und in der sie ganz andere geistige und religiöse Bedürfnisse entwickelten wie in Palästina.

Manfred Clauss: Alexandria. Schicksale einer antiken Weltstadt, Stuttgart 2003, S. 56-61 und S. 63.

Multiethnische Städte 127

M 2: Alexandria als multiethnische Stadt im 19. Jahrhundert.
Das immer mehr wachsende und sich ausdehnende Quartier der Franken [*Europäer*], in dem alljährlich palastartige Neubauten entstehen, [...] drängt die Stadt der Einheimischen immer mehr in den Schatten. Hier hat sich ein völlig europäisches Leben entwickelt mit Gasbeleuchtung, glänzenden Läden, Kaffeehäusern, Theatern, Hotels; hier haben die Klubs und Vereine („Deutscher Verein") ihren Sitz, hier liegen die europäischen Spitäler (deutsches Diakonissenhaus). Jeder europäische Handelsstaat hat in A. [*Alexandria*] eine kleine Kolonie mit einem Konsul, alle Religionen genießen Schutz und Freiheit, und alle christlichen Hauptsekten besitzen hier Kirchen. Die Juden haben mehrere Synagogen und die Mohammedaner über 30 Moscheen. [...] Der fremden Bevölkerung steht eine mindestens dreimal so starke einheimische, meist aus türkischen und arabischen Elementen gemischte gegenüber, die in armseligen, aus Lehm zusammengekneteten Hütten wohnt, und zu der sich noch Vertreter der verschiedensten afrikanischen Völkerschaften gesellen. Die Gesamtzahl der Einwohner wird zu (1888) 208755 angegeben. Davon kommen auf die europäische Bevölkerung, welche, Handelsgewinn suchend, sich in A. niedergelassen hat, nahezu 60000, vorherrschend Italiener, Griechen und Franzosen (nur etwa 1000 Deutsche).
Meyers Konversations-Lexikon, 4. Aufl., Bd. 1, Leipzig 1888, S. 328f.

M 3: Das Ghetto in Venedig
Eine Besonderheit Venedigs in der frühen Neuzeit war die jüdische Gemeinde, die sich aus unterschiedlichen Ethnien („Nationen") zusammensetzte.
Natione Tedesta:

Sie wurde von den aschkenasischen Juden gebildet – man nannte sie „Deutsche", auch wenn sie seit Generationen in Italien lebten, die Namen italienisiert waren und sie nicht mehr jiddisch, sondern italienisch-venezianisch sprachen. Allerdings wanderten im 15./16. Jh. viele jiddischsprachige Familien aus Deutschland und aus Polen zu. Die Deutschen waren jene jüdische Gruppe, die das venezianische Ghetto begründet hatten, folglich gehörte ihnen auch die älteste Synagoge Venedigs, die Scuola Grande Tedesca (1529). Die Aschkenasim wohnten im Ghetto Nuovo. [...]
    Von der sozialen Stellung her waren die Aschkenasim Bankiers, Pfandleiher, Ärzte, darunter viele italienische Juden, Trödelhändler und in der Mehrheit Handwerker und Kleingewerbetreibende im Ghetto.

Natione Levantina:

Das waren levantinische Juden, zum Beispiel aus Saloniki, Alexandrien oder Byzanz; dort gab es seit der Römerzeit Judengemeinden. Es waren zum Teil auch Sepharden, also spanische Juden, die schon im 15. Jh. Spanien (hebr.: Sepharad) verlassen hatten oder 1492 vertrieben worden waren und zunächst nach Osten ausgewandert sind. Auch Marranen (getaufte Juden [...]) gehörten zu dieser Gruppe, die sich nach 1492 in den Hafenstädten des östlichen Mittelmeeres niederließen und wie Juden den Schutz des Sultans genossen. Bei einer Niederlassung in Venedig kehrten sie in der Regel zum Judentum zurück.

Unter diesen Juden waren reiche Kaufleute und Seefahrer mit hervorragenden Verbindungen, nicht zuletzt verwandtschaftlicher Art, ins türkische Reich. Viele blieben Untertanen des Sultans in Konstantinopel und konnten sich innerhalb der Grenzen des Osmanischen Reiches frei bewegen. Der Anteil der Levantiner am Osthandel stieg ständig; schon im 16. Jh. hatten sie eine monopolartige Stellung im Handel – auf dem Landweg über Bosnien und Ungarn – mit der Walachei und der transkarpatischen Moldauregion. Die Levantiner wohnten zunächst im Ghetto Nuovo. Seit 1541 erhielten sie in der Erweiterung – dem Ghetto Vecchio – dauerhaftes Niederlassungsrecht. Ihre erste Synagoge – die Scuola Levantina – errichteten sie 1538.

Natione Ponentina:

Die Ponentini (von ital. ponente: Westen, also ‚Westjuden') waren Sepharden – oder genauer: Sie stammten von marranischen Christen ab. Sie gehörten zu jenen Juden, die sich 1492 (Spanien) oder 1497 (Portugal) taufen ließen oder zwangsgetauft wurden. In der zweiten Hälfte des 16. Jhs. konnten viele (wenn auch illegal) Spanien oder Portugal vorlassen. Spätestens bei ihrer Niederlassung in Venedig kehrten sie zum Judentum zurück. Ein solcher Schritt – die Conversion vom Christentum zum Judentum – war in den Augen der Inquisition ein todeswürdiges Verbrechen; er war im Bereich der Römischen Kirche eigentlich nur in Venedig denkbar. Denn für die Vergangenheit interessierte man sich hier in der Regel nicht: Wer ins Ghetto zog, war für die Repubblica Serenissima Jude. Wie meist bei den Venezianern stand hinter dieser Haltung kühle kaufmännische Kalkulation. Denn die Republik war an diesen Menschen sehr interessiert; auch unter ihnen waren nämlich Kaufleute und Fernhändler, die Geld in die Stadt brachten. Im Unterschied zu den Levantinern legten die Ponentini größten Wert darauf, venezianische Untertanen zu werden, was ihnen den Schutz ihrer Person und ihres Vermögens garantierte. Als Wohnstätte wurde ihnen das Ghetto Vecchio zugewiesen. Sie verfügten über die größte Synagoge Venedigs, die Scuola Spagnola.

Italienische Juden:

Die Zuwanderung aus Italien – vor allem aus dem im Zeitalter der Gegenreformation immer intoleranter werdenden Kirchenstaat – bewirkte, daß sich eine eigene italienische

Multiethnische Städte

Gemeinde bildete. Von einer „Natione Italiana" ist allerdings nie gesprochen worden. Der religiöse Mittelpunkt war die Scuola Italiana.
Das Ghetto, in dem im 17. Jh. an die 5.000 Menschen wohnten, war so multinational wie Venedig selbst. Hier wurde venetianisches Italienisch gesprochen, aber auch Spanisch, Portugiesisch, venezianisches Jiddisch, Hebräisch. Die übergroße Mehrheit der venezianischen Juden war selbst in den besten Zeiten nicht reich. Die reichen Levantiner beispielsweise hatten jüdisches Hauspersonal und jüdische Arbeitskräfte. [...]
Die Vielfalt der jüdischen Nationen trat gegenüber der Serenissima als Einheit auf – die Università degli Ebrei. Es gab eine jüdische Vertretung gegenüber der Republik, die mit ihren Juden stets, wie mit guten Geschäftspartnern, von gleich zu gleich verhandelte.

Siegfried Münchenbach: Juden in Venedig, in: Venedig – Kunst und Geschichte, Akademiebericht Nr. 324, Akademie für Lehrerfortbildung und Personalführung, Dillingen 1999, S. 87f.

M 4: Einwanderer in New York um 1900

Für den Großteil der Immigranten, die zu Beginn des 20. Jahrhunderts nach New York kamen, führte der Weg von Ellis Island direkt in die Lower East Side. Im Jahr 1900 waren die 450 Wohnblocks des Stadtteils die am dichtesten bevölkerten der Welt. Hier lebten mehr als eine halbe Million Menschen und jeden Monat kamen Tausende hinzu. Noch zehn Jahre zuvor hatte Jacob Riis *[Journalist und Fotograf, 1849-1914]* ebenso ungläubig wie erschüttert zur Kenntnis genommen, dass in den Slums auf jeden einzelnen Hektar 1250 bis 2000 Personen kamen. Inzwischen waren es 2500 bzw. mehr als 3000 pro Block – eine in der Weltgeschichte einzigartig hohe Bevölkerungsdichte.
Diese Masse an Menschen, ihre Energien und ihre Träume, eingeschlossen in die Enge der Mietskasernen, sollten mit der Zeit die amerikanische Kultur von Grund auf verändern und Teil des Mythos Amerika werden. [...]
Die Unterkünfte, in denen die Neuankömmlinge ihr erstes Zuhause fanden, waren legendär für ihre Dürftigkeit. Zunächst als billige Notunterkünfte für die längst ausgezogenen deutschen und irischen Einwanderer gebaut, wurden die Mietskasernen nun durch die neuen Einwanderungswellen von Italienern, Russen, Polen, Griechen, Ungarn, Armeniern und einem halben Dutzend weiterer Nationalitäten bezogen, die sich eine andere Wohngegend nicht leisten konnten.
Nicht selten teilten sich 20 oder mehr Personen eine Unterkunft, sodass sich die Kinder häufig zu viert oder fünft in einem Bett drängten, während die Erwachsenen gezwungen waren, in Schichten zu schlafen. Konnten Familien die zehn Dollar Monatsmiete nicht aufbringen, nahmen sie Untermieter auf. Diese schliefen auf Matratzen, die in den Schlafbereichen und Küchen dicht an dicht auf dem Fußboden ausgebreitet wurden.

Falls die Matratzen nicht ausreichten, mussten zwei Stühle herhalten, zwischen die ein Brett gelegt wurde. [...]

Auf Grund der engen Wohnverhältnisse spielte sich das Leben hauptsächlich draußen auf den Straßen ab. Spiel- und Arbeitsplatz, Klassenraum, Theater, allgemeiner Treffpunkt – von den frühen Morgenstunden bis in die späte Nacht hinein waren die Straßen ein großer, lebhafter Basar. Scharen von Händlern breiteten ihr schier unermessliches Warenangebot auf der Straße aus oder boten es auf Karren feil, die für zehn Cent Tagesmiete zu kriegen waren.

Um 1900 konnte man in den Straßen der Lower East Side über 25000 solcher Verkaufskarren zählen, die alles Erdenkliche darboten, von Obst und Gemüse über Töpfe und Pfannen, Schuhbänder und Stoffe, Werkzeug und Geschirr, Bücher und Papierwaren, Brillen zu 35 Cent oder gebrauchte Mäntel und Hüte zu 25 Cent. [...]

Den neu Eingetroffenen bot dieser Handel einen Einstieg in die neue Welt. [...] Ein erfolgreicher Händler verdiente bis zu 15 oder 20 Dollar pro Woche – genug, um einen eigenen kleinen Laden eröffnen zu können.

Ric Burns, James Sanders, Lisa Ades: New York. Die illustrierte Geschichte von 1609 bis heute, München 2005, S. 246.

M 5: „Campanilismus" – Italiener in New York

Zunächst bestand der überwiegende Teil der italienischen Emigranten aus jungen Männern ohne Ausbildung. In ihrer Heimat hatten sie auf dem Land gelebt, in Amerika gehörten sie dagegen dem städtischen Proletariat an. [...] An ländlichen Agrargemeinschaften waren die jungen Männer kaum interessiert, wussten sie doch herzlich wenig über die Landwirtschaft – sie waren eher Farmarbeiter als Bauern. Außerdem waren sie ja nach Amerika gekommen, um dem armen Leben auf dem Land zu entkommen.

Nach ihrer Ankunft in den Vereinigten Staaten mussten [...] sie das Auffanglager von Ellis Island passieren und landeten dann auf der Straße, wo man sie ihrem Schicksal überließ. Einige hatten immerhin Verwandte mit ausgeprägtem Sinn für den „Campanilismo" – die Sympathie für Menschen, die in Hörweite des gleichen Glockenturms geboren waren. Oft wohnten Leute aus demselben italienischen Dorf in der gleichen Straße in New York, manchmal sogar im gleichen Haus. Auf der einen Seite der Mott Street etwa lebten Neapolitaner, auf der anderen Emigranten aus der Basilicata; die Hester Street gehörte den Auswanderern aus Apulien sowie den europäischen Juden, Elizabeth und Prince Street waren fest in sizilianischer Hand, westlich des Broadway lebten die Norditaliener aus Ligurien und dem Piemont – als ob man Italien in Puzzleteile zerlegt und in Lower Manhattan neu zusammengesetzt hätte.

Diese Aufteilung hatte bis weit ins 20. Jahrhundert hinein Bestand, was insofern überraschte, als dass unter der italienischen Bevölkerung von New York – und der italienischen

Multiethnische Städte 131

Bevölkerung von Amerika generell – eine große Fluktuation herrschte. Die meisten Italiener, die in die Vereinigten Staaten einreisten, wollten dort Geld verdienen und dann nach Italien zurückkehren – was sie von den anderen europäischen Immigranten des Landes deutlich unterschied.
Russell King: Atlas der Völkerwanderungen, München 2007, S. 150f.

M 6: Das „Deutschländle" in New York im 19. Jahrhundert
Der württembergische Theologe und Schriftsteller Theodor Griesinger wanderte aus politischen Gründen 1852 in die USA aus, kehrte aber fünf Jahre später nach Stuttgart zurück.
„Kleindeutschland" erstreckt sich in nördlicher Richtung [...] von der Houstonstreet bis zur zwölften Straße, sowie umgekehrt gegen Westen zu [...] von der Avenue „D" bis zur „ersten" Avenue und nimmt also einen bedeutenden Raum ein. [...]

Wahrhaftig das Deutschländle verdient seinen Namen, denn es sind zum mindesten fünfzehntausend deutsche Familien hier auf einem und demselben Fleck eingebürgert und seßhaft! Fünfzehntausend Familien – das macht nicht weniger als siebenzig- bis fünfundsiebenzigtausend Köpfe! Wie viel Städte in Deutschland zählt man, welche mehr Einwohner aufweisen können? [...]

Es war natürlich kein „M u ß", daß sich die Deutschen dieses Viertel auslasen. Sie wurden weder von den Stadtbehörden dazu angehalten, noch gab es irgend eine andere dringende Veranlassung. In Amerika verbannt man ja nicht einmal den Juden in sein eigenes abgesondertes Revier, wie viel weniger einen guten deutschen Christen! Das Ding machte sich vielmehr ganz von selbst. Die Gegend des Deutschländles liegt nemlich nicht allzuweit entfernt von der unteren Stadt, in welcher das ganze Geschäft Newyorks concentrirt ist, und – die Meisten, ja fast alle Bewohner Kleindeutschlands sind ja Arbeiter, welche entweder in den Shops oder Werkstätten der untern Stadt beschäftigt sind oder auch die zu Hause fertig gemachte Waare in die dort befindlichen Läden abzuliefern haben. So ist diese Gegend für die Deutschen „die gelegenste" und deßwegen wurde sie auch von ihnen auserwählt. Ueberdieß – Deutsche wohnen ja gerne bei Deutschen! Hier verstehen sie doch einander; hier können sie ihre Muttersprache sprechen und auf alt hergebrachte Weise leben, ohne ausgelacht zu werden; warum sollten sie sich also nicht zusammenthun? [...]

Es geht auch ächt deutsch zu im Deutschländle, so deutsch, wie in Deutschland selbst! Der Bäcker ist so gut deutsch wie der Metzger, und der Metzger so gut wie der Apotheker. Allerdings sind es lauter „Kleingeschäfte", die allda getrieben werden, allein kein einziges befindet sich in andern Händen, als in deutschen. Nicht blos der Schuhmacher und der Schneider, nicht blos der Rasirer und der Doktor, nicht blos der Krämer und der Wirth, nein auch der Pfarrer ist hier deutsch, und damit dem Deutschthum die Krone aufgesetzt werde, trifft man sogar eine deutsche Leihbibliothek da [...]. Wer also in Kleindeutschland wohnt, braucht keine Sylbe englisch zu verstehen und kommt doch fort. Ist das nicht ein immenser Anlockungspunkt?

Theodor Griesinger: Kleindeutschland in Newyork, in: Land und Leute in Amerika. Skizzen aus dem amerikanischen Leben, 2. Ausgabe, Bd. 2, Stuttgart 1863, S. 548, 553-556.

M 7: New York als multiethnische Stadt

1640 sprachen ein paar Hundert Einwohner achtzehn Sprachen, und noch heute ist die sprachliche Vielfalt dieser Stadt eine Selbstverständlichkeit. In New York scheinen die Minderheiten die Majorität zu sein. Hier leben mehr Juden als im Staat Israel. Schwarze und Puertorikaner machen etwa ein Drittel der Bevölkerung aus, Italiener knapp 10 Prozent und Iren noch etwa 7 Prozent. [...] Die heimlichen Grenzgänger aus Mittel- und Südamerika sind überhaupt nicht zu zählen, weil sie sich tunlichst vor den Behörden verstecken. [...] Über 100000 Chinesen leben hier [...] Etwa 300000 Deutsche, Österreicher und Schweizer leben hier, 100000 Ungarn. 60000 Griechen, 60000 Japaner, 50000 Armenier und 40000 Filipinos. Eine Schätzung behauptet, daß heute fast jeder dritte New Yorker nicht in Amerika geboren ist. [...]

Die berühmte Theorie des Schmelztiegels, des vielzitierten „melting pot", läßt. sich bei näherem Hinsehen kaum aufrechterhalten. „Mr. and Mrs. America" werden nicht mehr vorbehaltlos als nachahmenswerte Vorbilder akzeptiert. [...] Früher wollte man nur ungern aus dem „as American as apple pie"-Rahmen herausfallen, heute fügt man sich ein, ohne die eigene Identität dabei aufzugeben. [...]

Die Koreaner, eine der neuesten Immigrantengruppen, die in New York siedeln, können zwar kaum Englisch, aber sie haben in Windeseile eine Marktlücke gefunden und mit unglaublichem Fleiß und Einsatz ausgefüllt: An allen Ecken und Enden der Stadt haben sie Obst- und Gemüseläden eröffnet, die sie rund um die Uhr betreiben. Die Chinesen, bereits in 2. und 3. Generation ansässig, haben sich längst geschäftlich durchgesetzt, ihre Restaurants sorgen für Vollbeschäftigung innerhalb der chinesischen Gemeinde. Jetzt beginnen sie, auf politische Rechte zu pochen. Ihre häufig illegal eingewanderten Eltern und Großeltern verhielten sich still und übten sich in Unauffälligkeit, die Jungen wollen mitreden – als Chinesen und als New Yorker. Auch die ethnischen Gruppen, die schon lange da sind, besinnen sich auf ihre eigene Herkunft. Früher schnitten jüdische Einwanderer sich und ihren Söhnen die Schläfenlocken ab und nannten sich Jim und John. Heute spielen Joshua und Aaron im Park. [...]

1992 wird Ellis Island, die kleine Insel vor Manhattan, auf der 17 Millionen Einwanderer landeten, dieses kleine Stückchen Erde, auf dem sie zum ersten Mal die „Neue Welt" betraten, hundert Jahre alt. Das muß natürlich gefeiert werden. Das bisherige Einwanderer-Museum wird erweitert und zum drittgrößten Museum der Stadt ausgebaut. [...] In New York gibt es ein hispanisches („El Museo del Barrio") und ein ukraini-

sches Museum, ein „Center for African Art", ein „Caribbean Center", eine jüdische Universität („Yeshiva University") und ein jüdisches Museum – um nur einige zu nennen. [...]
Jeder Tourist muß einmal auf der Lower Eastside durch das chinesische, das italienische und das jüdische Viertel laufen [...], um zu begreifen, was es heißt, innerhalb weniger Blocks von einer Welt in die andere, von einer Kultur zur nächsten zu kommen und doch in New York zu bleiben. Diese verschiedenen kulturellen und ethnischen Prägungen sind fast immer sichtbar, oder besser, fühlbar. [...] Es ist diese Mischung aus bewußter und betonter ethnischer Herkunft und Lebensform und zwangsläufiger Weltoffenheit, aus Provinz und Weltstadt, die die Faszination ausmacht.

Gabriele von Arnim und Bruni Mayor: New York, Köln 11. Aufl. 1989, S. 15f.

M 8: Die Bevölkerung New Yorks (in Prozent)

	1990	2000	2005/2007
Weiße Nicht-Hispanics	35,0	35,1	43,2
Hispanics	24,4	27.0	27,4
Afroamerikaner Nicht-Hispanics	25,2	24,5	23,7
Asiaten	7	9,8	11,6
Mischlinge	–	4,9	1,9

Als „Hispanics" werden alle Zuwanderer als Mittel- und Südamerika bezeichnet, unabhängig von ihrer Hautfarbe. Nach: http://de.wikipedia.org/wiki/New_York_City (1.3.2012). Die Zahlen stammen von dem United States Census Bureau, wobei die Angaben auf Befragungen beruhen. Hispanics: Bewohner hispanoamerikanischer oder spanischer Herkunft.

Aufgaben

1. Stellt die verschiedenen ethnischen Gruppen im antiken Alexandria auf Grund ihrer Herkunft zusammen! (M 1)
2. Beschreibt die Besonderheit Alexandrias als multiethnische Stadt im 19. Jahrhundert! (M 2)
3. Informiert euch anhand von Fachliteratur, Reiseführern oder im Internet über die heutige Bevölkerung Alexandrias!
4. Zeichnet auf einer Karte die Herkunft der verschiedenen jüdischen „Nationen" ein, die in der frühen Neuzeit in Venedig lebten! (M 3)
5. Schildert die Lebensverhältnisse in der Lower East Side um 1900 anhand einer fiktiven Reportage! (M 4)
6. Erläutert die Veränderungen in den Armenvierteln New Yorks und die Möglichkeiten eines sozialen Aufstiegs! (M 4)
7. Erklärt der Begriff „Campanilismus" und seine Ursachen! (M 5)
8. Skizziert in einem aktuellen Stadtplan von New York die ursprüngliche Ausdehnung des „Deutschländles"! (M 6)
9. Stellt die Gründe zusammen, die Griesinger für die Entstehung des „Deutschländles" aufführt! (M 6)
10. Erklärt die Veränderungen in der Zusammensetzung und im Verhalten der ethnischen Gruppen in New York! (M 7)
11. Zeichnet zur Statistik der Einwohner von New York ein Säulendiagramm, das die veränderte Zusammensetzung sichtbar macht! (M 8)
12. Stellt die Gemeinsamkeiten und Unterschiede zusammen, die das antike Alexandria, das mittelalterliche/frühneuzeitliche Venedig und New York als multiethnische Städte besitzen!

Umsiedlung, Deportation, Vertreibung

4. Migrationen seit dem 20. Jahrhundert

Eine Behandlung der zeitgeschichtlichen Migration ist im Rahmen dieses Bandes nur in Ansätzen möglich. In vielen Fällen erlaubt die zeitliche Nähe keine abschließende Bewertung. Die globale Dimension moderner Wanderungen, ihre vielfältigen Erscheinungsformen, die Fülle des Materials, die aktuelle Entwicklung, die sich ständig verändert, und die widersprüchlichen Zahlen erlauben keine knappe Darstellung. Deshalb sollen lediglich anhand von Einzelthemen einige „Schneisen geschlagen" werden.

Die Defizite, die sich dabei ergeben – zum Beispiel die Deportation der Juden oder die Flucht und Vertreibung am Ende des Zweiten Weltkrieges – lassen sich aber rechtfertigen. Diese Themen gehören zum festen Bestandteil der Lehrpläne und -bücher. Für manche Bereiche sind neben der Geschichte besonders die Fächer der politischen Bildung und die Geografie gefordert. Schließlich ermöglicht die wissenschaftliche Aufarbeitung, wie sie zum Beispiel die umfangreiche „Enzyklopädie Migration in Europa" bietet, einen schnellen Zugriff auf die einzelne Themen.

Das Thema im Unterricht

Die aktuellen Erscheinungsformen der Migration sind heterogen und in ihren Ursachen vielfach miteinander verknüpft, sodass die Behandlung im Unterricht hier zusammengefasst werden kann. Die einzelnen Fragen berühren die deutsche und europäische Geschichte ebenso wie die aktuelle Weltpolitik, was einen flexiblen Einsatz der Materialien erfordert.

Im Geschichtsunterricht können sie in einen Längsschnitt integriert werden, der von verwandten Formen aus früheren Epochen ausgeht. Ein Vergleich kann sich darauf beschränken, Gemeinsamkeiten und Unterschiede herauszuarbeiten. Eine andere Möglichkeit ist ein fächerübergreifender Ansatz, bei dem andere Fächer eigene Fragestellungen beitragen. Im Fach Deutsch können Jugendbücher zum Thema Migration gelesen und besprochen werden.

Aktuelle Migrationen lassen sich gut in einem Unterrichtsprojekt behandeln, bei dem außerschulische Lernorte wie Archiv, Museum und Denk- oder Mahnmal einbezogen werden. Der Abschluss kann an einem Studientag oder in einer Projektwoche erfolgen, zu denen neben den Ergebnissen der Schüler Zeitzeugen oder Experten beitragen

Das Thema eignet sich auch für ein Methodentraining, dem der Umgang mit unterschiedlichen Quellen und Materialien und deren Auswertung eingeübt werden. Dazu gehören verschiedenartige Textquellen, Bildquellen (Fotos, Karikaturen), Statistiken und Diagramme. Eine kritische Analyse kann den Informationseingehalt und Elemente der Propaganda deutlich machen.

4.1 Umsiedlung, Deportation, Vertreibung

In diesem Abschnitt sind unterschiedliche Migrationen zusammengefasst, die durch staatliche Maßnahmen erzwungen wurden und größere Bevölkerungsgruppen betrafen. Vergleichbare Zwangsmigrationen gibt es seit der Antike, aber sie haben im 20. Jahrhundert eine neue Dimension entwickelt. Die wichtigsten Gründe dafür sind eine moderne staatliche Administration, die sich schnell und flächendeckend durchsetzen lässt, moderne militärische Mittel, die ein gewaltsames Vorgehen ermöglichen, und ein wesentlich effektiveres Transportsystem (Lkw, Eisenbahn).

Umsiedlungen zwischen den Weltkriegen
Der 1. Weltkrieg war nicht allein aus imperialen, sondern auch aus nationalen Motiven geführt worden. Deshalb schlug Präsident Wilson in seinen „14 Punkten" als Grundlage eines Friedensvertrags das „Selbstbestimmungsrecht der Völker" für eine staatliche Neuordnung in Europa vor. Bei den Friedensverhandlungen ließ sich dieser Grundsatz aber kaum verwirklichen, am wenigsten bei der Neugründung von Staaten aus der „Konkursmasse" der Vielvölkerstaaten.

Da Minderheiten nur unzureichend geschützt waren, kam es in vielen Staaten zu einer freiwilligen Ausreise, aber auch zu einer Umsiedlung durch entsprechenden staatlichen Druck. Die Bevölkerungsbewegungen zwischen 1918 und 1939 betrafen etwa 10 Millionen Menschen. Für eine exemplarische Behandlung eignen sich die Staaten Polen-Deutsches Reich und Griechenland-Osmanisches Reich.

In das neu gegründete Polen wanderten mehr als 2 Millionen Menschen aus den umliegenden Staaten ein. Sie kamen hauptsächlich aus Gebieten der Sowjetunion und des ehemaligen Habsburger Reiches, die früher zu Polen gehört hatten. Deutsche Reichsangehörige, die jetzt innerhalb Polens wohnten, mussten sich im Laufe von zwei Jahren für die polnische oder deutsche Staatsangehörigkeit entscheiden. Sie konnten dann innerhalb von einem Jahr ausreisen und ihren gesamten beweglichen Besitz mitnehmen. Von dieser Möglichkeit machten zwischen 1918 und 1925 700000 Deutsche Gebrauch.

Sehr viel dramatischer verlief die Umsiedlung in Südosteuropa. Bereits der Friedensvertrag von Neuilly, der 1919 zwischen Griechenland und Bulgarien abgeschlossen wurde, enthielt eine Konvention über die gegenseitige und freiwillige Emigration innerhalb der beiden Staaten. 53000 Bulgaren und fast ebenso viele Griechen verließen ihre bisherige Heimat.

Am Ende des griechisch-türkischen Krieges 1922/23 wurde in Lausanne ein Bevölkerungsaustausch vereinbart, der die nationalen Spannungen verringern sollte. Als Kriterium für die nationale Zugehörigkeit bestimmte man die Religion. Das hatte zur Folge, dass etwa 1,2 Millionen Griechisch-Orthodoxe die Türkei und etwa eine halbe Million Muslime Griechenland verlassen mussten. Trotz der völkerrechtlichen Regelung kam es auf beiden Seiten zu gewaltsamer Vertreibung und zur Ermordung von Angehörigen der Minderheiten.

Für Griechenland, das 1920 nur etwa 5,5 Millionen Einwohner zählte, stellten die Umsiedler ein großes Problem dar. Das Land brauchte Jahrzehnte für ihre Integration, die durch Vorurteile auf beiden Seiten erschwert wurde. Die aus Kleinasien und Thrakien stammenden Griechen sprachen einen ungewohnten Dialekt und hatten andere Sitten, sodass sie von den bisherigen Bewohnern eher als Türken angesehen wurde. Die Umsiedler, die bisher in Städten wie Smyrna (Izmir) oder Istanbul gelebt hatten, schauten auf die ihrer Meinung nach rückständige ländliche Bevölkerung herab.

Deportationen in der Sowjetunion

In der Nachfolge des Zarenreiches war auch die Sowjetunion ein Vielvölkerstaat. In den 20er Jahren betrieb sie eine großzügige Nationalitätenpolitik, was sich aber zu Beginn des 2. Weltkriegs schnell änderte. Zwischen 1939 und 1945 waren mehr als 20 Völker von Deportationen betroffen, von denen die meisten in den westlichen Teilen der Sowjetunion oder im Kaukasusgebiet lebten. Sie wurden hauptsächlich nach Zentralasien und Sibirien transportiert.

Mit diesen Maßnahmen verfolgte der Staat mehrere Ziele: Bevölkerungsgruppen, die als politisch unzuverlässig galten, wurden aus den Grenzgebieten entfernt. Gleichzeitig sollten im Zuge einer Russifizierung die geschlossenen Siedlungsgebiete anderer ethnischer Gruppen beseitigt werden. Schließlich konnte man die Deportierten als Arbeiter in den noch wenig entwickelten Regionen Asiens einsetzen. Die Umsiedlungen am Ende des Krieges wurden als Strafmaßnahmen deklariert, die man gegenüber den Kollaborateuren während der deutschen Besatzung anwandte.

Eine der Volksgruppen, die deportiert wurden, waren die Kalmücken. Sie gehören zu den mongolischen Völkern, wanderten im 17. Jahrhundert aus Innerasien ein und siedelten sich in der Kalmückensteppe westlich des Kaspischen Meeres an, wo sie als nomadische Hirten lebten. Die Mehrzahl wanderte am Ende des 18. Jahrhunderts in ihre ursprüngliche Heimat zurück. Für die in Russland Verbliebenen wurde 1920 ein „Kalmückisches Autonomes Gebiet" gegründet und 1935 in eine Autonome Sozialistische Sowjetrepublik umgewandelt. Nach dem Ende der deutschen Besatzung erfolgte der kollektive Vorwurf der Kollaboration. Die Republik wurde beseitigt und seine Bewohner nach Sibirien deportiert. Von den etwa 130000 Kalmücken starb etwa ein Drittel während des Transports oder in den Lagern. Nach dem Tod Stalins erfolgte 1957 eine Rehabilitierung und Repatriierung. Die neu gebildete Autonome Sozialistische Sowjetrepublik Kalmückien wurde in „Chalmg Tschangtsch" umbenannt und ist seit 1992 eine Republik. Die Hälfte ihrer Bewohner sind Kalmücken.

Bekannter ist das Schicksal der Russlanddeutschen, die von den Auswanderern im 18. Jahrhundert abstammten. Sie wohnten hauptsächlich an der Wolga und am Schwarzen

Meer. 1924 wurde die „Autonome Sozialistische Sowjetrepublik der Wolgadeutschen" errichtet. Nach dem deutschen Einmarsch erfolgte die pauschale Anklage, sie hätten Spione und „Diversanten" (im kommunistischen Sprachgebrauch feindliche Agenten, Saboteure) nicht angezeigt. Das führte zur Deportation von knapp einer Million Menschen deutscher Abstammung in den Ural, nach Kasachstan und Ostsibirien. Dort wurden sie vor allem in „Arbeitsarmeen" eingegliedert oder in Lagern und Sondersiedlungen zusammengefasst. Ab 1955 durften sie sich innerhalb der Sowjetunion frei bewegen, aber nicht in ihr ehemaliges Siedlungsgebiet zurückkehren. Das änderte sich auch nicht, als sie 1964 rehabilitiert wurden. Die meisten ließen sich in daraufhin in Kasachstan nieder, wo 1989 etwa die Hälfte der zwei Millionen Russlanddeutschen lebten. Seit den 80er Jahren bemühten sich viele von ihnen um die Ausreise in die Bundesrepublik Deutschland.

Zwangsarbeiter während des 2. Weltkrieges

Der zunehmende Mangel an Arbeitskräften im Deutschen Reich führte dazu, Kriegsgefangene für die Arbeit einzusetzen. Als ihre Zahl nicht ausreichte, versuchte man in Polen, Frankreich und der Tschechoslowakei Arbeiter anzuwerben. Rassische und sicherheitspolitische Bedenken wurden dabei zurückgestellt.

Die Zahl der Freiwilligen war aber so gering, dass die Wehrmacht und SS Männer und Frauen zwischen 15 und 65 Jahren aus Polen und der Sowjetunion gewaltsam deportierten und als Arbeitssklaven verwendeten. Es gab regelrechte Menschenjagden, bei denen Dörfer umstellt und die Gefangenen abtransportiert wurden. Zeitweise betrug die Zahl der Deportierten 5000 bis 10000 am Tag. Insgesamt wurden bis 1945 fast sechs Millionen Zwangsarbeiter im Deutschen Reich beschäftigt, je zur Hälfte in der Landwirtschaft und in der Industrie oder bei rüstungsbedingten Bauvorhaben. Trotzdem reichten die Arbeitskräfte nicht aus, sodass man schließlich auch in größerem Umfang Häftlinge aus den Konzentrationslagern in der Rüstungsindustrie einsetzte.

Die Behandlung in Deutschland war rücksichtslos und menschenverachtend. Unterbringung und Ernährung waren so schlecht, dass die Leistungsfähigkeit der Zwangsarbeiter sich sehr schnell verringerte. Trotzdem mussten sie vor allem in der Industrie Schwerstarbeit leisten, wobei man ihren Tod bewusst in Kauf nahm.

Bei Kriegsende bildeten die Zwangsarbeiter und Kriegsgefangenen, die überlebt hatten, den Großteil der „Displaced Persons".

Deportationen und Umsiedlungen in Osteuropa während des 2. Weltkrieges

Eine größere erzwungene Migration des 20. Jahrhunderts erfolgte in Polen nach dem Beginn des 2. Weltkrieges. Während des Krieges verließen 350000 Polen das Land, um sich in Ungarn, Litauen oder der Ukraine in Sicherheit zu bringen.

Entsprechend den Vereinbarungen des Hitler-Stalin-Paktes wurde Polen nach der Niederlage geteilt. Einige der Gebiete, die dem Deutschen Reich zufielen, wurden annektiert und den Provinzen Ostpreußen und Oberschlesien zugeteilt. Außerdem entstanden die beiden „Reichsgaue" Danzig-Westpreußen und Wartheland, die ebenfalls in das Deutsche Reich eingegliedert wurden. Das restliche von Deutschen besetzte Polen bekam als Generalgouvernement einen eigenen politischen Status.

Für die Behandlung der annektierten Gebiete gab es eine Gesamtkonzeption, aus der von 1939 an schrittweise der „Generalplan Ost" entwickelt wurde. Ziel der Politik war es, die gewonnenen Gebiete möglichst rasch zu „entpolonisieren", um Platz für deutsche Siedler zu schaffen. Zu den Maßnahmen, die diesem Ziel dienen, gehörte die Beseitigung der polnischen Elite. Man verhaftete ihre Angehörigen und brachte sie in Konzentrationslager oder liquidierte sie. Die gesamte jüdische Bevölkerung wurde in das Generalgouvernement deportiert, wo bereits die ersten Ghettos entstanden. Für die übrige polnische Bevölkerung war ein differenziertes Vorgehen geplant. Für „rassisch wertvolle" Polen war vorgesehen, sie „einzudeutschen". Mehrere hunderttausend Polen mussten als Zwangsarbeiter im Deutschen Reich arbeiten. Etwa 400 000 Menschen wurden in das Generalgouvernement umgesiedelt. Die meisten von ihnen stammten aus dem Reichsgau Wartheland, den man bevorzugt „germanisieren" wollte. Sie sollten vor allem durch „Volksdeutsche" ersetzt werden. Für die übrige Bevölkerung war geplant, sie als rechtlose Arbeitskräfte im Land zu belassen.

Das Generalgouvernement diente zur Aufnahme der deportierten Juden und Polen und wurde in die deutsche Kriegswirtschaft einbezogen. Langfristig war aber auch hier eine Germanisierung vorgesehen, mit der im Raum Zamosch (Distrikt Lublin) von November 1942 an begonnen wurde. Eine Verwirklichung dieses Planes hätte zu weiteren umfangreichen Deportationen geführt.

Das deutsche Vorgehen zielte auf die Zerstörung der polnischen Nation und auf die Errichtung eines ersten germanischen „Schutzwalles" gegen die Bedrohung aus dem Osten. Himmler, als „Reichskommissar für die Festigung des deutsches Volkstums" für die Planung und Durchführung verantwortlich, erkannte aber schon bald, dass die Zahl der Deutschen nicht ausreiche, um die polnischen Gebiete vollständig zu besiedeln. Deshalb beschränkte man sich aus „Siedlungsstützpunkte" und „Siedlungsachsen".

Polen war das „Exerzierfeld" (Broszat), in dem man Erfahrungen für eine weitere Germanisierung Osteuropas sammeln wollte. Das utopische Endziel war die Errichtung von deutschen Wehrsiedlungen bis zum Ural und die Versklavung der bisherigen Bevölkerung oder ihre Deportation nach Sibirien. Der Verlauf und das Ergebnis des 2. Weltkrieges verhinderten diese Pläne, aber die bereits erfolgten Umsiedlungen waren eine der Ursachen für die Vertreibung der Deutschen nach 1945.

Die Umsiedlung der Volksdeutschen

Der Begriff „Volksdeutsche" wurde seit etwa 1930 verwendet für deutschstämmige Minderheiten, die im Ausland lebten und die dortige Staatsangehörigkeit besaßen. Das Ziel der NS-Politik war es, im Zuge einer ethnischen Neuordnung Europas die Volksdeutschen ins „Altreich heimzuholen". Anschließend sollten sie die annektierten Gebiete durch geschlossene „Siedlungskerne" germanisieren.

Den Anfang machte das Abkommen mit Italien vom Oktober 1939, das für die Südtiroler die „Option" auf Umsiedlung vorsah. Von den mehr als 200000 Deutschstämmigen waren aber nur etwa 80000 bereit, ihre Heimat zu verlassen. Nach dem Polenfeldzug gab es ein Abkommen mit der Sowjetunion für Estland und Lettland. Weitere Umsiedlungen betrafen anschließend Ostpolen, Rumänien, Serbien und Kroatien. 1941 folgten die Russlanddeutschen.

Zuständig für die Maßnahmen war der „Reichskommissar für die Festigung des deutschen Volkstums" (RKF), der dem Reichsführer-SS unterstellt war. Unterstützt wurde die Dienststelle von der „Volksdeutschen Mittelstelle" (Vomi), die es seit den 30er Jahren gab. Trotz der behördlichen Regelung erfolgten die Umsiedlungen zum größten Teil improvisiert und ohne endgültige Konzeption.

Die Umsiedlungen begannen mit der Registrierung der Personen und ihrem Besitz als Grundlage einer späteren Entschädigung. Anschließend fand der Transport in eines der etwa 1500 bis 1800 „Auffanglager" statt, die sich vor allem in Danzig-Westpreußen und im Wartheland befanden. Dort versuchte man durch entsprechende „Schulung" die bisherigen kulturellen und religiösen Traditionen zu beseitigen. Gleichzeitig fand eine politische und rassische Überprüfung statt, die zur Einstufung in eine der drei Kategorien führte: O(st)-Fälle waren als künftige Siedler vorgesehen, A(ltreich)-Fälle sollten als Arbeitskräfte im Deutschen Reich eingesetzt werden und für S(onderbehandlungs)-Fälle plante man eine Rücksendung in die ursprünglichen Siedlungsgebiete.

Viele Volksdeutsche blieben bis Kriegsende in den Lagern, was zu einer wachsenden Unzufriedenheit führte. Einzelne Gruppen wurden im Distrikt Lublin, in der Ukraine und in Litauen angesiedelt, nachdem man dort die ansässige Bevölkerung vertrieben hatte. Am Ende des Krieges flohen diese Volksdeutschen aus den neuen Siedlungsgebieten oder wurden evakuiert. Wer in den Machtbereich der Roten Armee geriet, musste mit einer Deportation nach Ostsibirien rechnen.

Hitlers geplante ethnische Neuordnung und die Umsiedlung der Volksdeutschen war ein völliger Fehlschlag und bereitete die Vertreibung bei Kriegsende vor.

Vertreibungen am Ende des 2. Weltkrieges

Flucht und Vertreibung unterscheiden sich durch den Grad der Freiwilligkeit. Aber in vielen Fällen kamen die Flüchtlinge einer drohenden Vertreibung zuvor. Am Ende des

Umsiedlung, Deportation, Vertreibung

2. Weltkrieges überschnitten sich die beiden Vorgänge und waren für die Betroffenen wie für die Bevölkerung in den Aufnahmegebieten weitgehend identisch. Das wird auch durch den Begriff „Heimatvertriebene" deutlich, den man in den westlichen Besatzungszonen und später in der Bundesrepublik synonym verwendete. Auch in der SBZ und späteren DDR gab es für Flüchtlinge und Vertriebene nur den einen Begriff „Umsiedler". Damit wurde die Rolle der Sowjetunion und der anderen sozialistischen Staaten bei Flucht und Vertreibung bewusst verschleiert.

Unmittelbar nach dem Rückzug der deutschen Wehrmacht begann die Vertreibung der Deutschen aus Polen, der Tschechoslowakei, Ungarn, Jugoslawien und Rumänien. Im Potsdamer Abkommen wurde die „Überführung deutscher Bevölkerungsteile" (Art. XIII) sanktioniert. Doch sollte die Überführung „in ordnungsgemäßer und humaner Weise" erfolgen, was in der Realität nur selten der Fall war.

Etwa 12 Millionen Deutsche wurden vertrieben, zwei Millionen kamen dabei ums Leben. Sie wurden auf die SBZ (4,4 Millionen) und die drei westlichen Besatzungszonen verteilt. Die Ansiedlung erfolgte anfangs in ländlichen Gebieten, da es hier mehr Wohnraum und eine bessere Versorgung gab.

Trotz vieler Ressentiments auf beiden Seiten erfolgte eine schrittweise Integration der Heimatvertriebenen in der Bundesrepublik, zuerst in der Wirtschaft, wo die Neubürger als Arbeitskräfte gebraucht wurden. Im Laufe einer Generation vollzog sich auch die politische und gesellschaftliche Integration. In der SBZ und späteren DDR wurden die „Umsiedler" in den wirtschaftlichen Aufbau des Staates einbezogen und nach der Bodenreform oft als „Neubauern" angesiedelt. Seit den 50er Jahren sah man von staatlicher Seite her die Frage für beendet an.

An die Vertreibung erinnern etwa 400 bis 500 Denk- und Mahnmale, die häufig das geschehene Unrecht artikulierten und an einem Anspruch auf Rückkehr festhielten. Auch in vielen Museen (manchmal als „Heimatstuben" bezeichnet) gibt es Sammlungen zu den Gebieten, aus denen die deutsche Bevölkerung vertrieben wurde. Wie aktuell das Thema auch mehr als 70 Jahre nach dem Ende des Krieges ist, zeigt die Diskussion um das seit 1999 geplante „Zentrum gegen Vertreibungen".

Materialien

M 1: Die griechischen Umsiedler nach dem 1. Weltkrieg

Viele Flüchtlinge sprachen nur Türkisch. Wenn sie Griechisch sprachen, war es häufig entweder der Dialekt der Pontos-Region an den südlichen Küsten des Schwarzen Meers, der kaum verständlich war für die Bewohner des Königreichs, oder das gestelzte [...] Griechisch der Schulen. Sie stießen auf ein hohes Maß an Vorurteilen auf Seiten der Einheimischen, die die Zugezogenen spöttisch unter anderem die *Joghurt-Getauften* nannten als Anspielung auf ihre Vorliebe für Joghurt, den sie ausgiebig in ihrer (deutlich besseren)

Küche verwendeten. Ebenso sahen viele der anatolischen Griechen aus den großen osmanischen Städten wie Smyrna auf die für sie provinzielle Lebensweise der Bewohner des *Alten* Griechenlands herab. [...]

Es sollte viele Jahrzehnte dauern, bevor die Flüchtlinge gesellschaftlich integriert werden konnten. [...] Viele Flüchtlinge überschwemmten den Arbeitsmarkt, waren gezwungen, sich durchzuschlagen, und führten ein armseliges Leben am Rande der großen Städte, wo ihnen die heruntergekommenen Flüchtlingsquartiere und die radikalen politischen Ideen ihre unverwechselbare Identität bis weit nach dem Zweiten Weltkrieg verliehen. Einige konnten etwas Kapital mitbringen oder zumindest ihren Unternehmergeist, und so brachten sie eine neue Dynamik in die Wirtschaftsentwicklung. [...]

Der Zustrom der Flüchtlinge in solch großer Zahl und ihre Wiederansiedlung vorwiegend in den unlängst erworbenen Gebieten des Neuen Griechenlands änderte die ethnische Struktur des Landes tiefgreifend. Die griechische Bevölkerung, die eine Minderheit in Griechisch-Makedonien gebildet hatte, wuchs jetzt in den unmittelbaren Nachwirkungen der Balkankriege zu einer klaren Mehrheit an. Die Volkszählung von 1928 meldete, daß beinahe die Hälfte der Einwohner Makedoniens ursprünglich Flüchtlinge waren. Am Ende des Ersten Weltkrieges hatten Griechen weniger als 20 Prozent der Bevölkerung von Westthrakien mit seinem großen moslemischen Element gebildet. Bei Beendigung des Austausches machten sie über 60 Prozent aus.

Griechenland wurde so eines der ethnisch homogensten Länder des Balkans, auch wenn die Frage seiner kleinen moslemischen (überwiegend türkischen), slawisch-makedonischen, vlachischen und albanischen Minderheiten zuweilen schwierig sein sollte. Daß fast alle griechischen Bevölkerungsgruppen des Nahen Ostens jetzt innerhalb der Grenzen des griechischen Staates aufgehoben waren, bedeutete jedoch weit mehr.

Richard Clogg: Geschichte Griechenlands im 19. und 20.Jahrhundert. Ein Abriß, Köln 1997, S. 130f.

Umsiedlung, Deportation, Vertreibung 143

M 2: Völkerumsiedlungen in der Sowjetunion (1930-1950)
Die Karte stammt von Olga Glezer und Pavel Poljan, beide Mitarbeiter am Geographischen Institut der Akademie der Wissenschaften der UdSSR und wurde in „Moskau News Nr. 8" (August 1991) veröffentlicht.

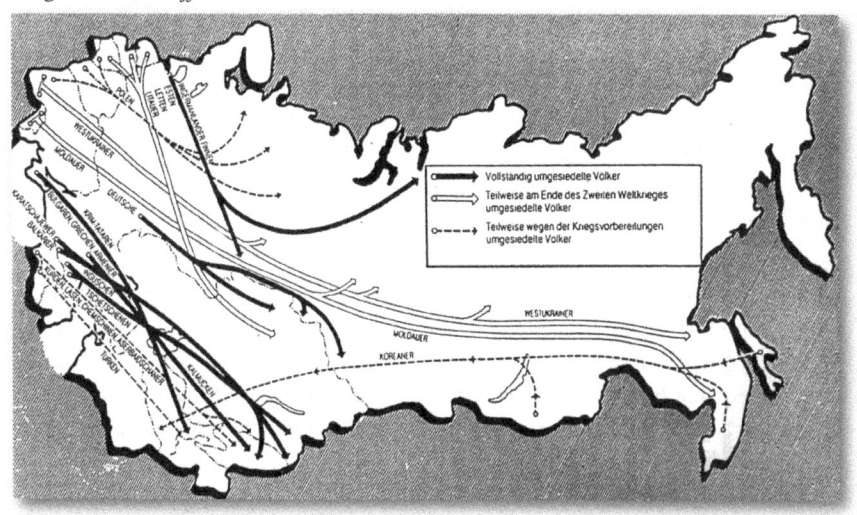

Gestrich, Hirschfeld, Sonnabend, S. 118.

M 3: Plakat zur Anwerbung von russischen Arbeitern 1942

БОРЯСЬ И РАБОТАЯ ВМЕСТЕ С ГЕРМАНИЕЙ

Der Text lautet: Wir kämpfen und arbeiten gemeinsam mit Deutschland. Du baust auch dir eine glückliche Zukunft auf.

ТЫ И СЕБЕ СОЗДАЕШЬ СЧАСТЛИВОЕ БУДУЩЕЕ

Bundesarchiv, Plak. 003-042-022.

M 4: Menschenjagd auf Zwangsarbeiter

Der Reichsführer SS hat befohlen, daß die entbehrliche und arbeitsfähige Bevölkerung von durch uns durchkämmten und besetzten Banditengebieten gefangen zu nehmen ist, um sie dann nach Deutschland als Arbeiter in Marsch zu setzen. Ich ersuche, die Kommandeure mit dementsprechender Weisung zu versehen und nach durchgeführten Durchkämmungsaktionen die Zahl der verfügbaren Arbeitskräfte auf schnellstem Wege zu melden. Ich ersuche daher, bei Festnahmen stets zu prüfen, ob der Festgenommene als Arbeitskraft ins Reich in Marsch gesetzt werden kann. Gegebenenfalls ist das Einvernehmen der zuständigen Arbeitseinsatzbehörde herzustellen, die dann das weitere veranlaßt. Die Zahl solcher erfaßten Personen ist mir monatlich zu melden.
Telegramm des SS-Wirtschafts-Verwaltungs-Hauptamtes an die Sicherheitspolizei und den Sicherheitsdienst Ostland (November 1942), zit. nach: Spaich, S. 179.

Bei der Überholung von Dörfern, beziehungsweise notwendig werdenden Niederbrennung eines Dorfes wird die gesamte Bevölkerung dem Beauftragten zwangsweise zur Verfügung gestellt. Grundsätzlich werden keine Kinder mehr erschossen. Wenn wir also durch obige Anordnung unsere harten sicherheitspolizeilichen Maßnahmen vorübergehend einschränken, so geschieht dies nur aus folgenden Gründen: Das wichtigste ist die Arbeiterbeschaffung!
Befehl an den Sicherheitsdienst Ostland (1942), zit.nach: Spaich, S. 179.

Wenn Personen, die von Ihnen zur Zwangsarbeit nach Deutschland verpflichtet worden sind, sich verborgen halten, lassen Sie zwei Familienangehörige auf ihre Tauglichkeit zum Einsatz im Reich untersuchen. Unterliegen die Betreffenden wegen hohen Alters oder körperlicher Gebrechen nicht dem Einsatz, so werden sie, falls sich ihre Kinder nicht melden, in ein Konzentrationslager eingeliefert.
Zit. nach: Spaich, S. 179

M 5: Der Aufenthalt der Zwangsarbeiter in Deutschland

1. Ein Beschwerderecht steht den Landarbeitern polnischen Volkstums grundsätzlich nicht mehr zu und dürfen solche auch von keiner Dienststelle entgegengenommen werden.
2. Die Landarbeiter polnischen Volkstums dürfen die Ortschaften, in welchen sie zum Einsatz gegeben werden, nicht mehr verlassen und haben Ausgangsverbot vom 1. Oktober bis 31. März von 20 Uhr bis 6 Uhr, und vom 1. April bis 30. September von 21 Uhr bis 5 Uhr.
3. Die Benutzung von Fahrrädern ist streng untersagt. Ausnahmen sind möglich für Fahrten zur Arbeitsstelle aufs Feld, wenn ein Angehöriger des Betriebsführers oder der Betriebsführer selbst dabei ist.
4. Der Besuch der Kirchen, gleich welcher Konfession, ist streng verboten, auch wenn

Umsiedlung, Deportation, Vertreibung 145

kein Gottesdienst abgehalten wird. Einzelseelsorge durch die Geistlichen außerhalb der Kirchen ist gestattet.
5. Der Besuch von Theatervorstellungen, Kinos oder sonstiger kultureller Veranstaltungen ist für Landarbeiter polnischen Volkstums streng untersagt.
6. Der Besuch von Gaststätten ist für Landarbeiter polnischen Volkstums streng verboten. Mit Ausnahme einer Gaststätte im Ort, die vom Landratsamt hierzu bestimmt wurde, und nur an einem Tag in der Woche. [...]
7. Der Geschlechtsverkehr mit Frauen und Mädchen ist streng verboten, wo solcher festgestellt wird, ist Anzeigepflicht gegeben. [...]
12. Das Züchtigungsrecht steht jedem Betriebsführer für die Landarbeiter polnischen Volkstums zu, sofern gutes Zureden und Belehrungen ohne Erfolg waren. [...]
13. Die Landarbeiter polnischen Volkstums sollen nach Möglichkeit aus der Hausgemeinschaft entfernt werden und können in Stallungen usw. untergebracht werden. Irgendwelche Hemmungen dürfen dabei nicht hindernd im Wege stehen.

Badisches Finanz- und Wirtschaftsministerium: Bestimmungen über die Behandlung ausländischer Landarbeiter polnischen Volkstums vom 6. März 1941, zit. nach: Spaich, S. 187.

M 6: Aussiedlungen aus Gdynia [Gdingen] im Oktober 1939

Der erste Punkt, der von dieser Aktion erfasst wurde, war Orlowo [*Stadtteil von Gdingen*]. Um 5.30 Uhr morgens an einem der ersten Oktobertage wurde eine Gruppe der bedeutendsten Bürger damit auftragt, die Bevölkerung auf die Evakuierung um 6 Uhr vorzubereiten. Tatsächlich fuhren um diese Zeit Autos mit Lautsprechern vor, aus denen Anordnungen gegeben wurden, wobei der Termin auf 9 Uhr verschoben wurde. Um diese Zeit sollte sich die ganze Bevölkerung an einem bestimmten Punkt versammeln, alle wurden mitgenommen ohne Rücksicht auf Alter, Gesundheitszustand usw., es gab eine Familie, die sich mit einem Kindersarg auf den Weg begab. Es war erlaubt, nur Handgepäck mitzunehmen, nicht mehr Geld als 20 Zloty; man musste mehrere Kontrollen passieren, bei denen den Menschen nicht nur das Geld, sondern auch Wertgegenstände abgenommen wurden, so wurden zum Beispiel Ringe von den Fingern abgezogen. Die Ausgesiedelten wurden vorläufig in Lagern untergebracht [...], danach wurden sie in Evakuierungszüge gesteckt, Männer für sich und Frauen mit Kindern für sich. [...] Die Zwangsevakuierung aus diesen Stadtteilen wurde von Aufrufen zum freiwilligen Verlassen der anderen Teile begleitet. Dazu wurden Passierscheine ausgestellt zu jedem gewünschten Punkt, auch auf der anderen Seite der Demarkationslinie (zum Beispiel Lwow und sogar Kiew). Die Bevölkerung nahm diese Passierscheine zum Teil an, zum Teil aber zog sie, weil sie noch länger in Gdynia bleiben wollte [...] zu Bekannten oder Verwandten in anderen Stadtteilen, wenn bekannt gegeben wurde, dass ein bestimmtes Viertel ausgesiedelt werde. Am 25. Oktober erschien eine Bekanntmachung mit dem Titel „Letzter Aufruf", die den Rest der

Bevölkerung zum schnellstmöglichen Verlassen der Stadt aufrief. [...] Diejenigen, die individuell weggingen, zerstreuten sich im Land; die zwangsweise ausgesiedelten Menschen wurden in vier Städte [*im späteren Generalgouvernement*] deportiert. [...] Von dort aus wurden sie auf die umliegenden Gemeinden verteilt und den Dorfvorstehern und Dorfschulzen anvertraut, die sie auf Häuser verteilten, ohne natürlich die Möglichkeit zu haben, ihnen irgendeine Einkommensmöglichkeit zu beschaffen.

Zit. nach: Zwangsumsiedlung, Flucht und Vertreibung, S. 76.

M 7: Planungsgrundlagen für den Aufbau in den Ostgebieten (April 1940)

A. Allgemeine Grundlagen

Das neue dem Reich angeschlossene Ostgebiet hat eine Gesamtfläche von 87000 qkm. Die Bevölkerung betrug etwa 9 1/2 Mill. Der Anteil der polnischen Bevölkerung war in diesem Gebiet 1939 im Durchschnitt 82 Prozent, der deutsche Anteil ungefähr 11 Prozent.

Es wird im folgenden vorausgesetzt, daß die gesamte jüdische Bevölkerung dieses Gebietes von rund 560000 bereits evakuiert ist bzw. noch im Laufe dieses Winters das Gebiet verläßt. Es ist daher praktisch mit einer Bevölkerung von 9 Mill. zu rechnen.

In den ehemaligen preußischen Provinzen Posen und Westpreußen nahm die deutsche Bevölkerung bei Ausbruch des Weltkrieges ungefähr 50 Prozent ein [...]

Das erste, in den nächsten Jahren erreichbare Ziel muß sein, mindestens diesen Status von 1914 wieder herzustellen Ist dieses Ziel erst einmal erreicht, so verläuft die weitere Eindeutschung stetig wachsend durch die Mitwirkung der aus dem Siedlertum und neuen Gebiet selbst hervorgehenden biologischen und wirtschaftlichen Kräfte Die Wiederherstellung des Status von 1914 würde bedeuten, daß man zunächst die Zahl der jetzt in diesem Gebiet lebenden 1,1 Mill. Deutschen um 3,4 Mill. auf 4,5 Mill. vermehren und Zug um Zug 3,4 Mill. Polen abschiebt. [...]

Um eine planvolle Eindeutschung des Ostgebietes zu gewährleisten nach Maßgabe der vorhandenen Kräfte, ergibt sich also die Notwendigkeit der Heraushebung und Abgrenzung besonderer Siedlungszonen.

Die Siedlungszone 1. Ordnung

Für die Abgrenzung vordringlich zu besiedelnder Gebiete sind folgende strategische Gesichtspunkte maßgebend:

1. Es muß zunächst an der Grenze des Generalgouvernements entlang ein Wall deutschen Volkstums in Gestalt eines tief gestaffelten Gürtels germanischer Bauernhöfe errichtet werden. Dieser Grenzwall trennt das vorerst im Reichsgebiet verbleibende Polentum vorn Hinterland endgültig ab.
2. Es muß vordringlich das Hinterland der größeren Städte mit deutschen Bauern dichter besiedelt werden.

Umsiedlung, Deportation, Vertreibung 147

3. Es muß ferner eine breite deutsche Volkstumsbrücke gewissermaßen als Ost-West-Achse entstehen, die den Grenzwall mit dem Altreich verbindet; außerdem ist eine weitere schmalere Brücke zu bauen durch den ehemaligen Korridor [...]. Diese Volkstumsbrücken trennen dann die Reste des dazwischen liegenden polnischen Volkstums und schaffen so polnische Inseln. [...]
Bei der Inangriffnahme der Siedlungsarbeit in diesen Zonen bilden die vorhandenen, mehr oder weniger großen deutschen Volkstumsinseln die gegebenen Kristallisationspunkte, von denen der weitere Ausbau des Grenzgürtels und der Ost-Westverbindung im einzelnen auszugehen hat. [...]

Zit. nach: Czesław Madajczyk (Hrsg.): Vom Generalplan Ost zum Generalsiedlungsplan: Dokumente. Einzelveröffentlichungen der historischen Kommission zu Berlin Bd. 80, München u. a. 1994, S. 3 und 5f.

M 8: *Die Deportationen ins Generalgouvernement aus den annektierten Gebieten (1939-41)*

Zwangsumsiedlung, Flucht und Vertreibung, S. 65.

M 9: *Besprechung des "Generalplans Ost" im Reichsministerium für die besetzten Ostgebiete (4. Februar 1942)*
An der Besprechung nahmen Vertreter der verschiedenen Dienststellen des Reichsführers SS (Heinrich Himmler) teil. Die meisten von ihnen waren promovierte Wissenschaftler.
Nachdem Dr. Kleist einleitend die Probleme im Ostland aufgezeichnet hatte, [...] nahm dann B. K. Schulz dahin Stellung, daß man unterscheiden müsse zwischen Bevölkerungsteilen im Ostland, die rassisch für eine Eindeutschung in Betracht kämen, und solchen, die abgelehnt werden müßten. Aus seinen Ausführungen ging hervor, daß er offensichtlich doch dazu wohl neigte, daß der größere Teil der Bevölkerung nicht für eine Eindeutschung in Betracht käme. Er war der Auffassung, daß die rassisch Unerwünschten nach dem Osten evakuiert werden müßten, während die rassisch Erwünschten im Altreich oder evtl. auch im Ostland zur Eindeutschung gelangen sollten. Schubert vertrat dann in noch schärferer Weise diesen Standpunkt, indem er darauf hinwies, daß die Unerwünschten nach Westsibirien evakuiert werden müßten. Einleitend hatte er nochmals die alleinige Zustätigkeit des Reichskommissars für die Festigung des deutschen Volkstums in allen diesen Fragen betont. [...] Auch bei baltischen Völkern, führte Schubert weiter aus, sei die Zahl der rassisch Wertvollen nicht so erheblich. Eine Besiedlung des Landes mit Deutschen sei nicht unmöglich. [...]

Schubert behauptete, der Führer habe ihre Evakuierung [*der rassisch Unerwünschten*] bereits befohlen. Pg. Girgensohn vom Reichssicherheitshauptamt machte dann längere Ausführung dahin, daß zwar eine zwangsweise Evakuierung der unerwünschten Bevölkerungsteile im Baltikum äußerst bedenklich und daher abzulehnen sei. Bereits in der Zarenzeit sei jedoch bei Esten, Letten usw. der Zug bemerkbar gewesen, in die eigentlichen russischen Gebiete freiwillig auszuwandern, wenn ihnen dort feste Stellen geboten würden. Er sei davon überzeugt, daß noch heute im Wege einer derartigen freiwilligen Umsiedlung sehr viel erreicht werden könne. Die Praxis habe jetzt ergeben, daß man mit russischen Kräften eine Verwaltung der Gebiete nicht aufbauen könne. Man sei deshalb, zumal ja die deutschen Kräfte in keiner Weise ausreichten, gezwungen, mithilfe anderer Fremdvölkischer zu arbeiten. Ihm erschiene es daher sehr angebracht, die rassisch unerwünschten Angehörigen der Baltikumvölker hier als eine Mittelschicht einzubauen. Die Betreffenden müßten für ihre Verhältnisse gut bezahlt werden. Eine Russifizierung sei kaum zu erwarten. B. K. Schulz erklärte darauf, daß auch er große Bedenken gegen die zwangsweise Evakuierung aus diesen Ländern nach Sibirien bekommen habe. Man müßte versuchen, eine freiwillige Umsiedlung zu erreichen. Auch Schubert schloß sich diesen Ausführungen an. Er erklärte, die Deutschen müßten die Stellung der Spartiaten, die aus Letten, Esten u. dgl. bestehende Mittelschicht die Stellung der Perioken, die Russen dagegen die Stellung der Heloten haben. Die Auffassung von Pg. Girgensohn, möglichst freiwillig die betreffenden Unerwünschten in den russischen Raum abzuschieben, fand offen-

Umsiedlung, Deportation, Vertreibung 149

sichtlich die Zustimmung der Versammlung. Es wurde dabei auch noch die Frage der Tschechen und Polen angeschnitten. Es wurde die Meinung vertreten, daß man die Tschechen, soweit sie unerwünscht seien, wahrscheinlich auch in die Mittelschicht einreihen könnte, es sei denn, daß es sich nicht um besonders politisch Verdächtige handle. Bei den Polen wurde vorgetragen, daß hier nur für den Ostraum eine Lösung im Sinne der Abschiebung nach Westsibirien in Betracht käme. Übereinstimmend war man sich am Schluß der Sitzung jedenfalls klar, daß die Ansiedlung von Deutschen nur in der Weise erfolgen könne, daß zunächst die nächstgelegen Gebiete Warthegau u. dgl. besiedelt werden müßten, und daß bezüglich der Frage des Ostlandes vorher eine genaue Überprüfung der Bevölkerung zu erfolgen habe die nicht als rassische Bestandsaufnahme firmiert werden dürfte, vielmehr hygienische Untersuchung u. dgl. getarnt werden müsse, damit keine Unruhe in der Bevölkerung entstehe. Weiter war man sich darüber klar, daß die ganzen Umsiedlungsfragen im Gebiete des Ostlandes Aufgaben seien, die nicht sofort in Angriff genommen werden könnten.
   Zit. nach: Czesław Madajczyk (Hrsg.): Vom Generalplan Ost zum Generalsiedlungsplan: Dokumente. Einzelveröffentlichungen der historischen Kommission zu Berlin Bd. 80, München u. a. 1994, S. 39-41.

M 10: Der Traum von einem germanischen Großreich

Am 3. August 1944 hielt Heinrich Himmler in Posen vor den Reichs- und Gauleitern eine Rede über die geplante Siedlungspolitik.
Das Programm ist unverrückbar. Es ist unverrückbar, daß wir die Volkstumsgrenze um 500 km herausschieben, daß wir hier siedeln. Es ist unverrückbar, daß wir ein germanisches Reich gründen werden. Es ist unverrückbar, daß zu den 90 Millionen die 30 Millionen übrigen Germanen dazukommen werden, so daß wir unsere Blutbasis auf 120 Millionen Germanen vermehren. Es ist unverrückbar, daß wir die Ordnungsmacht auf dem Balkan und sonst in Europa sein werden, daß wir dieses ganze Volk wirtschaftlich, politisch und militärisch ausrichten und ordnen werden. Es ist unverrückbar, daß wir diesen Siedlungsraum erfüllen, daß wir hier den Pflanzgarten germanischen Blutes im Osten errichten, und es ist unverrückbar, daß wir eine Wehrgrenze weit nach dem Osten hinausschieben. Denn unsere Enkel und Urenkel hätten den nächsten Krieg verloren, der sicher wieder kommen wird, sei es in einer oder in zwei Generationen, wenn nicht die Luftwaffe im Osten – sprechen wir es ruhig aus – am Ural stehen würde.
   Zit. nach: Czesław Madajczyk (Hrsg.): Vom Generalplan Ost zum Generalsiedlungsplan: Dokumente. Einzelveröffentlichungen der historischen Kommission zu Berlin Bd. 80, München u. a. 1994, S. 284.

M 11: Hitlers Begründung für die Umsiedlung der „Volksdeutschen"
In diesem Sinne aber handelt es sich nicht nur um ein Problem, das auf diesen Raum [*die besetzten Gebiete Polens*] beschränkt ist, sondern um eine Aufgabe, die viel weiter hinausgreift. Denn der ganze Osten und Südosten Europas ist zum Teil mit nichthaltbaren Split-

tern des deutschen Volkstums gefüllt. Gerade in ihnen liegt ein Grund und eine Ursache fortgesetzter zwischenstaatlicher Störungen. Im Zeitalter des Nationalitätenprinzips und des Rassegedankens ist es utopisch, zu glauben, daß man diese Angehörigen eines hochwertigen Volkes ohne weiteres assimilieren könne. Es gehört daher zu den Aufgaben einer weitschauenden Ordnung des europäischen Lebens, hier Umsiedlungen vorzunehmen, um auf diese Weise wenigstens einen Teil der europäischen Konfliktstoffe zu beseitigen.

Auszug aus einer Rede vor dem Reichstag am 6. Oktober 1939, zit. nach: Zwangsumsiedlung, Flucht und Vertreibung, S. 161.

M 12: Die Umsiedlung der Volksdeutschen

„Bodenständiges und rückgeführtes Bauernvolk in Ost und West": Die Umsiedlung der Volksdeutschen, Stand 1. Januar 1942; Bade, Enzyklopädie, S. 1083.

M 13: Die Situation in einem Umsiedlerlager (1942)
Bericht einer Umsiedlerbetreuerin nach dem Besuch des Dresdener Lagers. Der Bericht wurde unter dem Stichwort „Lagerpsychose" abgelegt.
Ich nahm mir vor, das Lager öfters aufzusuchen [...] um zu sehen, ob das Leben im Lager wirklich so schrecklich sei, wie es mir für den Augenblick erschien [...] Die Buchenländerfamilien [*Volksdeutsche aus der Bukowina*] sind schon 2 Jahre im Lager und seit 4 Monaten im angeblichen Durchgangslager zu Dresden. Sie erwarten brennend die versprochene Ansiedlung und leben in diesem Lager bei karger Verpflegung und schlechter Unterkunft. [...] Die Menschen sind so verbittert und ungläubig, daß es uns schwer wurde, sie zu vertrösten. Sie klagen über das schlechte Essen. Kinder erhalten weder genug Milch noch Obst. Ungeziefer wie Wanzen und Ratten sind in den Räumen, die Behandlung seitens der Lagerführung ist schroff und kurz. [...] Die Anschauungen und Einstellungen dieser Männer [*der Lagerverwaltung*] waren eigenartig. Es ist mir, als wenn von irgend einer Stelle die Menschen bewußt von der Ansiedlung fern gehalten werden, um für andere Dinge durch ihre Arbeitskraft Nutzen zu ziehen.
Zit. nach: Markus Leniger: Nationalsozialistische „Volkstumsarbeit" und Umsiedlungspolitik 1933-1945, Berlin 2006, S. 119.

M 14: Die Einstellung der volksdeutschen Umsiedler
Die Reaktionen der potentiellen Umsiedler waren unterschiedlich. Sie hingen ab von ihrer materiellen Situation, den politischen Anschauungen, der Behandlung durch die Behörden und Nachbarn am bisherigen Wohnort. Manche waren mit der deutschen Sprache und Kultur stark verbunden, ein Teil akzeptierte den Nationalsozialismus. Das bedeutete jedoch nicht, dass sie gewillt waren, ihre Siedlungen und das Erbe von Generationen sofort aufzugeben. In den zur UdSSR gehörenden Gebieten hatten die Begegnung mit dem kommunistischen System und die Furcht vor Repressionen entscheidende Bedeutung. Dort meldete man sich allgemein zur Ausreise. Die Baltendeutschen, die nicht infolge der Abkommen vom Herbst 1939 nach Westen ausgereist waren, taten das nach der Annexion dieser Staaten durch die UdSSR im Sommer 1940 [...]. Die russischen Deutschen aus den von der Wehrmacht eingenommenen Gebieten veranlasste der Rückzug der Armeen des Dritten Reiches im Sommer 1943 zur Umsiedlung.
Zwangsumsiedlung, Flucht und Vertreibung, S. 164.

M 15: Vertreibung der Sudetendeutschen

Haus der deutschen Geschichte Berlin.

Umsiedlung, Deportation, Vertreibung 153

M 16: Flucht und Vertreibung – drei Karten aus Lehrbüchern im Vergleich

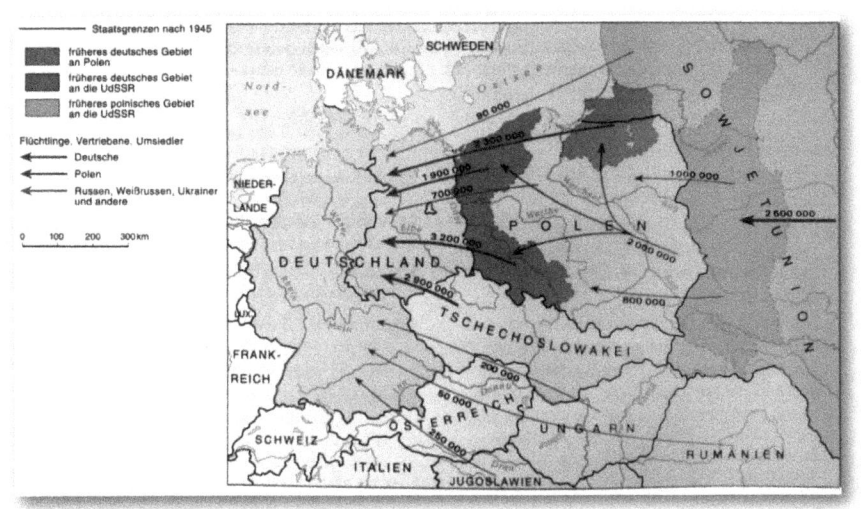

Histoire/Geschichte. Europa und die Welt seit 1945, Hrsg. von Guillaume Le Quintrec und Peter Geiss, Stuttgart, Leipzig 2006, S. 13.

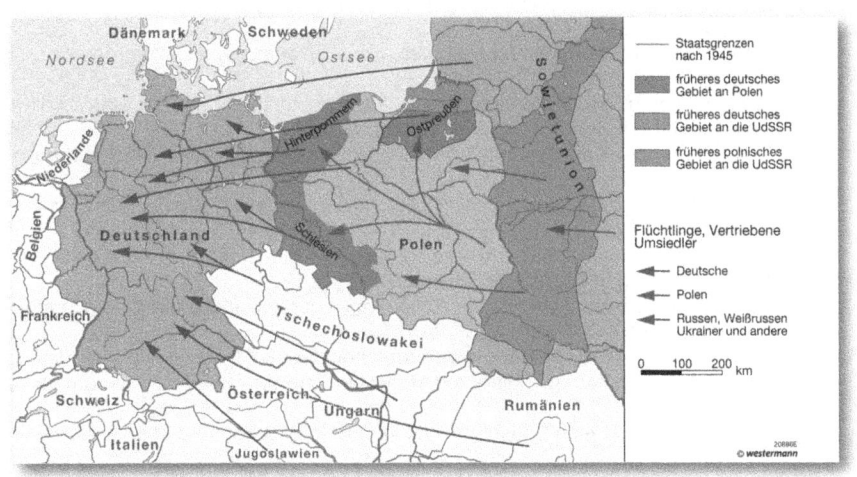

Horizonte 9: Ausgabe G (Gymnasium in Bayern), Braunschweig 2007, S. 132.

Aufgaben

1. Fasst die Probleme zusammen, die sich aus der Umsiedlung der Griechen nach dem 1. Weltkrieg ergaben! (M 1)
2. Nennt die Gebiete der Sowjetunion, aus denen Völker deportiert wurden, und die Zielgebiete der Deportationen! Überlegt mögliche Gründe für diese Maßnahmen! (M 2)
3. Informiert euch mithilfe von Fachliteratur oder im Internet über die Deportation eines der betroffenen Völker! (M 2)
4. Erarbeitet die visuellen Elemente des Plakats, mit denen der NS-Staat russische Arbeiter anwerben wollte! (M 3)
5. Beschreibt die Methoden, mit denen Ausländer zur Arbeit in Deutschland gezwungen wurden! (M 4)
6. Stellt die Lebensbedingungen der Zwangsarbeiter zusammen und überlegt die Gründe für diese Anordnungen! (M 5)
7. Beschreibt den Ablauf der Evakuierung von Gdingen im Oktober 1939! (M 6)
8. Schildert die besonderen Härten der Evakuierung gegenüber der betroffenen Bevölkerung! (M 6)
9. Vergleicht die vom Deutschen Reich annektierten polnischen Gebiete mit den Abtretungen auf Grund des Versailler Vertrages! (M 7/M 8)
10. Beschreibt anhand der Karte die Deportation von Polen aus den annektierten Gebieten! Zeigt an der Karte, dass im Wartheland ein „Mustergau" entstehen sollte! (M 8)
11. Erklärt die Ziele und Maßnahmen, wie sie die Planungen für das „Ostgebiet" vorsahen! (M 7/M 9)
12. Erläutert die verschiedenen Maßnahmen, die im „Generalplan Ost" vorgesehen waren! (M 9)
13. Überlegt, warum die geplante Germanisierung Osteuropas mit der Staatsordnung des antiken Sparta verglichen wurde! (M 9)
14. Zeigt anhand der Rede Himmlers, welche weitere Umgestaltung in Osteuropa erfolgen sollte! (M 10)
15. Fasst Hitlers zentrale Argumente für die Umsiedlung der Volksdeutschen zusammen! (M 11)
16. Wertet die Karte von 1942 zur Umsiedlung der Volksdeutschen nach sachlichen und propagandistischen Elementen aus! (M 12)
17. Nennt wichtige Gründe über die Unzufriedenheit der Volksdeutschen nach ihrer Umsiedlung! (M 13/M 14)
18. Das Foto zeigt die Vertreibung von Sudetendeutschen 1945. Beschreibt das Bild möglichst genau, die beteiligten Menschen und die Situation, die es zeigt! (M 15)
19. Überlegt euch, wie eine Bildunterschrift in einer deutschen und in einer tschechischen Zeitung lauten könnte!
20. Vergleicht die zwei Karten zum Thema Flucht und Vertreibung mit anderen Karten aus Lehrbüchern und Geschichtsatlanten! Stellt die Vorzüge und Probleme der Darstellung auf der jeweiligen Karte zusammen! (M 16)
21. Informiert euch im Internet über die Diskussion um das „Zentrum gegen Vertreibungen"!

4.2 Rückwanderung und Aussiedlung

Der Begriff Aussiedlung oder Rückwanderung beschreibt die Migration von Personengruppen, die zur Rückkehr in das ursprüngliche Herkunftsland führten. Gründe dafür können der unfreiwillige Aufenthalt in einem Land sein („Displaced Persons" am Ende des 2. Weltkriegs) oder die Veränderung der Lebensumstände durch Krieg und politischen Druck (Siedler aus ehemaligen Kolonialgebieten, deutschstämmige Aussiedler aus Osteuropa).

Displaced Persons

Den Begriff „Displaced Persons" prägte die US-Militärbehörde am Ende des 2. Weltkriegs. Damit bezeichnete man alle Personen, die sich unfreiwillig in Deutschland aufhielten und nicht die deutsche Staatsbürgerschaft besaßen, vor allem Zwangsarbeiter und Häftlinge aus Konzentrationslagern. Auch Juden, die nach dem Pogrom im polnischen Kielce im Juli 1946 in die Westzonen flohen, wurden als „DPs" anerkannt.

Die insgesamt etwa 10 Millionen Menschen wurden entsprechend ihrer ehemaligen Staatsangehörigkeit in Auffanglagern untergebracht. Für die Rückführung war die United Nations Relief and Rehabilitation Administration (UNRRA) zuständig. Zwischen Mai bis August 1945 wurde über die Hälfte der „DPs" repatriiert.

Doch gab es zunehmend Probleme, als bekannt wurde, dass die Rückkehrer in der Sowjetunion als „Kollaborateure" verurteilt und hingerichtet oder deportiert wurden. Auch die veränderte politische Lage und die Grenzverschiebungen in Osteuropa trugen dazu bei, dass sich viele Displaced Persons gegen eine Repatriierung wehrten.

Am Ende des Jahre 1946 gab es noch etwa eine Million DPs. Als die International Refugee Organization (IRO) die UNRRA 1947 ablöste, änderte sich auch das politische Ziel. An Stelle der Repatriierung war jetzt ein „Resettlement" möglich, d.h. die Auswanderung in einen frei gewählten Staat. Damit wollte man die Besatzungszonen entlasten und gleichzeitig dem Mangel an Arbeitskräften in einigen Ländern abhelfen.

Eine Auswanderung erfolgte anfangs nach Großbritannien, Frankreich und Belgien, später auch in die USA, nach Kanada und Australien. Juden konnten ab 1948 in den neu gegründeten Staat Israel auswandern. 1951 gab es in der Bundesrepublik noch etwa 150000 DPs, die den Status „heimatlose Ausländer" erhielten.

Rückwanderer aus Kolonialgebieten

Die Errichtung der französischen Protektorate Tunesien (1883) und Marokko (1912) und die Eroberung Algeriens im 19. Jahrhundert hatten zu einer europäischen Einwanderung in die Gebiete geführt, die an Europa grenzten und deren Klima dem eigenen Land entsprach. Die meisten Einwanderer kamen aus Frankreich, aber auch Italiener und Spanier waren beteiligt. Man bezeichnete sie als „Colons" und seit den 50er Jahren des 20. Jahrhunderts umgangssprachlich auch als „Pieds-noirs". Dieser Begriff ist vielleicht dadurch entstanden, dass die Siedler „nur mit den Füßen", nicht aber Kopf und Herz in Afrika ansässig geworden waren. Die meisten dieser Siedler übten städtische Berufe aus.

Die Unabhängigkeit Marokkos und Tunesiens 1956, vor allem aber der Kampf Algeriens um die Unabhängigkeit seit 1954, die Eskalation durch die Attentate und Anschläge der französischen „Organisation Armée Secrète" (OAS) und die Unabhängigkeit der Kolonie 1962 veranlasste die meisten europäischen Siedler das Land zu verlassen. Insgesamt verließen knapp zwei Millionen Nordafrika, zeitweise mehrere Tausend an einem Tag.

Die französische Regierung versuchte die Rückkehrer möglichst gleichmäßig im ganzen Land zu verteilen. Doch etwa 75 Prozent ließen sich in kleineren Städten in Südfrankreich oder im Großraum Paris nieder. Die einheimische Bevölkerung begegnete den „Pieds-noirs" mit Misstrauen und Ausgrenzung, sodass sich ihre Wohnsiedlungen, die oft am Stadtrand lagen, zu Ghettos entwickelten. Doch sorgte der wirtschaftliche Aufschwung in Frankreich zwischen 1955 und 1970 zu einer raschen wirtschaftlichen Integration. Heute wird die Repatriierung als Beitrag zur Modernisierung Frankreichs gewertet, besonders in Gebieten, deren Bevölkerung überaltert war.

Auch die meisten Angehörigen der jüdischen Bevölkerung, die seit Jahrhunderten im Maghreb gelebt hatten, verließen nach der Unabhängigkeit der nordafrikanischen Staaten das Land. Viele von ihnen wanderten nach Israel aus.

Aussiedler und Spätaussiedler

Der Begriff „Aussiedler" entstand in den frühen 50er Jahren und bezeichnet Deutschstämmige, die nach 1945 in Polen, Rumänien oder der Sowjetunion geblieben waren und später in die Bundesrepublik Deutschland ausreisen wollten. Dafür gab es unterschiedliche Gründe. In einigen Ländern wurden die Deutschstämmigen diskriminiert oder benachteiligt. Viele von ihnen lehnten das kommunistische System ab und erhofften sich im Westen Demokratie und wirtschaftliche Stabilität. Die Aufnahme in der Bundesrepublik wurde ihnen dadurch erleichtert, dass sie relativ einfach die deutsche Staatsangehörigkeit erhielten.

Eine erste Welle in den 50er Jahren umfasste mehr als eine Million Menschen. Allerdings waren die bürokratischen Hürden sehr hoch, sodass eine Ausreise als „Familienzusammenführung" meist nur dann möglich war, wenn bereits Angehörige in der Bundesrepublik lebten. Die Transformation in den Ostblockstaaten von der Mitte der 80er Jahre an erleichterte die Ausreise, aber auch die Sorge um die politische und wirtschaftliche Zukunft der Staaten. Von 1988 bis 2004 kamen 3 Millionen Spätaussiedler, wobei das Jahr 1990 mit knapp 400000 den Höhepunkt darstellte.

Unter ihnen befanden sich sehr viele Russlanddeutsche, die bei Kriegsende nach Ostsibirien deportiert worden waren. Die größere Freizügigkeit der Stalinära nutzten viele zur

Umsiedlung nach Zentralasien, wo sie einen gewissen Wohlstand und kulturelle Eigenständigkeit erlangten. Doch der Zerfall der Sowjetunion hatte Dauerkonflikte zwischen der Bevölkerungsmehrheit und der russischen Minderheit zur Folge. Die Russlanddeutschen gerieten zwischen die Fronten, was einen rapiden Anstieg an Spätaussiedlern zur Folge hatte.

Schwierigkeiten bei der Integration, die oft sprachliche Gründe hatte, bewältigten die Spätaussiedler mit einem intensiven „Netzwerk" gegenseitiger Unterstützung, das sich schon früher auf der Grundlage familiärer Bindungen entwickelt hatte.

Materialien

M 1: Kurzbiografie einer „Displaced Person"

Cz. T.: 1909 in Warschau geboren, Gymnasiallehrer (Mathematik, Physik), seit 1937 verheiratet (1 Kind), am 14.2.1940 bei deutscher „Fangaktion" aus der Straßenbahn heraus verhaftet und nach Deutschland verbracht. Zwangsarbeit, u. a. bei Bau der großen Schleuse Wilhelmshaven. Nach der Befreiung Aufenthalt in verschiedenen norddeutschen Lagern, zuletzt in Braunschweig (Broitzemer Straße). 1947 Verweigerung der Rückkehr nach Polen aus politischer Überzeugung. Lagerleben bis 1949, dann Ausreisebewilligung nach Kanada. Seit 1950 Industriearbeiter in Toronto; erfährt dort erst vom Tod seiner Familie im Warschauer Aufstand 1944. Wiederaufnahme des Lehrberufs aus Sprachschwierigkeiten und Altersgründen gescheitert; 1936 Frühinvalidität.

Wolfgang Jacobmeyer: Vom Zwangsarbeiter zum Heimatlosen Ausländer. Die Displaced Persons in Westdeutschland 1945-1951, Göttingen 1985, S. 17f.

M 2: Zustand in einem DP-Lager

Bericht über das Smith Camp bei Gießen (August 1945)
Eine kürzliche Inspektion dieses Lager enthüllte höchst unbefriedigende Zustände. Bei einer Kapazität von 1000 leben dort 1300 Personen (648 Männer, 473 Frauen, 34 Kinder zwischen 10 und 14, 119 Kinder unter 10) in Holzbaracken von schlechter Konstruktion, die dringend reparaturbedürftig sind. Die Schule mußte zugunsten der Unterbringung von Neuankömmlingen geschlossen werden. Im Lager fehlen Duschen, Bäder, Latrinen, ordentliche Waschgelegenheiten, sogar eine Wäscherei – und sei sie noch so primitiv – Heizstoffe, Decken, medizinische Ausrüstung und eine Ambulanz; in der Tat, alles fehlt. Die DPs brauchen dringend Schuhwerk und Kinderkleidung. – Etwa 100 Personen sind innerhalb des Lagers beschäftigt, und weitere 50 arbeiten für amerikanische Armee-Einheiten in diesem Gebiet. – Der völlige Mangel einer organisierten Schneiderei, Schuhmacherei, eines Friseurs, einer Gärtnerei und anderer Einrichtungen dieser Art liegt zum Teil an den fehlenden Werkzeugen, zum Teil an der Apathie der DP-Bevölkerung. Die DPs sind hilfsbereit und gehorsam, aber uninteressiert und ohne Initiative. Obgleich sich das

Lager in einem sehr schlechten technischen Zustand befindet (Regenfälle hinterlassen riesige Seen aus Wasser, Abfällen und Dreck; gärtnerische Arbeiten sind vernachlässigt), sehen die DPs allgemein sauber aus, und einige Räume sind makellos sauber und wohnlich. Für die Kinder gibt es überhaupt keine Anregungen; die Nahrung ist monoton; die Gesundheit ist gut. Ein UNRRA-Team war eine Woche vor Inspektion des Lagers angekommen. In dieser vergleichsweise kurzen Zeit sind von dem Team, das offensichtlich voller Initiative ist und guten Willen hat, eine Reihe von Verbesserungen eingeführt worden; aber die Schwierigkeiten dieses Lagers sind von der Art, daß selbst das tüchtigste Team kaum erfolgreich sein dürfte.

Zit. nach:Jacobmeyer, S. 55.

M 3: Zur Lage der DPs in Deutschland

Bericht des Direktors für den UNRRA-Distrikt Großhessen/Main-Franken (April 1946)
Früher wurde der DP als ein Mensch angesehen, der das Unglück gehabt hatte, ein Sklave für die Nazis gewesen zu sein; aber heute wird er überall zunächst als Schwarzmarktler, Verbrecher oder Herumtreiber betrachtet, der nicht in seine Heimat zurückkehren will, sondern es vorzieht, sich in der bequemen Existenz einzurichten, die aus der Fürsorge von Armee und UNRRA kommt. Was die „bequeme Existenz" angeht, so ist der Hinweis ausreichend zur Kommentierung, daß niemand von uns bisher ein DP-Lager kennengelernt hat, in dem er würde leben wollen. [...]

Der DP wird ständig beschuldigt und verurteilt wegen gesetzeswidrigen Verhaltens in der Gesellschaft; und wann immer ein Verbrechen in Lagernähe geschieht, wird gewöhnlich er beschuldigt. Die allgemeine Überzeugung scheint immer zu sein: „Das müssen die DPs getan haben." [...] Nichts wurde jedoch gesagt oder meines Wissens veranlaßt, als ein betrunkener G.I. einen zehnjährigen Jungen in einem bremischen DP-Lager erschoß. [...] Abschließend möchte ich darauf hinweisen. daß die gegenwärtige Behandlung der DPs meilenweit entfernt ist von dem, was die Befehle und Direktiven Eisenhowers vorgesehen hatten. Der DP heutzutage ist klarerweise ein Mensch zweiter Klasse, der natürlich keine Zukunft in Deutschland hat und vielfach auch keinen Ort, an den er zurückkehren könnte.

Zit. nach: Jacobmeyer, S. 208.

Rückwanderung und Aussiedlung

M 4: Die Rückwanderung von Franzosen aus Nordafrika

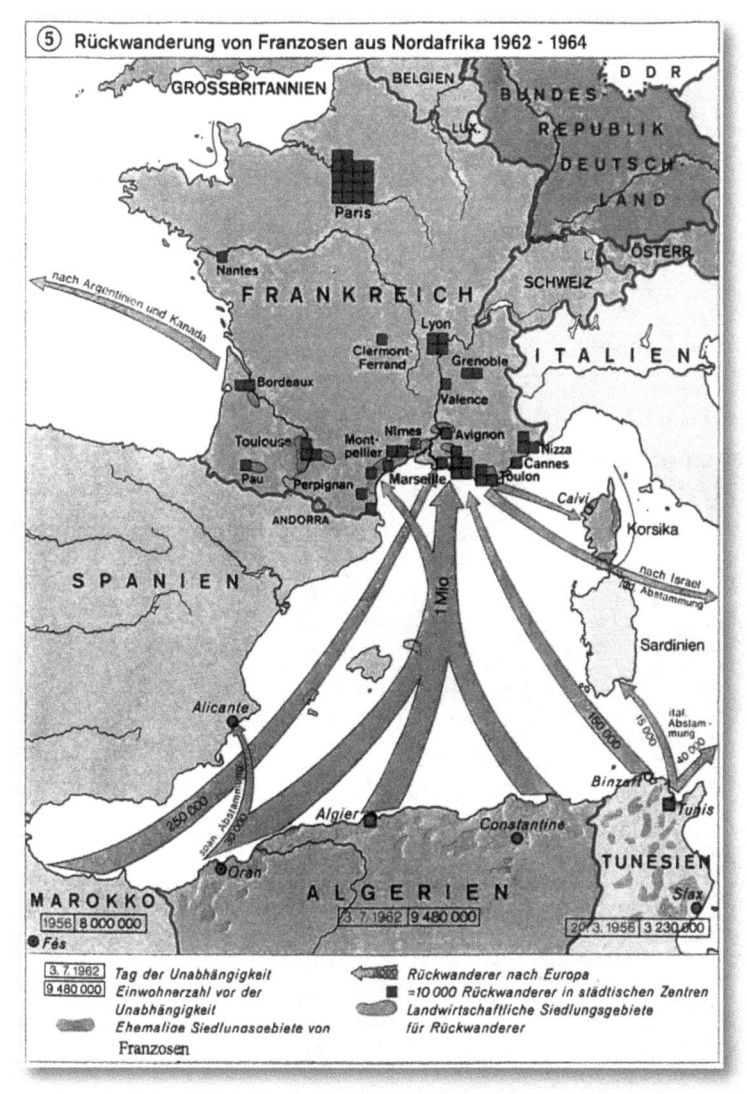

Atlas Unsere Welt, Ausgabe Rheinland-Pfalz und Saarland, Berlin 1978, S. 47. [Benutzte Ausgabe: Saarländische Staats- und Universitätsbibliothek Saarbrücken, Sign. 472-3060].

M 5: Die Zuwanderung von Spätaussiedlern und ihren Angehörigen nach Deutschland (1950-2009)

	vorm. UDSSR	Polen	Rumänien	vorm. CSFR	andere Staaten
1950-1959	13604	292157	4246	20361	108649
1960-1969	8571	110618	16294	55733	57300
1970-1979	56583	202718	71417	12278	12385
1980-1989	176565	632803	151161	12727	10831
1990-1999	1630107	204078	186309	3435	5185
2000-2009	469906	2701	1535	69	65

Jahresstatistik des Bundesverwaltungsamtes.

M 6: Aussiedler in der Bundesrepublik

Zeichnung: Dieter Hanitzsch (QUICK 1988). Als Kellner ist der damalige Bundeskanzler Helmut Kohl dargestellt.

Rückwanderung und Aussiedlung 161

Aufgaben

1. Veranschaulicht die Kurzbiografie auf einer Wandzeitung oder erarbeitet daraus ein fiktives Interview! (M 1)
2. Schreibt eine kurze Reportage zu dem Besuch des DP-Lagers in Gießen! (M 2)
3. Überlegt euch einen kurzen Dialog zwischen einem DP und Bewohnern außerhalb des Lagers (zum Beispiel Alteingesessener, Flüchtling)! (M 3)
4. Beschreibt die Verteilung der Franzosen in den nordafrikanischen Kolonien, ihre Rückwanderung und die Ansiedlung innerhalb Frankreichs! (M 4)
5. Erarbeitet anhand der Tabelle die Entwicklung der Zuwanderung von Aussiedlern! Berücksichtigt dabei auch die unterschiedlichen Herkunftsländer! (M 5)
6. Überlegt euch, welche Gründe die vermehrte Zuwanderung ab 1980 hatte!
7. Beschreibt die Karikatur und arbeitet ihre Aussage heraus! (M 6)

4.3 Menschen auf der Flucht

Eine eigene Gruppe von Migranten bilden die Flüchtlinge, die auf Grund von Krieg oder politischer Verfolgung ihr Land verlassen. Nach der Genfer Flüchtlingskonvention von 1951 versteht man darunter „jede Person [...], die sich aus der begründeten Furcht vor Verfolgung wegen ihrer Rasse, Religion, Nationalität, Zugehörigkeit zu einer bestimmten sozialen Gruppe oder wegen ihrer politischen Überzeugung außerhalb des Landes befindet, dessen Staatsangehörigkeit sie besitzt und den Schutz dieses Landes nicht in Anspruch nehmen kann oder wegen dieser Befürchtungen nicht in Anspruch nehmen will [...]."

Spätere Definitionen wie die Konvention der Organisation afrikanischer Staaten (OAU) von 1969 haben den Begriff „Flüchtling" erweitert. In der Erklärung der Organisation amerikanischer Staaten (OAS) von Cartagena (1984) heißt es, Flüchtlinge sind alle, „die ihren Wohnort verlassen müssen, weil ihr Leben, ihre Sicherheit oder ihre Freiheit durch weitverbreitete Gewalttätigkeit, ausländische Aggression, Besetzung oder Fremdherrschaft, innere Konflikte, massive Verletzungen der Menschenrechte oder andere, die öffentliche Ordnung wesentlich beeinträchtigende Umstände, bedroht sind."

Politisch Verfolgte stellen meistens in dem Zielland einen Antrag auf politisches Asyl. Wird ihr Antrag abgelehnt, kann ihnen aus humanitären Gründen ein Verbleiben im Gastland gewährt werden (De-facto-Flüchtlinge). Auch Bürgerkriegsflüchtlinge erhalten oft ein begrenztes Bleiberecht für die Dauer der kriegerischen Auseinandersetzung.

Seit dem Ende des Zweiten Weltkrieges bilden Flüchtlinge weltweit den größten Anteil der Migranten. Ihre Zahl, die sich nicht genau festlegen lässt, betrug nach Angaben des United Nations Commissioner for Refugees (UNHCR) 2005 etwa 15 Millionen. Im Jahr 2011 gab es 34 Millionen Flüchtlinge, wobei die aktuellen Krisenregionen Syrien und Mali noch nicht berücksichtigt waren. Antonio Guterres, der UN-Hochkommissar der UNHCR, befürchtet einen weiteren Anstieg in den nächsten Jahren.

Flucht aus Ostdeutschland 1944/45

Nach der erfolgreichen Sommeroffensive 1944 erreichte die Rote Armee im Herbst Ostpreußen. Damit begann die Massenflucht der Zivilbevölkerung, obwohl die politische Führung die Vorbereitungen dazu verbot und bestrafte.

Die Flucht, bei der nur wenige Habseligkeiten mitgenommen werden konnten, erfolgte in Trecks zu Fuß, mit Handwagen oder Pferdfuhrwerken. Die Leiden der Betroffenen sind kaum vorstellbar. Hunderttausende kamen dabei um Leben.

Als Ostpreußen im Januar 1945 von den russischen Truppen eingeschlossen wurde, versuchten viele über das zugefrorene Frische Haff Danzig oder Pillau zu erreichen, von wo aus eine Evakuierung über die Ostsee erfolgte.

In den folgenden Monaten verließ auch die Zivilbevölkerung in Schlesien und Pommern ihre Heimat. Die Vertreibungen aus den Gebieten östlich von Oder und Neiße und aus der Tschechoslowakei folgte unmittelbar auf die Flucht.

Flüchtlinge aus der DDR
Von Kriegsende bis zur Gründung der DDR 1949 verließen etwa 500000 Menschen die SBZ, bis zum Bau der Mauer am 13. August 1961 flohen mehr als 3 Millionen Menschen aus der DDR in die Bundesrepublik. In die Notaufnahmelager wurden insgesamt 2,7 Millionen Menschen aufgenommen, aber man schätzt, dass eine weitere Million bei Verwandten oder Freunden unterkam. Die meisten Flüchtlinge nannten als Gründe politische Unterdrückung, die Anwerbung durch das Ministerium für Staatssicherheit oder der Dienst in der kasernierten Volkspolizei und später in der Volksarmee. Auch private Motive wie die Familienzusammenführung spielten oft eine Rolle.

Die „Republikflucht", wie sie in der DDR bezeichnet wurde, erfolgte anfangs über die innerdeutsche Grenze oder über ein Land, das die Ausreise in die Bundesrepublik Deutschland erlaubte. Davon machten etwa 40 Prozent aller Flüchtlinge Gebrauch, die anderen nutzten die Möglichkeit, über Ost- und Westberlin auszureisen.

Die politischen und wirtschaftlichen Folgen veranlassten die DDR, die innerdeutsche Grenze schrittweise durch Sperren, Drahtzäune, Wachtürme und Minenfelder zu sichern. Der letzte Schritt war die Absperrung Berlins durch den Bau der Mauer.

Die Zahl der Flüchtlinge schwankte zwischen 144000 (1959) und 279000 (1956). Sie spiegelt die wechselnde Innenpolitik der DDR wieder, wodurch sich der Druck auf die Bevölkerung und deren Zukunftsperspektiven änderten. Ein Höhepunkt war die Flucht nach dem Aufstand am 17. Juni 1953 (331000 Flüchtlinge). Im Laufe des Jahres 1961 befürchteten viele DDR-Bürger die vollständige Schließung der Grenzen, sodass es in den ersten Monaten noch einmal zu einer Fluchtwelle kam. Nach dem Mauerbau gab es anfangs nur wenige Menschen, die eine Flucht riskierten und erfolgreich waren.

Die Abriegelung führte anfangs zu einer Stabilisierung der DDR, da sich die Bürger mit dem System arrangieren mussten. Aber langfristig entwickelte sich eine Opposition, die in den 80er Jahren immer deutlicher wurde. Sie organisierte sich in kirchlichen und ökologischen Gruppen und trug schließlich zum Zusammenbruch des Staates bei.

Politische Flüchtlinge und Asylbewerber
Der Artikel 14 der Menschenrechtserklärung (1948) hat das Recht auf Asyl zum Inhalt: „Jeder hat das Recht, in anderen Ländern vor Verfolgung Asyl zu suchen und zu genießen". Diese Bestimmung ist die Voraussetzung, bei Unterdrückung, Verfolgung oder Diskriminierung sein Vaterland zu verlassen und in einem anderen Staat Asyl zu suchen. Andere Motive wie Armut oder die Folgen von Kriegen lassen sich im Einzelfall oft nicht scharf trennen.

Asylbewerber kamen seit den 50er Jahren vor allem aus den Staaten des Warschauer Paktes. Die gescheiterten Aufstände in Ungarn (1956) und in der Tschechoslowakei (1968) führten zu einer deutlichen Zunahme. Seit den 80er Jahren ist die Zahl der Asylsuchenden erheblich gestiegen und bei der Herkunft werden Staaten der 3. Welt immer wichtiger. So stammten 2009 über Hälfte der Asylbewerber, die nach Deutschland kamen, aus den Ländern Irak, Afghanistan, Türkei, Kosovo und Iran. Auch Vietnam, Syrien, Nigeria und Indien gehören zu den zehn bevorzugten Herkunftsländern. Dieser Trend dürfte auch die nächsten Jahre bestimmen.

Kriegsflüchtlinge

In Europa gab es nach dem 2. Weltkrieg eine lange Friedensperiode. Die einzige Unterbrechung war der Zerfall Jugoslawiens, der zu mehreren Kriegen zwischen den Nachfolgestaaten führte. Dies führte zur Flucht von 1,7 Millionen Menschen, unter ihnen 800000 Binnenvertriebene. In Deutschland und Österreich suchten 600000 Flüchtlinge Schutz, von denen die meisten am Ende des Krieges wieder in ihr Land zurückkehrten, aber nur zu einem kleinen Teil in ihre ehemalige Heimat. Die meisten Rückkehrer ließen sich in Gebieten nieder, in denen sie zur ethnischen Mehrheit gehören.

Nach Angaben UNHCR hat die Zahl der Flüchtlinge zurzeit einen Höchststand erreicht. Es sind vor allem die Kriege in Asien (Irak, Afghanistan) und in Afrika, die Menschen zwingen, ihre Heimat zu verlassen. Afrika ist ein Kontinent, der seit Jahrzehnten nicht zur Ruhe kommt. Hier fand mehr als ein Viertel aller Kriege statt, die zwischen 1945 und 2000 geführt wurden. Nur für ein halbes Dutzend afrikanischer Staaten wie Benin, Gabun oder Madagaskar verliefen die letzten Jahrzehnte friedlich.

Die Gründe für die Kriege sind vielfältig. Durch die Grenzziehungen der Kolonialmächte entstanden ethnisch heterogene Staaten, was bewaffnete Konflikte im Inneren, aber auch Kriege mit den Nachbarn auslöste. Diktaturen und Militärregimes verteidigen ihren Machtanspruch mit Waffengewalt und der Kampf um Ressourcen ist oft der Anlass einer militärischen Auseinandersetzung. In den letzten eineinhalb Jahren hat der „arabische Frühling" zu Revolutionen und Bürgerkriegen geführt.

Der größte Teil der Zivilbevölkerung, deren Siedlungen oft gezielt zerstört werden, sucht als „Binnenvertriebene" Schutz in einem benachbarten Gebiet des eigenen Landes, etwa ein Drittel flieht in ein Nachbarland. In Flüchtlingslagern, in denen katastrophale Bedingungen herrschen, warten die Menschen oft jahrelang das Ende des Krieges ab. In den Camps leiden die Flüchtlinge nicht nur unter Hunger und Krankheiten, sondern auch unter Angriffen aus dem Aufnahmeland oder unter der gewaltsamen Rekrutierung von Söldnern, darunter oft auch Jugendliche oder Kinder. Die Zahl dieser Flüchtlinge, die in die Industriestaaten kommt und politisches Asyl beantragen, ist vergleichsweise gering. Aber viele von ihnen überschreiten die Grenzen illegal, weil sie wissen, dass sie als Asylbewerber abgelehnt werden.

Menschen auf der Flucht 165

Materialien

M 1: Flucht aus Ostpreußen (Herbst 1944)

Flucht und Vertreibung, S. 70. akgimages Berlin.

M 2: Flucht aus Ostpreußen (1945)

Sechs Jahre nach Kriegsende verfasste eine junge Frau aus Ostpreußen ihren persönlichen Schicksalsbericht:

Am 21. Januar 1945 mußte Lyck geräumt werden. Schweren Herzens trennten sich meine Mutter, meine Schwester und ich von meinem Vater, der zum Volkssturm eingezogen wurde, sowie von den Großeltern. Mein Großvater beabsichtigte, soviel wie nur möglich von unserem beweglichen Gut mitzunehmen, und setzte sich mit seinem Treck in Richtung Arys in Bewegung.

Mit den letzten Zügen kamen wir bis Rastenburg, wo wir bei Verwandten übernachteten. Radioberichte, die wir hörten, ließen erkennen, daß Ostpreußen in eine aussichtslose Lage geraten war. Inzwischen erreichte uns die Hiobsbotschaft, daß der Zugverkehr nach dem Reich eingestellt worden sei. Wir hatten jetzt nur noch den Gedanken, Rastenburg so schnell wie nur möglich zu verlassen. Meine Großmutter blieb mit ihrem Hausmädchen zurück, weil sie unbedingt auf ihren Mann warten wollte. Wir sollten sie und meinen Großvater nie mehr sehen.

Auf dem Güterbahnhof in Rastenburg fanden wir drei Zuflucht in einem Güterwagen, der Soldaten in Richtung Königsberg/Pr. transportierte. In Korschen mußten wir raus, hatten jedoch das Glück, sofort einen neuen Güterzug, der mit Flüchtlingen überfüllt war, zu erwischen. Unterwegs starben Säuglinge vor Hunger.

Am 26. Januar 1945 erreichten wir Bartenstein. In ihrer Angst, den vordringenden Russen in die Hände zu fallen, hatten es zahlreiche Flüchtlinge trotz der starken Kälte fertig bekommen, sich in offenen Lorenwagen an den Transport anzuhängen. In Bartenstein waren viele bereits erfroren.

Wir blieben die Nacht in unserem Wagen. Mit Tagesanbruch verließen wir den Güterzug und suchten uns in Bartenstein ein Quartier. Eine bekannte Dame aus Lyck schloß sich uns mit ihrem Sohn, den die Flucht während eines Genesungsurlaubs überrascht hatte, an. Es herrschte eine Kälte von 29 Grad. Während wir unterwegs waren, hörten wir in der Ferne das dumpfe Grollen von Artilleriekanonaden.

Wir fanden eine Unterkunft und ruhten uns zwei Tage aus. Dann trieb uns das näher kommende Artilleriefeuer aus der Stadt Bartenstein. Unter den pausenlosen Detonationen der von den eigenen Truppen gesprengten Wehrmachtsanlagen in Bartenstein bahnten wir uns inmitten einer kopflos fliehenden Menschenmenge den Weg aus der Stadt. Bald sahen wir ein, daß auf der Chaussee kein Fortkommen möglich war. Wir begaben uns zum Güterbahnhof zurück und hatten wieder das unerhörte Glück, einen Waggon zu finden, der nur mäßig besetzt war. Unser Bekannter holte sich einige Eisenbahner heran, die diesen Waggon nach vielem Zureden schließlich an einen Lazarettzug in Richtung Braunsberg anhängten. Die Eisenbahner nahmen sich der Flüchtlinge in rührender Weise an und besorgten Essen und Trinken.

Am 1. Februar 1945 gelangte der Transport nach Braunsberg. Hier erfuhren wir die neuesten Hiobsbotschaften: Allenstein gefallen! Elbing von den Russen besetzt! – Wir befanden uns in einem riesigen Kessel. Pausenlos belegten russische Flugzeuge die Stadt Braunsberg mit Bomben und Bordwaffenfeuer Eine Freundin meiner Mutter nahm uns auf. Viele Flüchtlinge mußten in Kellern kampieren. Bis zum 10. Februar 1945 blieben wir in Braunsberg. Täglich mußten wir stundenlang nach Lebensmitteln und Kohlen anstehen. Das Gedröhn der Stalinorgeln kam von Tag zu Tag näher. Licht und Gas fiel aus. Wir lebten mit zehn Personen in einem Zimmer. Wir faßten den Entschluß, die Stadt zu verlassen. In der Dunkelheit verließen wir mit einigen anderen Leidensgefährten unser Domizil und tappten uns durch eine stockfinstere Nacht auf einer von Menschenleichen und Tierkadavern besäten Landstraße vorwärts. Hinter uns blieb das brennende Braunsberg zurück; links von uns – um Frauenburg – tobte eine erbitterte Schlacht.

Gegen Mitternacht erreichten wir – völlig verdreckt und verschlammt – das Städtchen Passarge am Frischen Haff. In einer Scheune erwarteten wir den neuen Tag. Hein P., unser genesener Soldat, und seine Mutter, konnten nicht mehr weiter. Wir mußten sie zurücklassen, als wir unseren Fußmarsch zum Frischen Haff fortsetzten. Inzwischen war die eisige Kälte anhaltendem Regenwetter gewichen. Wir erreichten den Uferrand des Frischen Haffs, verpusteten einige Minuten und traten dann den Marsch zur gegenüberliegenden Nehrung an.

Das Eis war brüchig; stellenweise mußten wir uns mühsam durch 25 cm hohes Wasser hindurchschleppen. Mit Stöcken tasteten wir ständig die Fläche vor uns ab. Zahllose Bombentrichter zwangen uns zu Umwegen. Häufig rutschte man aus und glaubte sich bereits verloren. Die Kleider, völlig durchnäßt, ließen nur schwerfällige Bewegungen zu. Aber die Todesangst vertrieb die Frostschauer, die über den Körper jagten.

Ich sah Frauen Übermenschliches leisten. Als Treckführerinnen fanden sie instinktiv den sichersten Weg für ihre Wagen. Überall auf der Eisfläche lag verstreuter Hausrat herum; Verwundete krochen mit bittenden Gebärden zu uns heran, schleppten sich an Stöcken dahin, wurden auf kleinen Schlitten von Kameraden weitergeschoben.

Sechs Stunden dauerte unser Weg durch dieses Tal des Todes. Dann hatten wir, zu Tode ermattet, die Frische Nehrung erreicht. In einem winzigen Hühnerstall sanken wir in einen flüchtigen Schlaf. Unsere Magen knurrten vor Hunger.

Am nächsten Tag liefen wir in Richtung auf Danzig weiter. Unterwegs sahen wir grauenvolle Szenen. Mütter warfen ihre Kinder im Wahnsinn ins Meer, Menschen hängten sich auf; andere stürzten sich auf verendete Pferde, schnitten sich Fleisch heraus, brieten die Stücke über offenem Feuer; Frauen wurden im Wagen entbunden. Jeder dachte nur an sich selbst – niemand konnte den Kranken und Schwachen helfen.

In Kahlberg stellten wir uns dem Roten Kreuz zur Verfügung und pflegten Verwundete in der Strandhalle, Am 13. Februar 1945 gingen wir als Pflegepersonal an Bord eines Lazarettschiffes. Am nächsten Tage erreichten wir Danzig-Neufahrwasser und gingen von Bord.

Am 15. Februar 1945 erhielten wir ein Quartier in Zoppot zugewiesen. Meine Mutter und Schwester und ich konnten sich kaum noch auf den Füßen halten, Trotzdem schleppten wir uns zum Güterbahnhof in Gotenhafen, wo es uns zum dritten Mal durch eine wunderbare Fügung gelang, in einem Feldpostgüterwagen nach Stolp (Pommern) mitgenommen zu werden. Am 19. Februar 1945 kamen wir als Pflegepersonal mit einem Lazarettzug über Hannover nach Gera in Thüringen, wo wir bei Verwandten untergebracht wurden. Es war der 28. Februar 1945. An diesem Tag endete unsere Flucht aus Ostpreußen.

Zit. nach: Herbert Michaelis und Ernst Schraepler (Hrsg.): Ursachen und Folgen, Bd. 22, o. J., S. 388-390.

M 3: Flucht aus der DDR

Frei und geheim gewählt - auch ohne Pankow

Mirko Szewczuk (1955). Aus: Horst Pötzsch: *Deutsche Geschichte nach 1945 im Spiegel der Karikatur*, München und Landsberg am Lech 1997, S. 107. Pankow ist hier synonym für die Regierung der DDR gebraucht, der Mann auf dem Wachturm ist der Staatsratsvorsitzende und Parteichef Walter Ulbricht.

M 4: Flüchtlinge aus der DDR

Jahr	Anzahl der Flüchtlinge
1949	129200
1950	197800
1951	165600
1952	182400
1953	331400
1954	184200
1955	252900
1956	279200
1957	261600
1958	204100
1959	143900
1960	199200
1961	207000 (davon 155400 bis zum 13. August 1961)

Nach: Erich Schmidt Verlag, Zahlenbilder (40520).

Menschen auf der Flucht

M 5: Asylbewerber

Klaus Stuttmann, ohne Titel (1991). Aus: Können Sie sich ausweisen? Karikaturen zu zehn Jahren PRO ASYL, Karlsruhe 1996, S. 18.

Gerhard Mester, ohne Titel (2011). Aus: Die Rheinpfalz vom 21. Juni 2011.

M 6: Flüchtlinge im ehemaligen Jugoslawien

Jan Tomaschoff, ohne Titel (1997). Aus: Praxis Geschichte 2/1997, S. 44.

M 7: Flüchtlinge aus den Krisengebieten in Afrika

Wenn man an afrikanische Flüchtlinge denkt, steigen sofort die furchtbaren Bilder von Menschen in kleinen, kaum seetüchtigen Booten auf, die zusammengepfercht auf wenigen Quadratmetern und unter höchster Lebensgefahr versuchen, das Mittelmeer zu überqueren – in der Hoffnung, ihr „gelobtes Land", den Kontinent Europa, zu erreichen. Die Zahl der Todesopfer, die diese Überfahrten fordern, kann nur geschätzt werden. Meist stecken menschenverachtende Schlepperbanden hinter solch todbringenden Unternehmungen. Die italienische Regierung hat bekannt gegeben, dass 37000 Menschen allein im Jahr 2008 über das Mittelmeer nach Italien flüchteten; und die Zahlen steigen weiter. Für den gesamten Mittelmeerraum geht der UNHCR – der Hohe Flüchtlingskommissar der Vereinten Nationen – von bis zu 69000 Flüchtlingen allein im Jahr 2008 aus. Viele der Verzweifelten entschließen sich zu diesem Schritt, da sie in ihren eigenen Ländern aus politischen oder anderen Gründen verfolgt werden oder weil sie Krieg und Armut entkommen wollen oder auch einfach, weil es bisher fast unmöglich ist, legal aus Afrika nach Europa einzuwandern.

Mittlerweile stellen die Flüchtlinge auch zunehmend ein Problem für die sogenannten Transitländer dar. Allein in Marokko sind in den ersten acht Monaten des Jahres 2006 80000 „Illegale" abgefangen worden. Andere betroffene Staaten sind Algerien, Libyen, Mauretanien, Senegal und Gambia, die es zumeist mit Flüchtlingen aus Westafrika zu tun haben.

Menschen auf der Flucht 171

Weniger im Fokus der europäischen Wahrnehmung stehen die innerafrikanischen Flüchtlingsströme. Zuverlässige Zahlen für Flüchtlingsbewegungen lassen sich angesichts der prekären Verhältnisse in vielen Ländern Afrikas kaum sichern. Natürlich ist die Zahl von Flüchtlingen immer stark von der Anzahl der Konflikte abhängig, die auf dem afrikanischen Kontinent toben, und so erklären sich auch die leicht rückläufigen Flüchtlingszahlen – wobei die verstörende Gesamtzahl für 2008 laut UNHCR immer noch bei weltweit etwa 42 Millionen Menschen stehen dürfte. 2008 sank die Zahl innerafrikanischer Flüchtlinge zum achten Mal hintereinander von 3,4 Millionen im Jahr 2000 auf 2,1 Millionen in 2008. Im Jahr 2008 wurden folgende Zahlen von Flüchtlingen gemeldet, die ihr Land verlassen und in der Fremde Unterstützung durch den UNHCR erhalten haben: aus dem Sudan rund 380000, aus dem Kongo rund 270000, aus Burundi rund 240000, aus Angola rund 110000. Jedoch nicht erfasst sind hier die zahllosen Flüchtlinge, die innerhalb ihrer Heimatländer auf der Flucht sind. Statistische Analysen haben gezeigt, dass sich viele Flüchtlinge aus Kriegs- und Krisenregionen in ihren Nachbar-Staaten niederlassen. Während die meisten der schiere Wille zu überleben antreibt, hegen andere die Hoffnung, in wirtschaftlich bessere Verhältnisse zu gelangen. Doch stets muss man sich davor hüten, angesichts der großen Zahlen und der sich täglich wiederholenden Bilder gedanklich in die Abstraktion zu flüchten – die Einzelschicksale sind alle konkret und für die Betroffenen furchtbar.

Asfa-Wossen Asserate: Afrika. Die 101 wichtigsten Fragen und Antworten, München 2010, S, 154f.

M 8: Die Geschichte eines Flüchtlings aus Somalia

Das Beispiel somalischer Flüchtlinge in Ägypten illustriert, daß sich Asylsuchende fortwährend an immer rigidere Asylsysteme anpassen müssen. [...] Die meinen Somalis waren erst nach einigen Monaten bereit für Interviews. Unter den Interviewten befand sich Farhia, die mit ihren sieben Kindern während des Bürgerkriegs in Somalia zweimal zur Binnenvertriebenen geworden war. Ihr Schwiegervater und zwei ihrer Brüder waren vor ihren Augen von Milizen ermordet worden. Sie und ihre Familie beschlossen im Jahr 2000, nach einer weiteren Verwundung ihres Mannes und einer erneuten Verschärfung der politischen Lage, Somalia zu verlassen. Geldsendungen von Verwandten im Ausland erlaubten ihnen den Erwerb von Pässen mit einem Visum für Saudi-Arabien sowie von Flugtickets. Als ihr Mann wegen des abgelaufenen Visums verhaftet und nach Somalia deportiert wurde, stellte Farhia Kontakt zur Tochter ihrer Schwester her, die nach Australien ausgewandert war. So erfuhr sie erst, daß ihre Schwester seit einigen Monaten im nahen Ägypten lebte. Schwester und Nichte finanzierten ein ägyptisches Visum und die Reise, Farhia erreichte Kairo und fand Aufnahme bei ihrer Schwester. Ihr Ansuchen um Flüchtlingsstatus wurde nach achtzehn Monaten Wartezeit von UNHCR akzeptiert. Währenddessen suchte sie Arbeit, obwohl ihr selbst nach Zuerkennung des Flüchtlingsstatus keine Arbeitserlaubnis gewährt wurde. [...] Nach Farhias Anerkennung als Flüchtling erhielt sie eine geringe finanzielle Zuwendung von UNHCR, was die medizinische Versorgung ihrer Familie aber nur teilweise abdeckte. Das Diabetes-Leiden eines ihrer Söhne und die kostspielige Behandlung machten immer wieder Spendenaktionen von Somalis in Ägypten und in der Diaspora erforderlich. Farhia suchte um *resettlement* (Umsiedlung) an. Das UN-*Resettlement-Programm* zählt neben der lokalen Integration und der freiwilligen Rückkehr ins Herkunftsland zu jenen drei Dauerlösungen, die von UNHCR für Flüchtlinge vorgesehen sind: Als Folge können Flüchtlinge aus ihrem afrikanischen oder asiatischen Zufluchtsort in einem westlichen Land angesiedelt werden. So decken einige westliche Länder ihre vertraglichen Quoten für Flüchtlingsaufnahmen aus anderen Kontinenten ab. Verglichen mit der hohen Anzahl von Flüchtlingen, die von Staaten mit geringem Bruttosozialprodukt versorgt werden müssen, sind diese Quoten aber gering. Farhias Antrag wurde zuerst abgelehnt Als sogenannter *irregular mover* hätte sie im ersten Aufenthaltsland (Saudi-Arabien) um Anerkennung als Flüchtling ansuchen müssen. Durch Interventionen verschiedener NGOs [*Non Governmental Organizations*] wurde ihr schließlich doch *resettlement* gewährt; im Oktober 2004 erreichte sie Minneapolis in den USA. [...]

<small>Gudrun Kroner und Monika Palmberger: Flüchtlinge; in: Fernand Krefft, Eva Maria Knoll, Andre Gingrich (Hrsg.): Lexikon der Globalisierung, Bielefeld 2011, S. 87f.</small>

Aufgaben

1. Beschreibt das Bild und stellt zusammen, was ihr im Falle einer Flucht unbedingt mitnehmen würdet! Rüstet selbst einen „Fluchtwagen" aus! (M 1)
2. Stellt die Schwierigkeiten zusammen, die die Frau auf der Flucht überwinden musste! Berücksichtigt die glücklichen Zufälle, die ihr die Flucht ermöglichten, und die Menschen, die dabei halfen! (M 2)
3. Beschreibt die Karikatur und ihre Aussage! Berücksichtigt dabei auch die Unterschrift! (M 3).
4. Überlegt, welche Ursachen die unterschiedlichen Flüchtlingszahlen in den einzelnen Jahren hatten! Zieht dazu eine Chronik zur Geschichte der DDR heran! (M 4)
5. Vergleicht die beiden Karikaturen und überlegt, welche von beiden das Problem besser darstellt! (M 5)
6. Beschreibt die Menschen, die auf der Karikatur dargestellt sind! Berücksichtigt bei einer Deutung auch den Hintergrund und das Spielzeug des Kindes! (M 6)
7. Stellt auf einer Wandzeitung die wichtigsten Flüchtlingsbewegungen in Afrika dar! (M 7)
8. Skizziert die Fluchtwege von Farhia und ihrer Familie! Erläutert an diesem Beispiel die Bedeutung eines „Netzwerks"! (M 8)
9. Entwerft ein Plakat, mit dem ihr auf das Schicksal afrikanischer Flüchtlinge aufmerksam macht und zur Hilfe aufruft!

4.4 Ausländische Arbeiter und „Verbesserungsmigration"

Einen großen Anteil an Migranten bilden die ausländischen Arbeitnehmer, die man in Deutschland früher als „Gastarbeiter" bezeichnete. Arbeitsmigration in größerem Umfang begann mit der Industrialisierung. Seit dem 2. Weltkrieg ist sie durch die ungleiche wirtschaftliche Entwicklung innerhalb Europas, aber auch zwischen den Entwicklungs- und Industrieländern und zwischen armen und reichen Ländern der Dritten Welt zu einer globalen Erscheinung geworden. Ausländische Arbeitnehmer wandern aus wirtschaftlich wenig entwickelten, überwiegend agrarisch geprägten oder peripher gelegenen Gebieten in Länder, wo sie vor allem in der Industrie, im Baugewerbe oder im Dienstleistungssektor Arbeit finden. Die meisten von ihnen haben nicht die Absicht, dauerhaft zu bleiben, was ihr Interesse an einer Integration einschränkt. Diese wird zusätzlich erschwert durch den Mangel an Sprachkenntnissen, geringe berufliche Qualifikation und niedriges Einkommen.

In vielen Fällen entwickelt sich ein Daueraufenthalt mit Familiengründung oder -nachzug. Kinder und oft auch schon Enkelkinder sind im Gastland geboren oder dort aufgewachsen und beabsichtigen nicht mehr, in die ursprüngliche Heimat zurückzukehren. In vielen europäischen Ländern besitzt auch die zweite und dritte Generation noch die ursprüngliche Staatsangehörigkeit, sodass sie statistisch als Ausländer gilt.

Der Ausdruck „Verbesserungsmigration" wird seit einigen Jahren verwendet und wurde geprägt, um den Begriff „Wirtschaftsflüchtlinge" zu ersetzen. Er fasst die Menschen zusammen, die sich durch Auswanderung in ein anderes Land eine Verbesserung ihrer Lebensumstände erhoffen. Im Unterschied zu Flüchtlingen gibt es keinen unmittelbaren Anlass für ihre Auswanderung. Von den ausländischen Arbeitnehmern unterscheidet sie, dass sie keine festen Arbeitsverträge besitzen und illegal einreisen.

Ausländische Arbeitskräfte in Europa

In den 50er Jahren erlebte die westdeutsche Wirtschaft einen unerwartet raschen Aufschwung, der als „Wirtschaftswunder" bezeichnet wird. Er führte schon bald zur Knappheit an Arbeitskräften, sodass 1955 erstmals mit Italien ein Anwerbevertrag abgeschlossen wurde. Im Jahr 1960 folgten Anwerbeverträge mit Spanien und Griechenland.

Als nach dem Bau der Mauer 1961 keine Flüchtlinge mehr aus der DDR in die Bundesrepublik kamen, wurden auch in der Türkei und in den folgenden Jahren in Portugal und Jugoslawien Arbeiter angeworben.

Die „Gastarbeiter", wie die ausländischen Arbeiter in der Umgangssprache genannt wurden, waren überwiegend un- oder angelernte Arbeiter und in der Industrie, im Bergbau, im Baugewerbe und in einigen Bereichen des tertiären Sektors wie der Müllabfuhr beschäftigt.

Zwischen 1950 und 1973 kamen insgesamt 14 Millionen ausländische Arbeiter in die Bundesrepublik, von denen 11 Millionen wieder in ihr Heimatland zurückkehrten. Die Rezession 1967 hatte bereits zu einem ersten Rückgang geführt. Der „Ölpreisschock" und seine Folgen waren der Anlass für einen Anwerbestopp im November 1973. Diese Maßnahme hatte aber zur Folge, dass viele ausländische Arbeiter in Deutschland blieben, weil sie befürchten mussten, bei einer Rückkehr in ihre Heimat nicht wieder einreisen zu dürfen. Sie wurden zu Einwanderern, die ihre Familien nachholten und sich dauerhaft in der Bundesrepublik ansiedelten.

In der DDR gab es ebenfalls ausländische Arbeitskräfte, die hauptsächlich aus Mosambik und Vietnam stammten. Sie unterlagen einem strengen Rotationsprinzip, das ihnen nur für eine bestimmte Zeit – meistens drei Jahre – den Aufenthalt in der DDR erlaubte. Im Jahr 1989 betrug ihre Zahl etwa 93000.

Die Beschäftigung von Ausländern war keine deutsche Besonderheit. Sie erfolgte auch in vielen anderen westeuropäischen Staaten, in größerem Umfang in Frankreich, Belgien, Österreich, Großbritannien und der Schweiz.

Arbeitsmigration in Afrika und Asien

Die ungleiche wirtschaftliche Entwicklung der unterschiedlichen Regionen ist auch die wichtigste Ursache für die Arbeitsmigration in anderen Kontinenten. Staaten, die durch Erdöl reich geworden sind, holen die erforderlichen Arbeiter aus den Ländern, in denen Armut und Arbeitslosigkeit herrschen.

In Afrika waren es vor allem Nigeria in den 70er und die Elfenbeinküste seit den 90er Jahren, die Arbeiter aus den Nachbarstaaten beschäftigten. In der Elfenbeinküste boten Industrie und Erdölförderung die erforderlichen Arbeitsplätze. Etwa ein Viertel der Bevölkerung des Landes kommt aus den Nachbarstaaten Burkina Faso, Mali, Guinea und Ghana. Auch in Libyen reichten die einheimischen Arbeitskräfte nicht aus, sodass sie aus Ägypten und westafrikanischen Staaten „importiert" werden mussten.

In Asien waren Saudi-Arabien und die Golfstaaten die wichtigsten Arbeitgeber für Ausländer. Nur ein kleiner Teil von ihnen kam aus Jordanien oder Ägypten, die meisten stammten aus Indien, Pakistan, Bangla Desh und den Philippinen. Sie wurden in der Industrie, aber auch als Lehrer oder in der Verwaltung beschäftigt. Eine Folge davon ist der hohe Anteil an Ausländern in der Bevölkerung dieser Staaten. Er beträgt in Saudi-Arabien und im Oman ein Viertel, in Katar ein Drittel und in Kuweit 60 Prozent der Einwohner.

Die globale Arbeitsmigration hat weitreichende Folgen. Die Ausländer garantieren die Wirtschaft des Gastlandes, stellen aber eine „Reservearmee" dar, die bei wirtschaftlichen oder politischen Krisen und bei Kriegen das Land sehr schnell verlassen muss. Die Rücküberweisungen der ausländischen Arbeiter tragen erheblich zum Wohlstand vieler Familien bei und sind auch eine wichtige Einnahme für deren Staaten. Ihr Anteil an den Deviseneinnahmen betrug in Ägypten oder in Burkina Faso zeitweilig etwa 30 Prozent.

Die Abwanderung von jungen und aktiven Menschen wurde oft als „Braindrain" (Talentschwund, volkswirtschaftliche Verluste als Folge der Migration) bedauert. Inzwischen gibt es auch eine positive Sichtweise. Als „Braingain" bewertet man die Gewinne, die durch Arbeitsmigration entstehen. Dazu gehört eine bessere Qualifikation der Arbeiter oder die wirtschaftlichen Kontakte, die sie im Ausland knüpfen konnten – Vorteile, die sie nach der Rückkehr in ihre Heimat für deren wirtschaftliche Entwicklung nutzen.

„Verbesserungsmigration"

Der relativ neue Begriff bezeichnet die Migranten, zu denen auch „Wirtschaftsflüchtlinge" oder „Umweltflüchtlinge" gehören. Ihre individuelle Entscheidung basiert auf dem Wunsch, in einem anderen Land besser leben zu können. Da sie weder Arbeitsverträge noch Anspruch auf Asyl haben, müssen sie illegal einreisen, was oft mithilfe von kriminellen „Schleppern" oder „Schleusern" erfolgt.

Das bekannteste Beispiel für diese Form von Migration ist die illegale Einwanderung aus Mexiko in die USA. Die gemeinsame 3200 km lange Grenze, der große Kluft zwischen Armut und Wohlstand und die Nachfrage nach billigen Arbeitskräften in den USA hat seit vielen Jahren zu einer kontinuierlichen Wanderung geführt, die auch durch Grenzzäune oder verbesserten Grenzschutz bisher nicht verhindert wurde. Jeden Tag werden etwa 50 Personen festgenommen, die den „sueño americano" (amerikanischen Traum) durch einen illegalen Grenzübertritt verwirklichen wollen. Nach ihrer Abschiebung versuchen sie es erneut, im Durchschnitt etwa fünf bis zehn Mal. Wer sich einem Schleuser anvertraut, zahlt zwischen 2000 und 5000 Dollar. Die zunehmenden Schwierigkeiten der illegalen Einreise führen aber auch dazu, dass immer mehr Mexikaner sich entschließen, in den USA zu bleiben. Während 1986 etwa die Hälfte der illegalen Grenzgänger im Laufe eines Jahres zurückgekehrt ist, sind es inzwischen weniger als 10 Prozent. Gleichzeitig ist die Zahl der Mexikaner in den USA auf etwa 12 Millionen gestiegen, von denen die meisten dort illegal leben.

In den letzten Jahren ist die Auswanderung aus Mexiko etwas zurückgegangen. Gründe dafür sind die verstärkten Grenzkontrollen und die Krise der Bauindustrie in den USA, aber auch die nachlassende Geburtenrate in Mexiko und das Wirtschaftswachstum des Landes. Aber inzwischen ist der Staat zu einem „Transitmigrationsland" geworden, durch das Menschen aus Guatemala, Honduras und El Salvador in die USA gelangen wollen. Im Jahr 2005 stammten 14 Prozent der illegalen Einwanderer, die an der Grenze zu den USA festgenommen wurden, nicht aus Mexiko. Mexiko bewacht die Grenzen im Süden seines Landes verstärkt und schiebt illegale Grenzgänger – im Jahr 2005 bereits 250000 – ab.

Viele Aus- und Transitwanderer in Mexiko werden Opfer krimineller Banden, die sie ausrauben oder als Geiseln nehmen und Lösegeld erpressen.

Materialien

M 1: Ausländische Arbeiter in Deutschland – drei Positionen

Den ausländischen Arbeitnehmern unter uns gebührt der Dank der ganzen Bevölkerung für ihre wertvolle Mitarbeit bei den vielfältigen Aufgaben, die in einem modernen Industriestaat zu bewältigen sind.

Auch für diese Mitbürger müssen die Grundrechte unseres freien sozialen Rechtsstaates gelten. Wir sehen diese Rechte gegenwärtig vor allem gefährdet durch ein ungenügendes Ausländerrecht, durch politische Pressionen mancher ausländischer Regierungen auf ihre in der Bundesrepublik lebenden Staatsbürger oder deren Angehörige in der Heimat, durch Mietwucher, nicht tarifgemäße Entlohnung, ungenügende Bildungsmöglichkeiten oder andere, die Chancengleichheit beeinträchtigende Diskriminierungen. Hier müssen Staat, Kommunen und Wirtschaft schnell Abhilfe schaffen. [...]

Für die Betroffenen oft noch schmerzlicher als äußere Benachteiligungen sind die Vorurteile und die Isolierung, denen sie am Arbeitsplatz oder in der Freizeit vielfach ausgesetzt sind. Hier sind besonders unsere Gemeinden gefordert, einer tief eingewurzelten Diskriminierung des Fremden entgegenzuwirken. Das beginnt schon mit der Aufnahme ausländischer Kinder in kircheneigene Kindergärten. [...]

Entschließung über die ausländischen Arbeitnehmer auf der 4. Synode der Evangelischen Kirche in Deutschland (1970), Informations- und Dokumentationsstelle der EKD, Dokument 3110.

Sie waren als Helfer zu mehr Wachstum gedacht – nun sind sie zur Last geworden. Niemand hat ein Patentrezept für das soziale Problem, mit dem uns die vier Millionen Ausländer konfrontieren. Wollen wir nicht überwuchert werden und in zehn Jahren mit türkischen Wegelagerern an Autobahnen und fremdländisch bewohnten Slums in unseren Großstädten rechnen, dann bleibt nur ein möglichst kontrolliertes Bremsen der Zuwanderung bei gleichzeitig intensivierten Bemühungen um Assimilation und Eingliederung. Die Kommunen müssen im Rahmen des durch die Expansion bewirkten Wachstums der Steuereinnahmen mehr in die Infrastruktur investieren und schließlich wird man den Ausländern selbst einen Obulus dafür abverlangen dürfen, daß sie hierbleiben können.

Kommentar der Zeitschrift „Arbeit und Sozialpolitik" (1973), zit. nach: Spaich, S. 220.

Wenn wir so weiter machen und immer mehr und mehr Gastarbeiter aus dem Ausland zu uns hereinholen, kann das auch ein humanes Problem werden, denn mit der Zeit werden diese Leute älter, bringen ihre Familien mit. Wir müssen dann nicht nur Schulen bauen und Wohnungen, sondern auch Krankenhäuser, Sozialeinrichtungen, Versorgung

Ausländische Arbeiter und „Verbesserungsmigration" 177

der Alten und vieles andere mehr. Es könnte dann Probleme geben, die unter Umständen so kapitalintensiv sind, daß es sich nicht mehr lohnt, die Gastarbeiterzahl zu vermehren. Man muß also weiterdenken, und nicht nur auf den Tag hin. Und da sind wir der Auffassung, das beste System mit den Gastarbeitern besteht darin, und zwar im beiderseitigen Interesse, daß nach einiger Zeit, vielleicht nach drei Jahren, die Gastarbeiter wieder nach Hause zurückkehren zu ihren Familien, oder sofern sie die Familien dabei haben, sie mit nach Hause nehmen und daß sie dann ersetzt werden durch neue und junge Gastarbeiter, die dann zu uns kommen. Wir nennen dieses System ein rollierendes System.

Aus einer Rede von Hans Filbinger, Ministerpräsident von Baden-Württemberg (1973), zit. nach: Spaich, S. 226.

M 2: „Gastarbeiter" in der Karikatur

Karikatur des türkischen Zeichners Refik Tinis (1982). Aus: Die in der Fremde arbeiten, S. 22.

M 3: Morgens im Betrieb

Dobro jutro
grüßte ich
um halb acht Uhr früh
im Betrieb
Bună diminiața,
antwortete Dimitriu
Kalimera!
rief Andronis.
Buenos dias,
sagte Antonio

und wir lachten
wir Gastarbeiter.
Red' deutsch!
schrie uns Siegfried an,
red' ein ordentliches Deutsch
und nicht diese
Arschsprache
die kein normaler Mensch
versteht!

Gedicht von Dragutin Trumbetas, Aus: Nürnberger Nachrichten vom 18./19. Oktober 1984, S. 17 (mit freundlicher Genehmigung von Dragutin Trumbetas).

M 4: Fluktuation der ausländischen Arbeit am Beispiel der Griechen

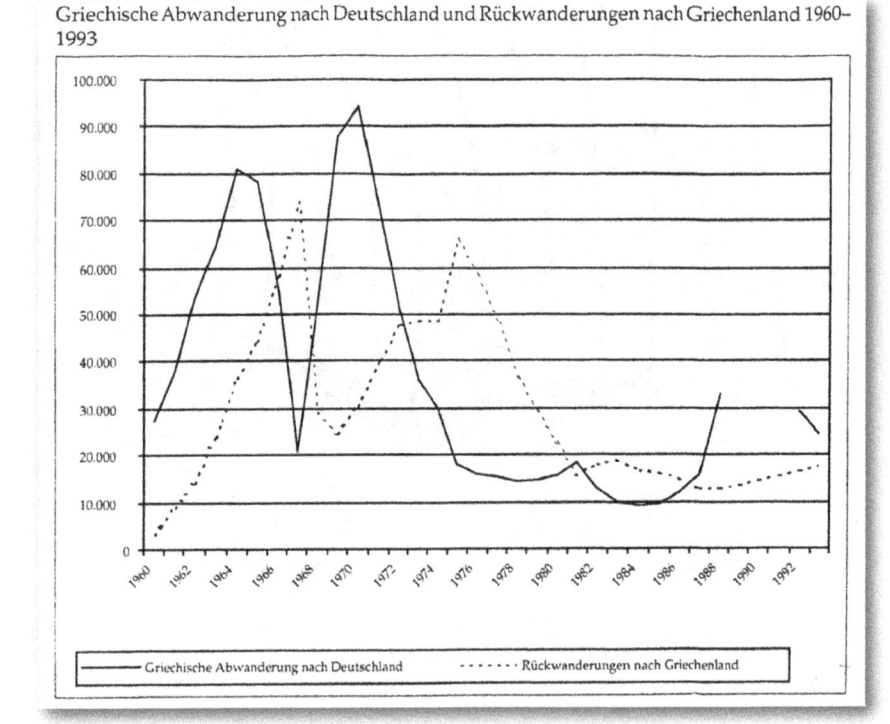

Griechische Abwanderung nach Deutschland und Rückwanderungen nach Griechenland 1960–1993

Enzyklopädie, S. 607; Datenbasis: Statistisches Bundesamt und Nationaler Statistischer Dienst Griechenlands.

M 5: „Verbesserungsmigration"?

Vagelis Pavlidis, 1982.

M 6: Eine Reise von Nigeria nach Spanien

Die „Zeit" vom 30. Oktober 2003 berichtet über die Reise einer Nigerianerin.
Sie hatte stets ein Bündel parat mit ihren Habseligkeiten: eine saubere Bluse, eine Hose, Unterwäsche, eine Liste mit Telefonnummern und einen Zwanzig-Euro-Schein. Alles war ordentlich in einer Plastiktüte verpackt, mit Klebeband versiegelt, gegen das Wasser. Sie nannte sich Patricia Omorigie, und sie wollte nach Deutschland. In Lagos hatte sie ein Friseurgeschäft besessen, eine Bretterbude in einer langen Reihe von Bretterbuden. Sie war das fünfte von neun Kindern eines Lehrers und einer Gemüsehändlerin. Sie ging nur ein Jahr auf die Schule, da ihr Vater früh verstarb. Ihre Mutter hatte einen Unfall erlitten, und Patricia musste im Haushalt helfen, bis sie ihren Laden aufmachte, Sie hat Nigeria am 4. Januar 2001 verlassen, mit dem Bus ist sie in die Elfenbeinküste gefahren. Dort sollte sie ein gefälschtes Visum für Deutschland und einen Flug nach London bekommen. Ein angeblicher Schlepper nahm ihr dafür viertausend Euro ab und verschwand, ohne ihr

Visum oder Ticket auszuhändigen. So fuhr sie über Mali durch die algerische Wüste in Richtung Marokko in einer Gruppe von vierzig Leuten in zwei Jeeps. Irgendwo im Erg Chech [*Wüstengebiet im Südwesten Algeriens*] machten sich die Jeepfahrer ohne ihre Passagiere eines Morgens auf und davon. Zu Fuß erreichte Patricia mit sieben anderen Reggane [*Oasenstadt im Süden Algeriens*]. Wieder zu Fuß und auf Lastwagen gelangte sie schließlich nach Tanger. Ein halbes Jahr wartete sie dort auf eine Überfahrt. Sie wurde festgenommen, bevor es so weit war, von den Marokkaner in einer großen Migranten-Gruppe mit dem Bus zur algerischen Grenze gefahren, wo die marokkanischen Polizisten sie mit Gewehrsalven über das Niemandsland scheuchten. Patricia hatte noch etwas Geld. Für hundert Dollar konnte sie wieder zurück nach Tanger fahren – in einem geschlossenen Lastwagen.

Dort wartete sie abermals. Aus ihrem Pensionszimmer heraus betrieb sie einen kleinen Kaufmannsladen. Eines Tages war es dann soweit. Sie wurden im Lkw zu einem Wald gefahren, liefen mehrere Stunden durch diesen hindurch bis zum Strand, dort warteten sie eine Woche, bis ein Schlauchboot aufkreuzte – und sie zehn Stunden später in Spanien absetzte. Das war achtzehn Monate, nachdem Patricia Lagos verlassen hatte.

Sie wurde in Spanien sofort von der Guardia Civil [*spanische Polizei, die für den Grenzschutz zuständig ist*] festgenommen und in Abschiebehaft gesetzt. Aber sie war auf ihrer Odyssee schwanger geworden, erlitt im Gefängnis eine Fehlgeburt, kam in eine Klinik, aus der sie fliehen konnte. In Madrid stellte sie einen Asylantrag, bekam eine Duldung für zwei Monate. Das gab ihr Hoffnung, es bald nach Deutschland zu schaffen.

Ariel Hauptmeier in der „Zeit".

M 7: Die Geschichte der mexikanischen Familie Gómez Villanueva

Auszüge einer Reportage von Alex Gertschen, Korrespondent der Neuen Zürcher Zeitung in Mexiko-Stadt. Gertschen arbeitet als Historiker und Journalist mit den Schwerpunkten Lateinamerika und internationale politische Ökonomie. Er lebt in Berlin und Mexiko-Stadt.

Die Aufstiegsgeschichte der Familie Gómez Villanueva beginnt 1984. Javier Gómez und seine Ehefrau Rosa María Villanueva kaufen in Tláhuac tief im Süden von Mexiko-Stadt, ein kleines Stück Land. Javiers Lohn als Lastwagenfahrer eines Suppenfabrikanten reicht nicht, um das von den Vätern geborgte Geld zurückzuzahlen. Deshalb zieht er noch im selben Jahr für ein paar Monate nach Chico in Kalifornien, auf eine Farm, wo er Pflaumen, Mandeln und Nüsse erntet. Die Arbeit ist äußerst hart, das Dasein einsam und kümmerlich, aber der Lohn ein Mehrfaches von dem, was er zuhause erhielt. Also geht er auch in den folgenden Frühjahren, um jeweils im Herbst zurück in Tláhuac zu sein.

Das Ersparte investieren Javier und Rosa Maria in Mörtel und Stein. Zusammen mit ihren Vätern, die auf dem Bau arbeiteten, ziehen sie die Mauern eines Häuschens hoch. Bis es 1992 endlich bezugsbereit ist, haust die Familie in der Nahe, bei Javiers Eltern. [...] Mehrere Male sei Javier aufgegriffen und ausgewiesen worden, sagt Rosa María. Aber stets sei er im Grenzgebiet geblieben, um sogleich den nächsten Versuch zu wagen. Einmal hätten ihn die *coyotes* auf der anderen Seite der Grenze sitzen lassen. Die „Kojoten" sind die Schlepper. Sie führen immer mehr Migranten durch die Wüste von Sonora und Arizona, seitdem die USA Mitte der 1990er Jahre bei San Diego eine gewaltige Sperranlage errichtet haben, deren Wachtürme und planierte Landstreifen an die einstige innerdeutsche Grenze erinnern. Jahr für Jahr sterben unter der sengenden Sonne Hunderte von Unentwegten und Verzweifelten an Hitze und Durst.

Rosa María erwähnt nicht, dass ihr Ehemann noch nie legal in die USA eingereist ist. Das versteht sich von selbst. Mit seinen sechs Jahren Primarschule käme er nicht einmal in die Nähe einer Aufenthaltserlaubnis, auf die jährlich rund 20000 hoch qualifizierte Mexikaner hoffen dürfen. Er weiß auch so, dass sie auf der anderen Seite auf günstige und tüchtige Arbeitskräfte wie ihn angewiesen sind. Die massenhafte Migration setzte im späten 19. Jahrhundert ein. Die Landwirtschaft im Südwesten der USA suchte billige Hände, weil ab 1882 die Einwanderung von Chinesen und später auch von Japanern unterbunden wurde. Für die Mexikaner als Ersatz sprach, dass sie bei Gebotenheit nur über den Rio Bravo und nicht über den Pazifischen Ozean gebracht werden mussten. Dafür galt es, sie in der Illegalität zu halten. [...]

Das kleine Haus war inzwischen fast fertig gebaut. Nun galt es, die nächste Etappe des sozialen Aufstiegs in Angriff zu nehmen: die Ausbildung der Kinder. Trotz seiner frühen Vaterschaft musste César [*Sohn von Javier und Rosa María*] nach der obligatorischen Schulzeit nicht den Unterhalt seiner Familie bestreiten. Er machte das Abitur. Nach einigen Jahren der Erwerbstätigkeit entschloss er sich, an einer privaten Universität ein Abendstudium in Informatik zu absolvieren. [...] Johny [*zweiter Sohn*] ließ sich an einer Fachschule zum Computerexperten ausbilden, und Verónica [*Tochter*] strebt denselben Abschluss an. Haben das Internet und Skype die Distanz zum Vater verkürzt? „Er kann keinen Computer bedienen", antwortet César. Um die Dinge ins rechte Licht zu rücken, fügt die Mutter sogleich hinzu: „Hätte er sich nicht all die Jahre auf den Feldern geplackt, hätten die Kinder nicht eine so gute Ausbildung erhalten."

Javier Gómez' Kinder wissen zu schätzen, was er für sie geleistet hat. Solange sich der bescheidene Wohlstand mit vereinten Kräften erhalten lässt, wollen sie den Spuren der Vorväter aber nicht folgen. Zwar verdiene sein Vater dort als Landarbeiter wohl mehr als er hier in der Informatik, sagt César. Doch bedeute die Illegalität eine ständige Bedrohung. Dies hinzunehmen sei er umso weniger bereit, als er von seiner Familie getrennt wäre. [...] Johny schließt sich einmal mehr an, und Verónica mutmaßt, dass sie möglicherweise gegangen wäre, hätte sie nicht ein Studium beginnen können. Beim Abschied draußen vor der Tür sagt Rosa María, die Kinder seien ein besseres Leben gewohnt als sie und Javier damals. Sie hätten hier mehr zu verlieren. Es ist eine bloße Feststellung, keine Klage und schon gar kein Vorwurf. [...]

Aus Politik und Zeitgeschichte, 40-42/2011 vom 4. Oktober 2011, S. 42-46.

M 8: Ein Bild unserer Welt?

„Ist was?"

Walter Hanel (1981).

Aufgaben

1. Arbeitet die unterschiedlichen Positionen zur Situation der Gastarbeiter heraus und berücksichtigt dabei auch die jeweiligen Argumente! (M 1).
2. Beschreibt die Personen der Karikatur und ihre Tätigkeit! (M 2)
3. Charakterisiert die in dem Gedicht genannten Personen und erklärt ihr Verhalten! (M 3)
4. Beschreibt die Veränderungen bei den griechischen Gastarbeitern in Deutschland und überlegt mögliche Ursachen für die Entwicklung! (M 4)
5. Erklärt anhand der Karikatur den Begriff „Verbesserungsmigration" und überlegt, ob er die Wirklichkeit beschreibt! (M 5)
6. Zeichnet die Reise von Patricia Omorigie in einen Umriss von Afrika ein und nennt die Schwierigkeiten, die sie bewältigen musste! (M 6)
7. Schreibt in Partnerarbeit einen Tagebucheintrag, in dem Patricia Omorgie einen Tag ihrer Reise festhält! (M 6)
8. Informiert euch bei der zuständigen Behörde (Ausländeramt, Asylrecht), ob Patricia Omorigie ein Recht auf Asyl hat! (M 6)
9. Zeigt an einer Wandzeitung, welche Bedeutung die illegale Arbeit von Javier Gómez für seine Familie hatte! (M 7)
10. Schreibt ein fiktives Interview, das ein Reporter mit Javier Gómez führt! (M 7)
11. Beschreibt das „Weltbild", das Walter Hanel in seiner Karikatur zeigt, und nehmt dazu kritisch Stellung! (M 8)

5. Literatur, Internetadressen, Museen

Die Literatur zum Thema Migration umfasst inzwischen Spezialbibliotheken mit mehreren tausend Titeln und wächst ständig. Deshalb enthält das Verzeichnis nur wenige Titel. Aufgeführt werden

- Bibliografie und Forschungsbericht
- Grundlegende und leicht zugängliche Bücher
- Veröffentlichungen zur Behandlung des Themas im Unterricht
- Weiterführende Literatur zu den einzelnen Themen

Alle Bücher und Zeitschriftenaufsätze enthalten bibliografische Hinweise.

Bibliografie

Bibliography on Migration/Bibliographie zur Wanderung. Deutsch- und englischsprachige Literatur, bearbeitet von Hans-Georg Glaeßer und Frauke Siefkes, Kiel 1993. (Kieler Bibliographien zu aktuellen ökonomischen Themen Bd. 10). *Enthält ca. 800 Titel und mehrere Register.*

Allgemeine Literatur

Angenendt, Steffen (Hrsg.): Migration und Flucht. Aufgaben und Strategien für Deutschland, Europa und die internationale Gemeinschaft. Schriftenreihe der Bundeszentrale für politische Bildung Nr. 342, Bonn 1997. *Zuwanderungspotenziale, innen- und außenpolitische Aspekte der Zuwanderung und Migrationspolitik im europäischen und internationalen Vergleich.*

Bade, Klaus J.: Deutsche im Ausland – Fremde in Deutschland. Migration in Geschichte und Gegenwart, München 1992. *Umfangreiche Darstellung der deutschen Auswanderung und der Einwanderung nach Deutschland.*

Bade, Klaus J. (Hrsg.): Ausländer, Aussiedler, Asyl in der Bundesrepublik. Bonn: Bundeszentrale für politische Bildung 1994. *Ausführliche Einleitung und über hundert Dokumente, vor allem Zeitungsartikel.*

Bade, Klaus J.: Europa in Bewegung. Migration vom späten 18. Jahrhundert bis zur Gegenwart, München 2000.

Enzyklopädie Migration in Europa vom 17. Jahrhundert bis zur Gegenwart, hrsg. von Klaus J. Bade, Pieter C. Emmer, Leo Lucassen und Jochen Oltmer, 2. Aufl., Paderborn, München, Wien, Zürich 2008. *Umfangreiches Nachschlagewerk, geordnet nach Ländern und Personengruppen.*

Fassmann, Heinz/Münz, Rainer (Ed.): Migration in Europa. Historische Entwicklung, aktuelle Trends, politische Reaktionen. Frankfurt/M. 1996. *Überblick über die europäische Migration und ihre Auswirkung in 13 Ländern.*

Han, Petrus: Theorien zur internationalen Migration, Stuttgart 2006. *Überblick über Theorien zur Migration anhand von 13 Monografien.*

Haywood, John: Die Geschichte der Völkerwanderung. Zwischen Pioniergeist und Flucht, Hamburg 2009. Originalausgabe der National Geographic: „The Great Migrations" (2008). *Einführung, 51 kurze Kapitel (4-6 Seiten) zu Migrationen von der Urgeschichte bis zum 2. Weltkrieg, Schlusskapitel „Die Welt in Bewegung". Zu jedem Thema Karten, Bilder, Zeittafel.*

King, Russell: Atlas der Völkerwanderungen. Suche, Flucht, Vertreibung, *(2007).Einführung, 27 knappe Kapitel (4-6 Seiten) zu Migrationen von der Urgeschichte bis zurUmsiedlung zwischen Indien und Pakistan, abschließendes Kapitel „Die Welt in Bewegung"; zu jedem Thema Karten, Zeitstrahl, Bilder und kurze Quellentexte.*

Müller-Schneider, Thomas: Wertintegration und neue Mobilität. Theorie der Migration in modernen Gesellschaften, Bamberg 2003. *Neue Erklärungsansätze und aktuelle Migrationsformen wie Einschleusung, Asylmissbrauch, Heiratsmigration und Familiennachzug.*

Pries, Ludger (Hrsg.): Transnationale Migration, Baden-Baden 1997. *17 Aufsätze zu Theorie der Migration, Migrationsforschung in den USA und transnationalerMigration in Europa.*

Schwelien, Michael: Das Boot ist voll. Europa zwischen Nächstenliebe und Selbstschutz, Hamburg 2004. *Berichte des Redakteurs der „Zeit", in denen die Schicksale von Migranten erzählt werden.*

Segal, Aaron: An Atlas of Migration, London 1993. *Über 60 Karten, zum Teil sehr detailliert, von den Anfängen der Menschheit bis zum Ende des 20. Jahrhunderts.*

Spaich, Herbert: Fremde in Deutschland. Unbequeme Kapitel unserer Geschichte, Weinheim und Basel 1981. *Zur Einwanderung der Sinti und Roma, der Hugenotten, über ausländischer Arbeiter früher und heute, Zwangsarbeiter und politische Flüchtlinge.*

Treibel, Annette: Migration in modernen Gesellschaften. Soziale Folgen von Einwanderung, Gastarbeit und Flucht. Weinheim und München, 4. Aufl. 2008 (Grundlagentexte Soziologie).

Behandlung des Themas Migration im Unterricht

Interkulturelles Lernen. Arbeitshilfen für die politische Bildung, hrsg. von der Bundeszentrale für politische Bildung, Bonn 1998.

Jäger-Reichel, Barbara/Lanig, Jonas: Cool bleiben – fair bleiben. Unterrichtsbausteine zur doppelten Staatsbürgerschaft, hrsg. von der Gewerkschaft für Erziehung und Wissenschaft, Landesverband Bayern, München o. J.

Erdmann, Elisabeth (Hrsg.): Verständnis wecken für das Fremde. Möglichkeiten des Geschichtsunterrichts. Schwalbach/Ts. 1999.

Migration. Geschichte(n) – Formen – Perspektiven. Multiplikatorenpaket Politische Bildung. Schwalbach/ Ts. 1999.

Pellens, Karl (Hrsg.): Migration: Lernchancen für den historisch-politischen Unterricht. Schwalbach/Ts. 1998 (Didaktische Reihe der Landeszentrale für politische Bildung Baden-Württemberg).

Literatur zu den einzelnen Kapiteln

Die frühgeschichtlichen Wanderungen

Henke, Winfried: Evolution und Ausbreitung des Genus Homo. Aktuelle Befunde aus evolutionsökologischer Sicht, in: Nicholas J. Conard: Woher kommt der Mensch, Tübingen 2004, S. 98-135.

„Völkerwanderungen" – kontinentale Migration

Rosen, Klaus: Die Völkerwanderung, München 2002.

Literatur, Internetadressen, Museen 185

Zwangsmigrationen: Deportation – Austreibung – Verbannung

Gestrich, Andreas, Hirschfeld, Gerhard und Sonnabend, Holger (Hrsg.): Ausweisung und Deportation. Formen der Zwangsmigration in der Geschichte, Stuttgart 1995.

Ternon, Yves: Tabu Armenien. Geschichte eines Völkermords, Frankfurt/M., Berlin 1988.

Sklavenhandel

Delacampagne, Christian: Die Geschichte der Sklaverei, übers. von Ursula Vones-Liebenstein, Düsseldorf, Zürich 2004

Wiese, Eigel: Sklavenschiffe. Das schwärzeste Kapitel der christlichen Seefahrt, Hamburg 2000.

Die Wanderungen der Juden

Ben-Sasson, Haim Hillel (Hrsg.): Geschichte des jüdischen Volkes, 3 Bde., München 1978-80.

Traub, Michael: Wanderungen der Juden, in: Jüdisches Lexikon, Bd. IV/2, Berlin 1927, Sp. 1296.

Sinti und Roma

Reemtsma, Katrin: Sinti und Roma. Geschichte, Kultur, Gegenwart, München 1996.

Djurić, Rajko, Becken, Jörg und Bengsch, A. Bertolt: Ohne Heim – ohne Grab. Die Geschichte der Sinti und Roma, Berlin 1996.

Sinti und Roma. Aus Politik und Zeitgeschehen. 22-23/2011. Acht Aufsätze zur aktuellen Situation.

Vossen, Rüdiger: Zigeuner. Roma, Sinti, Gitanes, Gypsies. Zwischen Verfolgung und Romantisierung,. Katalog zur Ausstellung des Museums für Völkerkunde, Frankfurt/M., Berlin, Wien 1983.

Migration aus religiösen Gründen

Thadden, Rudolf von und Magdelaine, Michelle (Hrsg.): Die Hugenotten. 1685 bis 1985, München 1985.

Marsch, Angelika: Die Salzburger Emigration in Bildern, Weißenhorn/Bayern, 3. Aufl. 1986.

Die europäische Auswanderung nach Nordamerika

Good Bye Bayern – Grüß Gott America. Auswanderung aus Bayern nach Amerika seit 1683, hrsg. von Margot Hamm, Michael Henker und Evamaria Brockhoff, Augsburg 2004.

Ausländische Arbeiter

Uhlig, Otto: Die Schwabenkinder aus Tirol und Vorarlberg, Innsbruck 2003.

Umsiedlung, Deportation, Vertreibung,

Broszat, Martin: Nationalsozialistische Polenpolitik 1939-1945, Stuttgart 1961.

Leniger, Markus: Nationalsozialistische „Volkstumsarbeit" und Umsiedlungspolitik 1933-1945, Berlin 2006.

Madajczyk, Czesław (Hrsg.): Vom Generalplan Ost zum Generalsiedlungsplan: Dokumente. Einzelveröffentlichungen der historischen Kommission zu Berlin Bd. 80, München, New Providence, London, Paris 1994.

Ulrich, Herbert (Hrsg.): Europa und der „Reichseinsatz". Ausländische Zivilarbeiter, Kriegsgefangene und KZ-Häftlinge in der deutschen Kriegswirtschaft, 1938-1945, Essen 1991.

Zwangsumsiedlung, Flucht und Vertreibung.1939-1959. Atlas zur Geschichte Osteuropas, Bonn 2009.

Rückwanderung und Aussiedlung

Jacobmeyer, Wolfgang: Vom Zwangsarbeiter zum Heimatlosen Ausländer. Die Displaced Persons in Westdeutschland 1945-1951, Göttingen 1985.

Menschen auf der Flucht

Benz, Wolfgang: Die Vertreibung der Deutschen aus dem Osten. Ursachen, Ereignisse, Folgen, Frankfurt/M. 1985.

Flucht und Vertreibung. Europa zwischen 1939 und 1948, Hamburg 2004.

Migration in und aus Afrika, hrsg. vom Bundesministerium für wirtschaftliche Zusammenarbeit und Entwicklung, Bonn 2004.

Minas. Atlas für Migration, Integration und Asyl, hrsg. vom Bundesamt für Migration und Flüchtlinge, Nürnberg, 4. Aufl. 2011.

Ausländische Arbeiter und „Verbesserungsmigration"

Bade, Klaus J. (Hrsg.): Auswanderer – Wanderarbeiter – Gastarbeiter. Bevölkerung, Arbeitsmarkt und Wanderung in Deutschland seit der Mitte des 19. Jahrhunderts, 2 Bde., Ostfildern 2. Aufl. 1986.

Die in der Fremde arbeiten: Karikaturisten aus Griechenland, Italien, Jugoslawien, Spanien und der Türkei zeichnen die Situation ihrer Landsleute in der Bundesrepublik, hrsg. von Birger Gesthuisen und Tina Jerman, Duisburg 1983, S. 22.

Zuverlässige Internetadressen zum Thema Migration

WWW Virtual Library: Migration und Ethnic Relations. Sammlung von Links zu wichtigen Internetaddressen (Forschungzentren, Archive, Publikationen, Dokumente); eigenes Suchsystem. [http://www.ercomer.org/wwwvl]

Europäisches Forum für Migrationsstudien (EFMS) an der Universität Bamberg. Forschungsprojekte, Publikationen, Dokumente und Datenbanken, Tagungen, „Migration Guide". [http://www.uni-bamberg.de/efms]

Gesellschaft für bedrohte Völker. Internationale Organisation, die sich für Minderheiten und Menschenrechte einsetzt. Sitz ist Deutschland mit Vertretungen in verschiedenen anderen europäischen Ländern. [http://www.gfbv.de]

Literatur, Internetadressen, Museen

Institut für Migrationsforschung und interkulturelle Studien (IMIS) an der Universität Osnabrück. Gibt die Zeitschrift „IMIS-Beiträge" heraus und bietet zahlreiche Links, zum Beispiel zu Migrationsmuseen. [http://www.imis.uni-osnabrueck.de]

Schweizerisches Forum für Migrationsstudien in Neuchatel. Links zu internationalen Organisationen, Universitäten, Zeitschriften, Bibliotheken und Statistiken. [http://www.unine.ch/fsm]

Sussex Centre for Migration Studies (SCMS). Setzt die Arbeit von „CEMES" (1998-2002) fort und gibt die Zeitschrift „Journal of Ethnic and Migration Studies" (JEMS) heraus. [http://www.sussex.ac.uk/migration]

Jugendbücher zum Thema Migration

Die Liste bietet eine knappe Auswahl an Jugendbüchern, die in den letzten Jahren erschienen sind. Die verschiedenen Formen von Migrationen, die hier behandelt sind, ermöglichen einen fächerübergreifenden Einsatz im Unterricht. Angegeben ist jeweils die neueste Ausgabe (Stand: 2012).

Jugendsachbuch

Hanne Straube und Karin König: Zuhause bin ich „die aus Deutschland". Ausländerinnen erzählen (1983). Interviews mit Mädchen und jungen Frauen, die aus anderen Ländern stammen.

Fiktionale Jugendliteratur

Ghazi Abdel-Qadir: Spatzenmilch und Teufelsdreck (1999). Margret, eine geschiedene Frau, lebt mit dem verwitweten Jordanier Karim zusammen. Der Besuch von Karims Vater in Deutschland bringt für die Familie, vor allem für die Kinder Michael und Fatima, viele Überraschungen.

Clara Asscher-Pinkhof: Sternkinder (2011). Originalausgabe 1946, preisgekröntes Jugendbuch über die Deportation von Juden und das Leben im Konzentrationslagern aus der Sicht von Kinder, neu übersetzt von Mirjam Pressler.

Inge Barth-Grözinger: Etwas bleibt (2010). Authentisches Schicksal einer jüdischen Familie in einer deutschen Kleinstadt, die ausgegrenzt wird und 1938 auswandert.

Brigitte Blobel: Zwischen Bagdad und nirgendwo, München 2007. Der 15jährige Said ist nach dem gewaltsamen Tod seiner Eltern aus dem Irak geflohen und zu seinem Onkel nach Berlin gezogen.

André Boesberg: Den Taliban entkommen. Nach der wahren Geschichte des Sohail Wahedi (2008). Eine Familie in Afghanistan flieht vor der politischen Verfolgung.

Corina Boman: Der Pfad der roten Träume (2007). England, 19. Jahrhunderts. Zwei Waisenmädchen wandern nach Australien aus.

Federica de Cesco: Aischa oder Sonne des Lebens (2008). Die Tochter algerischer Einwanderer wächst in Paris auf und muss sich zwischen der Kultur ihrer Eltern und ihres Gastlandes entscheiden.

Janina David: Ein Stück Himmel (2009). Ein Stück Erde (2001). Ein Stück Fremde (2002). Dreiteilige Autobiografie eines jüdischen Mädchens aus Polen, das in einem Kloster versteckt die Zeit der deutschen Besatzung überlebt. Nach dem Krieg geht sie nach Paris und emigriert von dort nach Australien.

Willi Fährmann: Das Jahr der Wölfe. Die Geschichte einer Flucht (2012). Flucht einer deutschen Familie 1945 aus Ostpreußen.

Karin Gündisch: Im Land der Schokolade und Bananen. Zwei Kinder kommen in ein fremdes Land (2012). Die Autorin, die selbst in Rumänien geboren ist, schildert in vielen kurzen Szenen die Erlebnisse einer Aussiedlerfamilie, die aus Rumänien in die Bundesrepublik kommt.

Esther Hautzig: Die endlose Steppe (2010). Das Schicksal einer jüdischen Familie aus Wilna, die 1941 zwangsweise nach Sibirien umgesiedelt wird.

Thomas Jeier: Hinter den Sternen wartet die Freiheit (2002). Eine junge Afrikanerin wird als Sklavin in die USA gebracht, kann aber fliehen.

Thomas Jeier: Emmas Weg in die Freiheit (2009). Eine junge Frau flieht vor der Not aus Deutschland und versucht in New York als Näherin zu überleben.

Judith Kerr: Als Hitler das rosa Kaninchen stahl (2007). Warten, bis der Frieden kommt (2008). Eine Art Familientreffen (2010) Autobiografische Darstellung vom Schicksal einer deutschen Familie, die 1933 in die Schweiz und später nach Frankreich und England emigrieren muss.

Karin König, Hanne Straube und Kamil Taylan: Oya. Fremde Heimat Türkei (2006). Schwierigkeiten eines türkischen Mädchens, das in Deutschland aufgewachsen ist, bei der Rückkehr in seine Heimat.

Irina Korschunow: Er hieß Jan (2006). Ein deutsches Mädchen verliebt sich 1944 in einen polnischen Zwangsarbeiter.

Othmar Franz Lang: Hungerweg: Von Tirol zum Kindermarkt in Ravensburg (2010). Tiroler Bauernkinder ziehen jedes Jahr am Ende des Winters nach Ravensburg, wo sie von den schwäbischen Bauern für den Sommer zum Arbeiten eingestellt werden.

Christobel Mattingley: Asmirs Flucht (1994). Authentische Geschichte von der Flucht einer Familie aus dem belagerten Sarajewo. Die Fortsetzung „Asmir in Vienna" (1995) ist bisher nicht übersetzt worden.

Gina Mayer: Die Wildnis in mir (2011). 1900: Ein Mädchen wandert mit ihrer Mutter nach Deutsch-Südwestafrika aus. Nach dem Tod der Mutter flieht sie zu einer Familie in Südafrika.

Beverley Naidoo: Die andere Wahrheit (2003). Ein nigerianischer Journalist kritisiert das Militärregime. Als seine Frau erschossen wird, schickt er seine Kinder mit gefälschten Pässen nach London, wo sie bei einer Pflegefamilie leben.

Lensey Namioka: Ailins Weg (2003). Ein Meer dazwischen, eine Welt entfernt (2005). Das Schicksal von zwei junge Chinesinnen, die zu Beginn des 20. Jahrhunderts in die USA auswandern.

Uri Orlev: Lauf, Junge, lauf! (2011). Roman nach der Biografie des Autors. Jurek kann aus dem Warschauer Ghetto flüchten und sich bis zum Ende des Krieges durchschlagen. Später wandert er nach Israel aus.

Gudrun Pausewang: Überleben! (2008). Roman auf Grund eines authentischen Briefes des Autorin. Die 16jährige Gisel flieht mit ihrer Familie aus Schlesien und ist zeitweilig für vier kleinere Kinder verantwortlich.

Mirjam Pressler: Ein Buch für Hanna (2011). Die 14jährige Hanna will 1939 von Deutschland nach Palästina auszuwandern. Ihre Odyssee führt über Dänemark und das KZ Theresienstadt.

Celia Rees: Hexenkind (2011) Hexenschwestern (2006). Ein Mädchen, dessen Großmutter als Hexe verbrannt wurde, kann in die Neue Welt flüchten. Im puritanischen Amerika wird sie erneut verdächtigt.

Rainer Maria Schröder: Die lange Reise des Jakob Stern (2009). Der 15jährige jüdische Junge kommt mit einem Kindertransport nach England, wo er in einem Flüchtlingslager lebt. Bei der Überfahrt nach Amerika wird das Schiff torpediert. Schließlich landet er in Australien.

Literatur, Internetadressen, Museen

Annelies Schwarz: Wir werden uns wiederfinden. Eine Kindheit zwischen 1944 und 1950 (2001). Authentische Geschichte von der Vertreibung einer deutschen Familie aus dem Sudetenland.

Suzanne Fisher Staples: Die Sterne über Peschawar (2008). Nadschmah lebt in einem Dorf in Afghanistan. Nach dem Überfall durch die Taliban bleibt sie allein zurück. Sie kommt in ein Flüchtlingslager in Pakistan, will aber mit ihrem Bruder wieder in ihr Dorf zurückkehren.

Annika Thor: Eine Insel im Meer (2006). Eine Bank am Seerosenteich (2002). In der Tiefe der Meeres (2011). Offenes Meer (2003). Zwei jüdische Mädchen aus Wien kommen 1938 nach Schweden und müssen sich in der ungewohnten Umgebung, einer Insel in der Nähe von Göteborg, zurechtfinden.

Lisa Tetzner: Die Schwarzen Brüder. Erlebnisse und Abenteuer eines kleinen Tessiners (2010). Ein Bergbauernbub aus dem Tessin wird als Kaminfegerbub verkauft und muss in Mailand arbeiten.

Tatjana Wassiljewa: Ab jetzt zählt jeder Tag (2005). Autobiografischer Roman eines russischen Mädchens aus der Gegend von Leningrad, das während des Zweiten Weltkriegs als Zwangsarbeiterin nach Deutschland verschleppt wird.

Museen zum Thema Migration

Auswanderermuseen

Museen zum Thema Auswanderung gibt es in mehreren europäischen Ländern. Viele von ihnen unterhalten auch Spezialbibliotheken und bieten Publikationen oder Medien zum Thema Auswanderung an. Die meisten Museen sind im Internet zu finden, sodass hier nur eine Auswahl vorgestellt wird.

Deutschland

Bremen: Auswanderer-Ausstellung „Aufbruch in die Fremde". Multimediale Darstellung der Erlebnisse von zwei Menschen auf ihrem Weg in die Neue Welt.

Bremerhaven: Deutsches Auswandererhaus

Oberalben (Kreis Kusel/Pfalz): Das kleine Museum in dem Dorf Oberalben dokumentiert die Auswanderung vieler Pfälzer im 18. und 19. Jahrhundert.

Norwegen

Ottestad: Norsk Utvandrermuseum

San Marino

Museo dell' Emigrante

Schweden

Växjö: Svenska Emigrantinstitutet. Utvandrars Hus.

Sinti und Roma

Dokumentations- und Kulturzentrum Deutscher Sinti und Roman, Bremneckgasse 2, 69117 Heidelberg. Eröffnet 1997. www.sintiundroma.de

Muzeum romské kultury, Brno, Bratislawa 67, Tschechien. 1991 eröffnet. www.rommuz.cz

Jüdische Museen

Die Juden haben innerhalb der europäischen Migration eine besondere Bedeutung. Über ihre Geschichte und Kultur informieren zum Beispiel Museen in Deutschland (Augsburg, Berlin, Fürth/Schnaittach, München), Griechenland (Athen), Großbritannien (London), Italien (Meran), in den Niederlanden (Amsterdam), in Österreich (Eisenstadt, Wien), in der Slowakei (Bratislava), in Tschechien (Prag) und Ungarn (Budapest).

Vertriebenenmuseen

In vielen Städten in Deutschland gibt es Museen oder Sammlungen (manchmal als „Heimatstuben" bezeichnet) zu Gebieten, aus denen die deutsche Bevölkerung am Ende des Zweiten Weltkrieges vertrieben wurde. Allein das Bundesland Bayern besitzt mehr als 50 Sammlungen zu Orten aus dem Sudentenland, aus Schlesien, Ost- und Westpreußen oder dem Banat.

WOCHEN SCHAU VERLAG
... ein Begriff für politische Bildung

National-
sozialismus

Gerd Steffens, Thomas Lange

Der Nationalsozialismus

Die Quellen beider Bände wurden aus der großen Zahl von Dokumenten zur NS-Diktatur ausgewählt und gezielt für den Geschichtsunterricht zusammengestellt. Unter ihnen finden sich auch zahlreiche bisher unveröffentlichte Quellen. Die Bände sind für einen Geschichtsunterricht, der den Anschluss an die jüngere Nationalsozialismus-Forschung nicht verlieren soll, unverzichtbar.

Band 1 (1933-1939) Staatsterror und Volksgemeinschaft

ISBN 978-3-89974399-9, 240 S., € 19,80

Aufstieg und Erfolgsbedingungen des Nationalsozialismus | Terrorherrschaft und Einverständnis –eine Gesellschaft wird „Volksgemeinschaft" | Öffentlichkeit und Lebenswelt als Herrschaftssphären | Wirtschafts- und Sozialpolitik | Der organisierte Antisemitismus – Volksgemeinschaft und Judenverfolgung bis zum Beginn des Zweiten Weltkriegs

Band 2 (1939-1945): Volksgemeinschaft, Holocaust und Vernichtungskrieg

Der Weg in den Krieg: Das nationalsozialistische Deutschland im internationalen Kontext 1933 – 1939 | Dimensionen des Krieges – der Weltkrieg als Weltherrschaftskrieg | Der Krieg im Osten als Vernichtungskrieg | Der Holocaust – Deportation und Vernichtung der europäischen Juden | Hitlers Volksstaat im Krieg | Widerstand, Resistance, Partisanen – hochriskante Kämpfe von unten | Vertreibungen: Von der „Behandlung der Fremdvölkischen im Osten" zur Flucht und Vertreibung der Deutschen | Befreiung, Niederlage, Zusammenbruch – materielle und mentale Bilanzen

ISBN 978-3-89974464-4, 368 S., € 24,80

www.wochenschau-verlag.de www.facebook.com/wochenschau.verlag @wochenschau-ver

Adolf-Damaschke-Str. 10, 65824 Schwalbach/Ts., Tel.:06196/86065, Fax:06196/86060, info@wochenschau-verlag.de

WOCHEN SCHAU VERLAG
... ein Begriff für politische Bildung

Französische Revolution

Gerhard Schneider

Die Französische Revolution 1789-1799

Die Französische Revolution ist ein Schlüsselereignis der europäischen Geschichte und damit zu Recht ein wichtiges Thema im Geschichtsunterricht. Die Französische Revolution hatte eine lange Vorgeschichte, nahm einen intensiven Verlauf und entwickelte eine breite Wirkung auf die meisten Staaten Mitteleuropas.

Diese Quellensammlung enthält zu all diesen Aspekten zahlreiche Dokumente unterschiedlichen Anspruchsniveaus, sodass sie sowohl in der Sekundarstufe I als auch in der Sekundarstufe II Verwendung finden kann. Besonders zahlreich sind die Quellen, die den Schülerinnen und Schülern die Wirkung der Französischen Revolution auf die Bevölkerung in den deutschen Staaten verdeutlichen. Dabei geht es nicht nur um den Widerhall der revolutionären Ideen in der deutschen Geisteswelt, sondern auch um konkrete politische Aktionen in Deutschland selbst, die nicht selten unter Berufung auf die Vorgänge in Frankreich unternommen wurden.

Ergänzt wird der Band um eine ausführliche Bibliografie, insbesondere zu den Auswirkungen der Französischen Revolution auf zahlreiche deutsche Staaten.

ISBN 978-3-89974764-5, 320 S., € 22,80

Aus dem Inhalt:: Frankreich vor der Revolution I Vom Umsturz bis zur Republik 1789-1792 I Von der Terreur bis zum Ende des Konvents 1793-1795 I Die Zeit des Direktoriums 1795-1799

www.wochenschau-verlag.de www.facebook.com/wochenschau.verlag @wochenschau-ver

Adolf-Damaschke-Str. 10, 65824 Schwalbach/Ts., Tel.:06196/86065, Fax:06196/86060, info@wochenschau-verlag.de